Vorbilder im Denken

Karl-Dieter Ulke

Vorbilder im Denken

32 Porträts großer Philosophen

Gondrom

Lizenzausgabe für Gondrom Verlag GmbH, Bindlach 1998

Druck und Bindung: Ebner Ulm
ISBN 3-8112-1629-5

Inhalt

Einladung zum Lesen

Alle Arten von Erfahrungen stehen heutzutage hoch im Kurs. Aber Denkerfahrungen – gibt es so etwas überhaupt? Denken ist vielleicht der unerforschteste Vorgang der Welt. Wer dennoch erfahren will, was Denkerfahrungen sind, muß selber welche machen. In der guten Gesellschaft von gestern konnte man fragen: »Wo lassen Sie schneidern?« Man konnte und kann hingegen nicht fragen: wo lassen Sie denken? – es sei denn, der Fragesteller wäre ein Parasit oder ein Demagoge; solchen Leuten ist freilich nicht zu trauen, weil sie sich nicht trauen, selber zu denken. Schneidern und denken haben nur eines gemeinsam: man kann es lernen. Das Denken ist zu lernen von denen, die damit ganz von vorne angefangen und erst dort aufgehört haben, wo es nicht mehr weiterging. Was auf den folgenden Seiten steht, ist darum nichts anderes als die zweiunddreißigmal wiederholte Einladung, an Vorgängern gehen zu lernen. Alle für diesen Band ausgewählten Philosophen-Porträts wollen zeigen, was man mit dem Denken machen kann, und was man damit nicht machen kann.

»Das Maultier sucht im Nebel seinen Weg«, heißt es bei *Goethe*, und der Mensch – so muß man hinzufügen – tut dasselbe. Doch im Unterschied zum vierbeinigen Maultier sucht unsereins Vorgänger, die Vorbilder sind. Jeder Mensch braucht solche Menschen, an denen er sich orientieren kann und von denen er sich distanzieren muß, wenn sie ihn so sehr in Beschlag nehmen, daß er darüber unfrei wird. Diesem Ungeist der Bewunderung erliegen viele, weil sie seit Kindesbeinen darauf ausgerichtet werden. Aber nicht die Vorbilder sind entscheidend, sondern was jeder daraus macht. Ihre Denkwege wollen nicht bewundert, sondern begangen sein in der Absicht, auszuprobieren, ob und wie weit sie gehbar sind. Ihre Gedankengänge taugen nur dann etwas, wenn sie tiefer ins Leben hineinführen statt heraus. Die vorgestellten Porträts sind keine Kolossalgemälde in Öl, sondern Tuschzeichnungen oder Graphiken hinter dünnem Glas, in dem der Betrachter sich spiegeln kann. Und wenn er dabei, vielleicht nach einem

Schreck, etwas zum Lachen bekommt – um so besser. Das Mienenspiel des Denkens ist zwar ernst, aber auch wieder nicht so ernst, daß es keinerlei komische Züge aufzuweisen hätte.

Wenn es solchen Vergleichen gelingt, überzogene Erwartungen zu dämpfen und einlösbare zu wecken, dann versteht sich von selbst, daß die folgenden Beiträge weder wissenschaftliche Ansprüche erheben noch eine Philosophiegeschichte sein wollen. Entstanden aus Funksendungen, also gemacht für ein Millionenpublikum, unter dem sich so schnell kein Philosoph verläuft, ging und geht es bei diesen Vermittlungsversuchen darum, einen charakteristischen »Zug« des jeweiligen Denkers möglichst plausibel zu umreißen. Ein Minimum an Fachsprache zielt auf ein Maximum an Verständlichkeit, die freilich darauf achten muß, daß nicht gerade das Wichtigste unter den Tisch fällt. Die kurzen Überschriften werfen einen Blick über den Zaun und wollen neugierig machen. Die vielen Originalzitate reizen hoffentlich zum zusammenhängenden Selberlesen, das heißt zum Aufsuchen der Quellen: Anmerkungen sind als Wegweiser zu benutzen. Gelegentliche Querverweise von Beitrag zu Beitrag bieten die Chance, »Verwandtschaftsbeziehungen« aufzuspüren.

Es ist schwer zu sagen, welchen lebenden Menschen diese Skizzen am meisten verdanken – dem ebenso aufgeschlossenen wie kritischen Team der WDR-Redaktion *ZeitZeichen*; den ungezählten Hörern, die das Gehörte vor Augen haben wollen, um den Spuren folgen zu können, auf die sie gestoßen sind; den wachen Studenten und Sozialarbeitern, die mir sagen, daß sie diese Art zu denken für ihr persönliches und berufliches Denken brauchen; meiner Frau und den Freunden, die dem zuweilen verzagenden Porträtisten zuhören, wenn ein längst verstorbener Philosoph beharrlich schweigt, als wolle er sein Denken für sich behalten.

»Spricht« er dann doch, so daß ich ihn »hören« kann, schlägt die Situation um und verkehrt sich ins Gegenteil: plötzlich kommt es mir so vor, als sei dieser Mensch gar nicht tot, sondern ein Zeitgenosse, der wenige Häuser weiter wohnt. Vielleicht macht der Leser, dem diese Gebrauchstexte zugedacht sind, hin und wieder dieselbe Denkerfahrung. Denn jedes Porträt ist eine unfertige Geschichte, die er zu Ende erzählt.

Karl-Dieter Ulke

Dunkle Edelsteine: Heraklit

** etwa 540 (544), † 480 (483) v. Chr.*

Die Olympischen Spiele waren im alten Griechenland Zeus geweiht, und sie *zählten* so viel, daß man die Zeit nach ihnen *zählte*. Das Geburtsdatum eines großen Mannes hingegen zählte so wenig, daß man lieber den Höhepunkt seines Lebens notierte, seine »Blütezeit«. So lesen wir über den Philosophen *Heraklit,* er »blühte« um die 69. Olympiade, das heißt nach unserer Zeitrechnung: zwischen 504 und 501 vor Christus. Er wird damals Anfang vierzig gewesen sein. Genaueres an historischen Angaben geben die griechischen Geschichtsschreiber nicht über diesen Mann, der von allen Philosophen vielleicht der größte ist.

Geboren in Ephesus an der ionischen Küste, entstammt Heraklit einer alten Adelsfamilie und ist deshalb berufen, die politische Führung seiner Vaterstadt mitzutragen. Er überläßt dieses Amt jedoch seinem jüngeren Bruder, weil er die Politik verachtet, zumindest das, was die ephesischen Stadtväter daraus machen. Eine Anekdote erzählt, daß er im Tempelbezirk der Göttin Artemis mit Kindern am Boden sitzt und Würfel spielt. Da kommen die Epheser hinzu, erst einige, dann immer mehr. Sie umstehen die Würfelspieler, recken die Hälse und drängeln immer weiter nach innen. Vor lauter Verwunderung über den ausgewachsenen Tagedieb, der hier an heiligem Ort seine Zeit vertut, kriegen sie den Mund nicht mehr zu, diese ehrbaren Mitbürger mit ihren vorwurfsvollen Blicken. Da ruft Heraklit in die glotzenden Gesichter: »Was, ihr Schufte, bestaunt ihr da? Oder ist es nicht besser, dies zu tun, als mit euch Politik zu machen?«[1]

Als die Stadt von den Persern belagert wird – wieder einmal, denn die Perser kommen oft –, gehen die Vorräte zur Neige. Die Belagerung dauert diesmal besonders lange, doch obwohl der Nachschub an

Lebensmitteln abgeschnitten ist, und obwohl jeder das weiß, leben die Epheser so, als sei nichts geschehen. Sie denken nicht daran, ihre aufwendigen Eßgewohnheiten einzuschränken. Da geht Heraklit in die Volksversammlung und setzt sich mitten unter die Menge. Ohne ein Wort zu sagen, nimmt er eine Handvoll zerstoßener Gerste, mischt sie mit Wasser, führt das Gemisch zum Mund und verzehrt es. Schweigend verzehrt er das karge Mahl, und die Leute merken, was damit gemeint ist.

Als die Stadt von einem außergewöhnlich tüchtigen Mann regiert wird – er heißt *Hermodor* und ist befreundet mit der Familie des Heraklit –, verjagen die Epheser diesen Mann aus der Stadt mit der Begründung: »Bei uns soll keiner der Tüchtigste sein, höchstens an einem anderen Ort und bei anderen.« Daraufhin erklärt Heraklit in heller Empörung, »die Epheser sollten sich alle, soweit sie erwachsen sind, aufhängen und den Kindern die Stadt überlassen«.[2] Er verläßt die Stadt, eigensinnig, wie er ist, ein Selbstdenker, dessen Ruf sich inzwischen herumgesprochen hat.

Eines Tages, es muß im Herbst oder Winter gewesen sein, wollen ihn Fremde besuchen. Begierig, den prominenten Mann zu besichtigen, treffen sie ihn, wie er sich in einem Backhaus wärmt, am Backofen. Die Fremden sind enttäuscht und irritiert, diese »antiken Autogrammjäger«, weil sie den großen Denker nicht in Denkerpose antreffen, nicht in Tiefsinn versunken, nicht von Genieblitzen umzuckt, sondern fröstelnd und frierend an einem Backofen, und der Anblick eines frierenden Denkers wirkt lächerlich. Doch Heraklit, der ihr Zögern bemerkt, ermutigt sie, näher zu kommen, und sagt: »Auch hier sind Götter anwesend.«[3] Auch hier, an diesem gewöhnlichen Ort, zeigt sich das Außergewöhnliche. Denn hier brennt das Feuer, gibt Wärme und Helle, gibt Glut und Licht, das lebende, das herrliche, das göttliche Feuer. In seinen Flammen wird das Dunkle hell, das Kalte warm, das Starre beweglich: »Für Feuer ist Gegentausch alles und Feuer für alles wie Geld für Gold und Gold für Geld.«[4]

Im Schmelzofen wird hartes Metall flüssig, aus Gold wird Geld, aus Geld wird Gold. Im Backofen wird Holz zu Asche, Teig zu Brot: hier, auch hier, wird sichtbar, daß die Welt eine Welt des Werdens ist, die niemals stille steht, sondern dauernd sich wandelt und ändert im Lauf der Zeit – ähnlich dem Wasser im Fluß: »Alles fließt.«[5] Nichts bleibt so, wie es ist. Niemand bleibt so, wie er ist. Niemand steigt zweimal in denselben Fluß.[6] Denn beim zweiten Mal fließt anderes Wasser im Fluß, und beim zweiten Mal ist auch, wer hineinsteigt, ein anderer geworden. Zeit ist verflossen zwischen erstem und zweitem Mal. Darum ist das zweite Mal anders als das erste, anders geworden, verändert – genauso wie beim Würfelspiel oder beim Schachspiel: die Sechs, die ich heute würfle, ist eine andere Sechs als die, die ich gestern gewürfelt habe, denn die von gestern läßt sich nicht wiederholen, läßt sich nicht wieder holen; die Rochade, die ich heute mache, um mit diesem Schachzug meinen König zu schützen, findet zwar auf dieselbe Weise auf denselben Feldern statt wie meine gestrige Rochade und ist doch eine andere, weil Zeit vergangen ist zwischen gestern und heute: »Die Zeit ist ein Kind – ein Kind beim Brettspiel, ein Kind sitzt auf dem Throne.«[7]

Unscheinbar wie ein Kind ist die Zeit, der wahre König der Welt. So souverän ist die Zeit, daß sie die Welt unablässig sich ändern läßt. Und wie beim Brettspiel Gegner sich gegenüber sitzen, so sind es Gegensätze, aus denen die Welt sich zusammensetzt, Gegensätze, in deren Wechselspiel die Welt sich abspielt – ähnlich wie beim Wippen. Denn auf der Wippe, auf den gegenüberliegenden Armen dieses Schaukelbalkens, müssen an *beiden* Seiten Kinder sitzen, einander gegenüber müssen sie sitzen, damit die Wippe sich bewegt: rauf und runter, rauf und runter. Gleich wer oben ist, gleich wer unten ist: welche Lust, zu federn – von unten nach oben, von oben nach unten; vom Hocken hoch hinauf ins Schweben, vom Schweben tief hinab ins Hocken. Quicklebendig, wie Kinder sind, spielen sie ihr Leben in diesem Wechselspiel, sind Hocker und Schweber zugleich. Keiner will oben bleiben, in der Schwebe – keiner muß unten bleiben, in der Hocke: »Der Weg hinauf und der Weg hinab ist ein und derselbe.«[8] Im »bergauf« ist das »bergab« ja schon enthalten, und im »bergab« ist das »bergauf« enthalten. Was Heraklit sagen will, ist dies: im Gegeneinander der Gegensätze, das ein Miteinander ist, vollzieht sich das Grundgesetz der Welt. Dieses Gesetz aber ist nicht erfunden, nicht irgendwann von irgendwem; es wird vorgefunden. Dieses Gesetz besteht auch nicht aus irgendwelchen Sätzen, sondern aus Gegensätzen, die weniger bestehen als entstehen, und die sich widerstehen im Lauf der Zeit. Das ist gemeint mit dem Spruch: »Krieg ist der Vater aller Dinge.«[9] Krieg im

Sinne von Streit, von fruchtbarem Streit der Partner, die einander Widerpart bieten und so zueinander kommen; Krieg im Sinne von Auseinandersetzung zwischen zwei Seiten, die sich voneinander wegsetzen müssen, um im beidseitigen Gegenüber *zusammen*spielen, zusammen *spielen* zu können, wie die Kinder auf der Wippe: »Zu wissen aber tut not: Der Krieg führt zusammen, und Recht ist Streit, und alles Leben entsteht durch Streit und Notwendigkeit.«[10]

Dasselbe ist gemeint mit dem Bild vom »Bogen«, das Heraklit verwendet: der Bogen des Schützen verdankt seine Kraft dem gegenstrebigen Zusammenspiel von gebogenem Holz und gespannter Sehne. Wiederum dasselbe kommt zum Ausdruck im Konstruktionsprinzip der »Leier« oder irgendeines anderen Saiteninstruments, dessen Saiten schwingen können, weil sie gehalten sind von einem festen Rahmen: »Das Widereinanderstehende zusammenstimmend und aus dem Unstimmigen die schönste Harmonie.«[11]

Aber die Menschen verstehen nicht, was damit gemeint ist: »Sie verstehen nicht, wie das Unstimmige mit sich übereinstimmt: des Gegenstrebigen Fügung wie bei Bogen und Leier.« Bezieht man die Sinnbilder von Bogen und Leier auf die Wirklichkeit, für die sie stehen, so beginnt man zu verstehen, wie ein und dasselbe Grundgesetz oder Strukturprinzip überall zum Zuge kommt: »Ein und dasselbe ist Lebendiges und Totes und Wachendes und Schlafendes und Junges und Altes; denn dies schlägt um und ist jenes, und jenes wiederum schlägt um und ist dies.«[12] Die Menschen verstehen das nicht, dieses Ineinander-Umschlagen, weil sie es nicht verstehen wollen. Denn das, was so verstanden würde, wäre unangenehm – oder ist es etwa angenehm, daran zu denken, daß im Jungsein schon das Altwerden steckt, daß im Lebendigsein schon das Sterbenmüssen steckt, daß Kranksein zum Gesundsein ebenso gehört wie der Schatten zum Licht?

Heraklit sagt: »Krankheit macht Gesundheit süß und gut, Hunger macht Sattheit süß und gut, Mühe macht Ruhe süß und gut.«[13] Nein, sagen seine Zeitgenossen, es ist *nicht* angenehm, die Schattenseiten mit den Lichtseiten zu akzeptieren und danach zu leben. Wenn es nach uns ginge, möchten wir immer jung und niemals alt sein, immer gesund und niemals krank sein, immer satt und niemals hungrig sein, immer leben und niemals sterben. Oft fürchten wir schon den sanftesten Vorboten des Sterbens, den Schlaf, nichts aber fürchten wir heftiger als den Tod.

Mehr als zweitausend Jahre nach Heraklit beschwört ein anderer Philosoph die Menschen, von der Verdrängung des Todes abzulassen; er heißt *Georg Wilhelm Friedrich Hegel,* und in seiner Sprache atmet ein Hauch vom Geist des Heraklit: »Der Tod, wenn wir jene Unwirklichkeit so nennen wollen, ist das Furchtbarste, und das Tote festzuhalten das, was die größte Kraft erfordert. Die kraftlose Schönheit haßt den Verstand, weil er ihr dies zumutet, was sie nicht vermag. Aber nicht das Leben, das sich vor dem Tode scheut und von der Verwüstung rein bewahrt, sondern das ihn erträgt und in ihm sich erhält, ist das Leben des Geistes. Er gewinnt seine Wahrheit nur, indem er in der absoluten Zerrissenheit sich selbst findet. Diese Macht ist er nicht als das Positive, welches von dem Negativen wegsieht, wie wenn wir von etwas sagen, dies ist nichts oder falsch, und nun, damit fertig, davon weg zu irgend etwas anderem übergehen; sondern er ist diese Macht nur, indem er dem Negativen ins Angesicht schaut, bei ihm verweilt. Dieses Verweilen ist die Zauberkraft, die es in das Sein umkehrt.«[14]

Der Tod gehört zum Leben wie der Schatten zum Licht, und erst im »Drin-sein-Lassen« des Todes gewinnt das Leben seine tiefste Lebendigkeit. Der Herzschlag des Lebens ist für Heraklit zugleich der »Herzschlag« des Todes. Nur die zusammengespannten Gegenkräfte halten alles Wirkliche zusammen und bewirken, daß es wirken kann. Umschlagend herüber und hinüber wie die Wippe, lebt alles Leben in gegenstrebigem Wechselspiel: Tag und Nacht, Sommer und Winter, Einatmen und Ausatmen, Lachen und Weinen, Ankommen und Abschiednehmen, und zwar als Gegensätze jeweils ein und desselben Lebensgefüges, das anders aus den Fugen geht. Was wäre Hunger ohne Nahrung? Wie wäre Wachen ohne Schlaf? Wo wäre Leben ohne Tod? Bricht ein Mensch die zusammengespannte Kraft solcher Gegensätze und spaltet damit die Einheit seiner gegenstrebig verfugten Lebensdimensionen, so geht er entzwei – zerbrochen und seiner Kraft beraubt.

Verstehen oder zumindest ahnen kann man das, sehen freilich kann man es nicht: »Das Wesen der Dinge versteckt sich gern.«[15]

Es versteckt sich dort, wo es herkommt, zieht sich dahin zurück, wo es zu Hause ist, ins Dunkel: jeden Abend, wenn es Nacht wird, schließt der Schläfer seine Augen, schließt die Blüte ihren Kelch. Ist das so schwer zu verstehen? Und doch wird Heraklit »der Dunkle« genannt, schon von seinen Zeitgenossen, die ihm vorwerfen, er verdunkle mit seinen Worten, was klar vor Augen liegt. Dabei ist es eher umgekehrt: dieser Mensch macht einsichtig, daß es etwas gibt, was mit bloßem Auge nicht zu sehen ist; er macht verständlich, daß das Unverständliche zum Verständlichen gehört, wie der dunkle Meeresgrund zur glitzernden Wasserfläche: »... es gibt auch undurchsichtige Edelsteine. Soll heißen: Dunkles, das exakt als solches ausgedrückt wird, ist ein ganz Anderes wie Klares, das dunkel ausgedrückt ist«[16] – das schreibt *Ernst Bloch* zwar von Hegel, aber er hätte es mit größerem Recht von Heraklit schreiben können, von jenem einsam großen Griechen, der zusammen mit kleinen Kindern Würfel spielt.

Heraklit, »der Dunkle«, ist hellsichtiger und hellhöriger für den Herzschlag der Welt als hundert helle Köpfe in tausend tiefsinnigen Traktaten. Er hat kein einziges Buch geschrieben, wenn aber doch, so ist es verloren. Wie die Handvoll Gerstenkörner, die er bei der Belagerung von Ephesus vor seinen Mitbürgern verzehrt, so haben wir nur eine Handvoll Sprüche von ihm geerbt: Sprüche wie reifes Korn ohne Spreu. Sie schmecken nicht jedem, aber sie machen satt – und sie machen hungrig.

[1] Diese Geschichte überliefert *Diogenes Laertios* Anfang des 3. Jahrhunderts n. Chr. in seiner Exzerptensammlung »Über Leben und Meinungen der berühmten Philosophen« (IX 3). – [2] Nach *Diogenes Laertios* (vgl. Anm. 1) IX 2. – [3] Nach *Aristoteles:* Von den Teilen der Tiere (I, 5); vgl. Anm. 4, B 90. – [4] *Heraklit:* Fragmente. Griechisch und deutsch. Hrsg. v. *B. Snell,* München und Zürich [8]1983, B 90. – Die Zählung der Fragmente (nach *H. Diels*) folgt dieser Ausgabe; die Verdeutschung wird manchmal geringfügig verändert. – [5] Ebd., (65 A 3). – [6] Vgl. ebd., B 12 und B 49 a. – [7] Ebd., B 52. – [8] Ebd., B 60. – [9] Ebd., B 53. – [10] Ebd., B 80. – [11] Ebd., B 8. – [12] Ebd., B 88. – [13] Ebd., B 111. – [14] *G. W. F. Hegel:* Phänomenologie des Geistes. Theorie-Werkausgabe. Bd 3. Frankfurt 1970, S. 36. – [15] *Heraklit:* Fragmente, a.a.O., B 123. – [16] *E. Bloch:* Subjekt – Objekt. Erläuterungen zu Hegel. Frankfurt 1972, S. 20.

Bezauberung im Zwielicht: Sokrates

** 470, † 399 v. Chr.*

Vor mehr als zweitausend Jahren wird einer zum Tode verurteilt, den man seitdem ins Überlebensgroße verzerrt. Angeklagt, die Götter zu leugnen und die Jugend zu verderben, trinkt *Sokrates* 399 vor Christus den Giftbecher. Er tut es freiwillig und verzichtet auf die Chance, zu fliehen. Seitdem werden die Schattenseiten dieses Atheners immer wieder unterschlagen oder retuschiert. Über sein Leben ist wenig Verläßliches überliefert. Er selbst hat keine Zeile geschrieben, jedoch viele und vielgerühmte Gespräche geführt. Erst *Platon,* sein prominentester Schüler, notiert und interpretiert einige »Dialoge« des überaus verehrten Lehrers. Damit beginnt die Geschichte einer grenzenlosen Bewunderung.

Das *delphische Orakel* nennt Sokrates den Weisesten aller Menschen. *Justin der Martyrer,* ein frühchristlicher Theologe, hält ihn für einen Christen vor Christus. *Cicero* sagt, Sokrates habe die Philosophie vom Himmel auf die Erde geholt. Philosophiehistoriker mit Generationen von Philosophen bezeichnen alle Denker vor ihm als »Vorsokratiker«, und obwohl das zunächst nur eine zeitliche Markierung war, klingt »Vorsokratiker« inzwischen so, als habe mit diesem Menschen das Denken überhaupt erst richtig angefangen. Im philosophischen Heiligenkalender steht Sokrates an höchster Stelle: nachdem er die Philosophie vom Himmel auf die Erde geholt hat, haben ihn die Philosophen in den Himmel erhoben. Dahin gehört er aber nicht. Wer Sokrates zur reinen Lichtgestalt verflüchtigt, tut ihm und sich selbst Unrecht. Zum zweiten Mal verurteilt, diesmal zur Schattenlosigkeit, wird er als Mensch und Mitbürger, als Lehrer und Gesprächspartner bei weitem überschätzt.

Dieser Ungeist der Bewunderung verklärt. Er verklärt zum Beispiel die

Tatsache, daß Sokrates, gelernter Steinmetz und Vater von drei Söhnen, die Familie sich selbst überläßt. Unterwegs auf den Straßen und Marktplätzen von Athen, spricht er für sein Leben gern die Leute an und bringt kein Geld nach Hause. Seine Frau *Xanthippe,* bis heute als zänkisch verschrien, läßt sich das nicht gefallen. Sie wird nicht gewußt haben, was sie auf den Tisch bringen soll. Ist das witzig? Und die berühmten Gespräche, die er führt, gerühmt wegen ihrer uneigennützigen Liebe zur Wahrheit und wegen ihrer Aufgeschlossenheit, sind kaum uneigennützig und selbstlos, kaum aufgeschlossen und kommunikativ. Selten hört Sokrates den Leuten ernsthaft zu, selten fördert er zutage, was *sie* zu geben haben – oft hingegen bedrängt er sie, etwas zu sagen, was sie gar nicht sagen wollen.

Sokrates beschimpft die Sophisten, diese wandernden Redelehrer, die auf Honorarbasis den vornehmen Jünglingen von Athen beibringen, wie man sich im Hickhack der Politik behaupten und in kniffligen Situationen aus der Affäre ziehen kann. Aber er arbeitet häufig mit denselben Techniken und Tricks: was ihm entgegengehalten wird, dreht er so, wie er es braucht; wenn sich aus dem andern nichts herausholen läßt, was ihm brauchbar erscheint, legt er es ihm in den Mund; sobald das Gespräch in eine Richtung zu gehen droht, die ihm nicht paßt, stellt er Fallen auf, in die die andern prompt hineintappen – die andern, die in diesem Fall – besser gesagt: in dieser Falle – selbstverständlich keine selbständigen Partner mehr sind, sondern willkommene Opfer, vorzüglich geeignet, die Überlegenheit dessen zu demonstrieren, der seine Mitbürger eher überredet als überzeugt, eher verführt als hinführt zum richtigen Leben, das er sucht, und zwar aufrichtig sucht, daran ist kein Zweifel. Doch wenn er als Fragesteller, auf Zustimmung bedacht, in seine Fragen bereits geschickt Behauptungen einbaut, dann nimmt er die Antworten vorweg. Dann holt er aus dem Befragten nichts heraus, sondern legt etwas in ihn hinein: er indoktriniert und tut damit das Gegenteil von dem, was er immer wieder versichert. Er versichert nämlich, nur zutage zu fördern, was die Menschen von sich aus schon wissen; er, Sokrates, helfe ihnen, die Wahrheit aus ihrem Inneren ans Licht zu bringen, und sei darin seiner Mutter ähnlich, der Hebamme, die den werdenden Müttern hilft, Kinder zur Welt zu bringen.

Nein, Sokrates ist selten ein Geburtshelfer, häufig hingegen der hohe

Herr, der den andern an sich fesselt, statt ihn frei zu lassen oder gar frei zu machen. Er fesselt die Menschen, schlägt sie in Bann, verpaßt ihnen elektrische Schläge wie der Zitterrochen. Das sagt ihm, klipp und klar, ein junger Mann namens *Menon,* den er ins Gespräch verwickelt: »Auch jetzt kommt mir vor, daß du mich bezauberst und mir etwas antust und mich offenbar besprichst, daß ich voll Verwirrung geworden bin, und du dünkst mich vollkommen, wenn ich auch etwas scherzen darf, in der Gestalt und auch sonst jenem breiten Seefisch, dem Zitterrochen, zu gleichen. Denn auch dieser macht jeden, der ihm nahekommt und ihn berührt, erstarren. Und so, dünkt mich, hast auch du mir jetzt etwas Ähnliches angetan, daß ich erstarre. Denn in der Tat, an Leib und Seele bin ich erstarrt und weiß dir nichts zu antworten...«[1]

Sokrates elektrisiert sein Gegenüber und verzaubert ihn. Er spielt den andern an die Wand, bringt ihn entweder ganz zum Schweigen oder erniedrigt ihn zum Antwort-Sklaven, dies allerdings so raffiniert, daß der andere selten etwas davon merkt. Um sein Ziel zu verfolgen und zu erreichen, hört er nicht zu, dieser Sokrates, sondern sorgt dafür, daß der andere *ihm* zuhört: so macht er ihn hörig. Spruch und Gegen-Spruch, Satz und Gegen-Satz, wie sie zu jedem guten Dialog gehören, haben keine Chance. Ernstzunehmende Einwände, begründete Wider-Sprüche des sogenannten Dialogpartners werden im Keim erstickt und kommen kleinlaut als verbales Kopfnicken zutage: »Ja, gewiß« und: »Ohne Zweifel«, so lauteten die Antworten, oder: »Ja freilich«, »Notwendig ist es so«. Einmal heißt es auch, und das gefällt ihm sicherlich: »Was du sagst, ist durchaus am Platze.«

Sokrates ist kein selbstloser Lehrer, sondern einer, der die andern verzaubert. Zugleich aber ist er ein geistiger Mensch, der mit zauberhafter Sensibilität im falschen Leben das richtige sucht. Das sind seine beiden Seiten, und es sind sehr verschiedene Seiten. Spuren dieses Zaubers, der seinem Denken innewohnt, sind eingefangen in einem modernen Sokrates-Dialog, einer Erfindung also, die jene lähmende »Verzauberung« nahezu vollständig ausblendet. Der Autor des Gesprächs, ein ehemaliger Computer-Ingenieur aus Neapel, heißt *Luciano De Crescenzo*. Man unterhält sich über Autos. Sokrates, wieder einmal unterwegs, wird von einem Autonarren namens *Phaidros* gefragt: »Warum hast du, o Sokrates, dir nie ein Auto gekauft? – Wozu? – Um damit zu fahren, wohin es dir beliebt. – Und wohin sollte ich fahren? – Na, ich weiß nicht ... zur Agora zum Beispiel, da du doch im Demos Alopéke wohnst und gezwungen bist, jeden Morgen mehr als eine halbe Stunde zu Fuß zu gehen ... – Und du meinst, es würde mir mißfallen, zu Fuß zu gehen? – Das glaube ich, o Sokrates. – Ganz im Gegenteil, lieber Phaidros, ich habe so viel Freude am Spazierengehen, daß ich, wenn ich reich wäre und einen Wagen besäße, nur, um meinen Chauffeur nicht entlassen zu müssen, diesem das Auto anvertraute und ihn im Schrittempo hinter mir herfahren ließe. Und meinst du nicht auch, ich verlöre, wenn ich mich nur noch im Auto fortbewegte, jede Möglichkeit, meine Freunde zu treffen, ein wenig zu verweilen und mit ihnen zu sprechen?«

Im Plauderton begonnen, steuert der passionierte Fußgänger und eigensinnige »Selbstdenker« die Geschichte so wie der »echte« Sokrates. Er fragt mehr sich als den anderen, was all den einzelnen Autos gemeinsam ist und ob dieses Gemeinsame den Menschen menschlicher leben läßt oder nicht. So geht Sokrates immer vor, wenn er unterwegs ist auf eigenen Füßen und auf den Füßen seines Denkens. Der berühmteste Schüler seines Schülers Platon, nämlich *Aristoteles,* kennzeichnet diese Vorgehensweise kurz und knapp: »Sokrates beschäftigte das Tun und Lassen der Menschen, niemals ging es ihm um die Natur im Ganzen. In allen ethischen Fragen aber suchte er nach dem Allgemeinen ...«[2]

Das heißt ungefähr: Sokrates geht von einem einzelnen Fall – hier handelt es sich um ein Auto – über die Prüfung anderer Einzelfälle auf das los, was allgemein von allen Autos gilt, und zwar in der einzigen Absicht, herauszufinden, ob das, was dabei herauskommt, die Menschen richtig leben läßt oder nicht. Am Ende des erfundenen Dialogs kommt ein gewisser *Meneandros* hinzu, der dauernd seine Autos wechselt. Meneandros sagt: »Ich bin glücklich mit meinem Landrover.« – Sokrates fragt: »Ist es das erste Auto, das du besitzt? – Nein, zuvor hatte ich einen Porsche. – Und hast du den Porsche auch geliebt? – Ja, den habe ich auch geliebt. Und warum hast du ihn dann gegen den Landrover eingetauscht? – Was für eine Frage! Weil mir der Landrover besser gefällt. – Und vor dem Porsche, hast du da auch schon ein Auto gehabt? – Ja, einen BMW. Aber warum stellst du mir all diese sinnlosen Fragen? – Weil ich meine, daß ein Mensch, der immer das gleiche Auto benutzt, auch wenn es nur ein Kleinwagen ist, glücklicher ist als einer, der von einem Dämon besessen ist, der ihn zwingt, die Autos ständig zu wechseln. Du, Meneandros, gießt, ohne dir dessen bewußt zu sein, Wein in eine durchlöcherte Amphore. Du gießt und gießt, ohne jemals zu trinken! Fühlst du nicht jetzt, wo du endlich dein neues Auto bekommen hast, eine Art Leere in dir? – Und du meinst, wenn ich nur einen 126er Fiat hätte, wäre ich glücklich? – Das Haben gönnt seinen Anhängern keine Verschnaufpause ... Sei dir bewußt, daß dir sicher kein Auto dabei helfen wird, deine wichtigste Reise zu vollbringen: jene Reise, die von dem Ort, an dem du dich jetzt aufhältst, in dein eigenes Inneres führt.«[3]

Ins eigene Innere – dahin ist Sokrates immer auf Reisen. Reisen heißt für ihn: denken. Denken aber heißt, von zu Hause weggehen, aushäusig werden, um Zerstreutes zu sammeln und sich selbst aus der Zerstreuung zu sammeln – auf jenen Mittelpunkt zu, der nicht irgendwo draußen liegt, sondern im Inneren jedes Menschen. Wer von zu Hause weggeht und schließlich wieder nach Hause kommt, der geht ein Stück weit von sich selber weg, vom Eigenen ins Fremde, um wieder auf sich selber zuzukommen. Wer reist, bringt eine Geschichte in Gang einfach dadurch, daß er fortgeht. Fortgegangen, gerät er laufend in fremde Geschichten hinein, die aber, weil *er* darin vorkommt, zur eigenen Geschichte werden. Wer reist, bekommt neue Geschichten erzählt und hört die alten wieder, wenn auch anders. Wer reist, wird in fremde Geschichten verwickelt, und die eigenen wickeln sich aus. Im Fremden wird das Eigene, im Eigenen wird das Fremde wach. Abgeschlossen aber ist nichts davon. Auch wer denkend unterwegs ist, erfährt im Neuen Altes und im Alten Neues, bis er lernt, lernend auf den Füßen seines Geistes, daß die Welt drinnen wie draußen aus lauter Gegensätzen besteht; er begreift mit den Händen seines Geistes, daß dauernd Eigenes im Fremden auftaucht und Fremdes im Eigenen. Er sieht mit den Augen seines Geistes, daß ohne solche gegenläufigen Widerstände nicht voranzukommen ist – mögen sie beim Laufen noch so störend wirken.

Dies zu verstehen, dazu zu stehen und darin weiterzugehen, gehört zum Herzrhythmus jenes zielgerichteten Geschehens, das man »denken« nennt. Das Ziel aller dieser Annäherungen wäre jedenfalls angesteuert und vorläufig erreicht, wenn im Rückblick auf das unterwegs Passierte

und Durchlaufene mit einem Blick zu Gesicht käme: jetzt sieht alles anders aus als zu Beginn. Wer den Weg zwischen zufälligem Anfang und vorläufigem Ende des Denkens gegangen ist, bleibt einen Augenblick stehen und versteht mehr als am Anfang.
Es gehört zu den Eigentümlichkeiten des Sokrates, plötzlich stehen zu bleiben und in Nachdenken zu versinken. Wie das aussieht, schildert der junge *Alkibiades:* »Tief in Gedanken stand er auf einem Fleck vom frühen Morgen an und grübelte; da er nicht damit zurecht kam, ging er nicht fort, sondern stand und sann. Schon war es Mittag, und die Leute merkten auf, und verwundert erzählte es einer dem andern, Sokrates stehe seit Morgengrauen da und denke nach. Endlich, da es Abend war, trugen einige der Ionier ihre Schlafdecken nach draußen, denn es war damals Sommer, um im Kühlen zu schlafen und zugleich ihn zu beobachten, ob er auch die Nacht durch stehenbleibe. Er aber stand, bis der Morgen graute und die Sonne aufging. Dann betete er zur Sonne und ging fort.«[4]
Ein zauberhafter Mensch – aber Vorsicht! Zauberhaft als Selbstdenker verzaubert er jeden, der nicht selbst denkt. Wer nicht auf eigenen Füßen steht, verfällt ihm noch immer. Doch wie will einer diesem Sokrates entkommen, wenn er ihm nicht vorher verfallen ist?

[1] *Menon* 79–80 (Übersetzt von *B. Snell*). – [2] *Aristoteles:* Metaphysik 987 b. – [3] *L. De Crescenzo:* Sokrates und die Stoßstange, in: *ders.:* oi dialogoi. Über die Kunst, miteinander zu reden. Zürich 1987, S. 73–87 passim. – [4] Symposion 220 (Übersetzt von *B. Snell*).

Vertrau dir selbst: Seneca

* *etwa 4 v. Chr., † 65 n. Chr.*

Woran erkennt man einen großen Philosophen? Daran, so meinen viele, daß ihm etwas Neues eingefallen oder aufgefallen ist, woran vorher noch keiner gedacht hat. Ein großer Philosoph wäre demnach ein origineller Kopf, ein Erfinder oder Entdecker im Reich des Geistes; und er würde sogar zum ganz großen Philosophen, wenn seine neuen Gedanken sich durchsetzen würden auf den Schlachtfeldern des Geistes. Siegreich muß man sein und bleiben, gleich mit welchen Mitteln, gleich unter welchen Umständen. Aber mancher hat eben Pech – wie ein gewisser Lucius Annaeus Seneca, römischer Schriftsteller und Zeitgenosse des *Jesus von Nazaret*. Seneca war kein origineller Kopf. Was er dachte und was er schrieb, hatten andere vor ihm schon ähnlich gedacht und geschrieben. Seneca war auch kein Sieger. Seine Auffassungen vom menschlichen Leben haben sich nicht durchgesetzt. Deshalb ist er für die Nachwelt kein großer Philosoph und schon gar kein ganz großer Philosoph. Die Späteren gedenken der Sieger und vergessen die Unterlegenen. Das gilt nicht nur für die politische Geschichtsschreibung. Die Philosophiehistoriker verfahren genauso. Wer auf der Strecke geblieben ist, wird verschwiegen oder mit wenigen Zeilen übergangen.

Befragen wir beispielsweise die »Vorlesungen über die Geschichte der Philosophie«, die Anfang des vorigen Jahrhunderts ein siegreicher Philosoph namens *Hegel* gehalten hat. Er nennt diesen Seneca einen »beschränkten Stoiker«, der viel Erbauliches und zugleich Langweiliges geschrieben habe. Das heißt ja wohl: Seneca hat nichts Selbständiges, nichts anderes gedacht als andere Stoiker auch – vor allem also, daß der Mensch nur in dem frei sein kann, was in seiner Gewalt steht, nicht in dem, woran er unabänderlich gebunden ist. Hegel war allerdings »nicht gerade ein Dummchen«[1], wie *Adorno* flapsig bemerkt. Tatsächlich sagt Hegel anderswo, das »Wesen der Philosophie« liege keineswegs in »eigentümlichen Ansichten«[2], also keineswegs in originellen Einfällen eines originellen Kopfes. Hieße das: Seneca war ein großer Philosoph, *obwohl* er nichts Neues anzubieten hatte? Doch was war denn nun seine Stärke, worin lag seine Größe?

Senecas eigentliche Bekanntheit kommt daher, daß er Lehrer und späterer Minister des römischen *Kaisers Nero* war. Geboren im Jahre 4 v. Chr. im spanischen Corboda, macht der Sohn eines angesehenen Rhetors seinerseits Karriere als Rhetor; Rhetoren sind im antiken Rom Redelehrer und Redner mit großem politischem Einfluß. Aber schon vorher, unter *Kaiser Caligula,* wird Seneca mit dem Tode bedroht und unter *Claudius* acht Jahre nach Korsika verbannt. Schließlich wird er der Mitwisserschaft an einer Verschwörung gegen Nero bezichtigt und vom Kaiser zum Selbstmord gezwungen. Der römische Geschichtsschreiber *Tacitus* berichtet über die letzten Stunden des berühmt gewordenen und begüterten Mannes, der sich auf Geheiß seines einstigen Schülers die Pulsadern öffnet: »Seneca bat, da bei ihm das Verbluten nur langsam vor sich ging und das Sterben sich verzögerte, seinen lange bewährten treuen Freund und Arzt *Statius Annaeus,* das schon lange vorgesehene Gift zu holen, mit dem in Athen die von einem staatlichen Gericht Verurteilten hingerichtet wurden. Man brachte es, und er trank es, doch ohne daß es wirkte. Denn seine Glieder waren schon erkaltet, und der Körper nahm das Gift nicht mehr in sich auf. Zuletzt stieg er in ein Bassin mit heißem Wasser, und während er die zunächststehenden Sklaven bespritzte, sagte er, er weihe dieses Naß *Iupiter,* dem Befreier. Dann ließ er sich in das Dampfbad bringen, wo er erstickte.«[3]

Neid und Intrigen haben Seneca ein Leben lang zugesetzt, doch als Opfer der Mächtigen auf der Strecke zu bleiben, macht noch keinen Philosophen.

Seneca schreibt ein glänzendes Latein, und es ist kein Zufall, daß die Humanisten ihn bewunderten. *Erasmus von Rotterdam* sorgte für die erste kritische Seneca-Ausgabe, *Michel de Montaigne* rühmte Senecas anregenden und begeisternden Stil. Die umfangreiche moderne Seneca-Biographie des dänischen Schriftstellers *Villy Sørensen,* 1977 in Kopenhagen und 1984 auf deutsch erschienen, rechnet den römischen Stoiker zu den ersten Essayisten. Aber neue Gedanken und Theorien sucht man bei ihm vergeblich. Er hat nichts geschrieben, was nicht ähnlich oder genauso bei früheren Stoikern stünde.

Daß er ein Zeitgenosse Jesu war, daß man lange an einen Briefwechsel zwischen ihm und dem Apostel Paulus glaubte, daß die meisten seiner Ratschläge vom frühen Christentum übernommen wurden – all das macht ihn nicht zum Philosophen. Vielleicht war er keiner. Es scheint beinahe so, schreibt dieser Mann doch tatsächlich: »Die Philosophie lehrt handeln, nicht reden. Sie fordert, daß jeder nach seinen Vorsätzen lebe, damit nicht das Leben der Rede widerspreche, und alle Handlungen eine Linie haben. Das ist sowohl die größte Aufgabe als das größte Kennzeichen der Weisheit, daß die Handlungen mit den Worten in Einklang stehen und der Mensch sich selbst überall gleich und derselbe sei.«[4]

Seneca will offenbar keine neuen Gedanken bieten, sondern eine alte Praxis in Erinnerung bringen, die noch immer keiner beherrscht: die Kunst zu leben. In seinen Briefen an *Lucilius* empfiehlt er keine originelle Theorie, wie der Mensch sein Leben führen soll, sondern äußert eine Zumutung: »Ich wage es, dich dir selbst anzuvertrauen.«[5] Mit anderen Worten: richte dich nicht nach dem, was die Leute sagen, auch nicht nach dem, was großmächtige Philosophen sagen mögen. Seneca plädiert für den Alleingang:»Wandern wir nicht, wo meistens gegangen wird, statt dort, wo man gehen soll! Nichts bringt uns größeres Übel, als wenn wir uns nach dem Geschwätz der Leute richten, für das Beste ansehen, was im allgemeinen angenommen wird, nicht nach Vernunft, sondern nach Beispielen leben ... denjenigen Menschen nennt man einen glücklichen, ... der kein größeres Gut kennt, als das er sich selbst geben kann.«[6]

Dieser Mensch empfiehlt seinem Adressaten: vertrau dir selbst und sei darin beständig! Laß dich auch nicht beeinflussen von deinen wechselnden Launen, Gemütsschwankungen und Phantasien, die dich größer oder kleiner machen, als du in Wirklichkeit bist. Finde deine wahren Absichten heraus und laß dich nicht davon abbringen, sie in die Tat umzusetzen: »Niemand nimmt sich fest vor, was er will; oder wenn er es sich vorgenommen hat, bleibt er nicht fest dabei, sondern geht zu etwas anderem über und ändert nicht nur seinen Entschluß, sondern kommt von ihm zurück und verfällt wieder in das, was er aufgegeben und verdammt hat... Die Menschen wissen nicht, was sie wollen, außer in dem Augenblick, wenn sie wollen: Endgültig hat sich noch keiner über sein Wollen oder Nichtwollen entschieden. Täglich schwankt das Urteil und verwandelt sich in das Gegenteil, und die meisten führen ihr Leben wie zum Spiel. Halte also fest, womit du begonnen hast, und du wirst vielleicht zum Höchsten gelangen oder doch zu dem, was du allein noch nicht als das Höchste erkennst.«[7]

Lebe nicht blind drauf los, sondern überdenke, was du tust. Bedenke deine eigenen Gedanken. Trau deiner Vernunft, laß dich nicht gängeln und manipulieren – nicht von deinen eigenen irrealen Gedanken, nicht vom Zugriff fremder Meinungen: »Jeder möchte lieber glauben, als nachdenken, und so macht man sich nie Gedanken über das Leben. Immer glaubt man den andern, und ein von Hand zu Hand weitergegebener Irrtum lenkt und stürzt uns schließlich ins Verderben; durch fremde Beispiele gehen wir unter. Wir werden gerettet, sobald wir uns von der Masse absondern.«[8]

Seneca weiß sehr wohl, daß ihm häufig mißlingt, was er jedem und zuerst sich selbst zutraut: »... noch immer kümmere ich mich viel zu viel um die Meinung der Menschen, die meinen Weg kreuzen.«[9] Er will freilich, wenn er schon in die Irre geht, seine Irrtümer selbst begehen. Er will, wenn er schlecht haushaltet mit seinem Leben, die Haushaltsführung in der Hand behalten und die Rechnung überprüfen: »Ich kann nicht sagen, daß ich nichts verschwende, aber ich kann sagen, was ich vertue, und *warum* und *wie;* ich kann die Ursachen meiner Armut angeben.«[10]

Wirklich arm aber ist ein Mensch, schreibt Seneca, wenn er das einzige verschleudert, was wirklich sein eigen ist – seine Zeit: »Alles, mein Lucilius, ist fremdes Eigentum; nur die Zeit gehört uns. Nur diese eine flüchtige, leicht entgleitende Sache hat uns die Natur zu eigen gegeben, und doch lassen wir uns von jedem, der es will, daraus vertreiben.«[11]

Über nichts täuschen wir uns so gern wie über die verfließende Zeit, und je älter wir werden, desto lieber täuschen wir uns über das Schwinden dieser Ressource, von der Seneca sagt, daß sie als einzige wirklich uns selbst gehört. Wenn einer merkt, daß er die Augen verschließt vor dem Älterwerden, wie wird ihm da zumute sein? Selbstironisch, fast heiter, erzählt der alternde Seneca von seinen zugekniffenen Augen – es ist die Geschichte einer gewonnenen Niederlage: »Ich war auf meinem Gut vor der Stadt und klagte über die hohen

Kosten des baufälligen Gebäudes. Der Verwalter sagte, nicht er trage die Schuld daran: Er tue alles, aber das Landhaus sei eben schon alt... Zornig auf jenen, ergreife ich die erste beste Gelegenheit, meinen Ärger auszulassen: ›Es ist ganz offensichtlich‹, sage ich, ›diese Plantanen sind vernachlässigt worden. Sie haben kein Laub, die Äste sind knorrig und verdorrt, krumm die Stämme! Das wäre nicht so, wenn jemand den Boden um sie her auflockerte und sie ständig begösse.‹ Er schwört bei seinem Schutzgeist, er tue alles, er sei in jeder Hinsicht sorgfältig, aber die Bäume seien eben alt. Unter uns gesagt: ich selbst hatte sie gepflanzt, ich hatte ihr erstes Blatt gesehen... Das verdanke ich meinem Landgut, daß mir, wohin ich blicke, mein Alter mir vor Augen tritt.«[12]

Das nüchterne Bewußtsein von der verrinnenden Zeit spielt eine Schlüsselrolle in Senecas *Denken,* weil solche Nüchternheit in seinem und jedermanns *Leben* eine Schlüsselrolle spielen muß. Sein eigener Herr, sagt er, ist man nur dann, wenn man Herr seiner Zeit ist. Tu doch nicht so, als ließe sich die Vergangenheit zurückholen oder die Zukunft vorwegnehmen! Hör auf mit solchen Täuschmanövern, du täuschst dich nur, denn solche Willkür macht die Wirklichkeit nicht mit. Bleib realistisch, vor allem dir selbst gegenüber, fall nicht auf deine falschen Vorstellungen herein. Verfalle nicht der Illusion, größer zu sein, als du tatsächlich bist – solche Sehnsucht geht ins Leere, es sei denn, du tust etwas dafür, so zu werden, wie du sein willst. Verfalle nicht der Illusion, kleiner zu sein, als du tatsächlich bist – solche Furcht führt ins Bodenlose, es sei denn, du deckst sie auf. Vertrau dem, der du in Wirklichkeit bist. Mache Schluß mit den verkehrten Vorstellungen, Ideen und Gedanken in deinem Kopf, wenn du nicht länger verkehrt leben willst.

»Warum halten hochintelligente Menschen, selbst solche, die über beträchtliche psychologische Einsicht verfügen, so verzweifelt an ihren irrationalen Ideen über sich und andere fest?«[13] Das steht nicht bei Seneca, sondern bei einem modernen amerikanischen Psychologen namens *Albert Ellis*. Er geht davon aus, daß Menschen zu Neurotikern werden, wenn sie nicht über ihr eigenes Denken nachdenken. Sie haben falsche Vorstellungen über sich selbst, sie haben falsche Sätze im Kopf und fürchten sich darum vor einer Schein-Wirklichkeit. Was sie ängstigt, ist eine selbstfabrizierte Realität, von der sie nicht wissen, daß sie

selbstfabriziert ist. »Da der Grund unserer Furcht in unserer Unwissenheit liegt, ist es dann nicht der Mühe wert, sich Wissen zu verschaffen, damit man die Furcht loswerden kann?«[14] Das steht nun wieder bei Seneca. Aber sagt er nicht dasselbe wie Albert Ellis? Ich zitiere jetzt zum Thema »falsche Sätze im Kopf« den amerikanischen Arzt und verkürze dabei rigoros ein langes Beratungsgespräch, das er aus seiner Praxis berichtet: »›Sie glauben also immer noch‹, sagte ich (zum vielleicht hundertsten Mal) zu meiner Patientin, ›daß Sie nichts taugen und niemand Sie voll akzeptieren und auf Ihrer Seite sein könnte?‹ – ›Ja, ich muß ehrlich sein und zugeben, daß ich das immer noch glaube.‹ – (. . .) ›Aber (das) ist nur Ihre *Meinung* – sind Sie sich dessen bewußt? (. . .) Sie beginnen mit einem Axiom oder einer Hypothese, zum Beispiel: ›Wenn ich im Leben nicht in jeder Hinsicht Erfolg habe, tauge ich nichts.‹ Oder in Ihrem Fall: ›Wenn ich nicht eine perfekte, aufopfernde Tochter, Ehefrau und Mutter bin, tauge ich nichts.‹ Dann sehen Sie sich die Tatsachen an, und es wird Ihnen klar, daß Sie nicht in jeder Hinsicht Erfolg haben. (. . .) Daraus schließen Sie: ›Also tauge ich nichts – ja ich bin schlecht und wertlos.‹ – ›Aber ergibt sich dieser Schluß nicht aus den Tatsachen?‹, fragte meine Patientin. – ›Nein, keinesfalls! Er ergibt sich nur aus Ihren falschen Prämissen. (. . .) Jeder psychisch gestörte Mensch redet sich eine Kette falscher Sätze ein. (. . .) Diese spezifischen Sätze müssen Sie ändern, um Fortschritte machen zu können.‹«[15]
Wird Seneca nun dadurch groß, daß Ellis dasselbe sagt? Oder wird Ellis dadurch groß, daß er dasselbe sagt wie Seneca? Weder noch. Die Ratschläge sind nicht deshalb wahr, weil Seneca und Ellis sie geben, sondern sie geben sie, weil sie wahr sind. So weit, so gut. Aber war Seneca denn nun ein origineller Kopf, und hat sich sein Denken durchgesetzt? Nein, er war kein origineller Kopf, und sein Denken hat sich nicht durchgesetzt. Also war Seneca kein großer Philosoph? Nein, Seneca war kein großer Philosoph, sondern ein denkender Mensch, der Wege gefunden hat, die tiefer ins Leben hineinführen – statt heraus.

[1] *Th. W. Adorno:* Philosophische Terminologie. Zur Einleitung. Bd II. Frankfurt 1974, S. 72. – [2] *G. W. F. Hegel:* Jenaer Schriften (1801–1807). Theorie-Werkausgabe. Bd II. Frankfurt 1971, S. 17. – [3] Zitiert nach *V. Sørensen:* Seneca. Ein Humanist an Neros Hof. München [2]1985, S. 286. – [4] *Seneca:* Vom glückseligen Leben und andere Schriften. Köln o. J., S. 282. – [5] Ebd., S. 271. – [6] Ebd., S. 13.24f. – [7] Ebd., S. 284–286 passim. – [8] Ebd., S. 14. – [9] Zitiert nach *V. Sørensen:* Seneca, a.a.O., S. 180. – [10] *Seneca,* a.a.O., S. 228. –

[11] Ebd., S. 227. – [12] Ebd., S. 274–276 passim. – [13] *A. Ellis:* Die rational-emotive Therapie. Das innere Selbstgespräch bei seelischen Problemen und seine Veränderung. München [3]1982, S. 13. – [14] Zitiert nach *V. Sørensen:* Seneca, a.a.O., S. 202. – [15] *A. Ellis,* a.a.O., S. 29–35 passim.

Die Kunst zu leben: Mark Aurel

** 121, † 180*

Wer heute in Rom die Stufen zum Kapitol emporsteigt, sieht oben, inmitten des herrlichen Platzes, einen leeren Sockel. Auf diesem Sockel stand das bronzene Reiterstandbild des *Mark Aurel*, der im Jahre 161 n. Chr. den Thron des römischen Kaisers bestieg. Das zeitgenössische Standbild, drei bis fünf Jahre nach seinem Regierungsantritt geschaffen, wurde 1982 zur Restaurierung gebracht. Es zeigt den etwa 43jährigen zu Pferd in Herrscherpose. Doch sein Gesicht paßt nicht dazu. Es ist ein Gesicht, das weniger nach außen als nach innen blickt. Spätere Generationen haben in diesem Herrscher mit dem nach innen gekehrten Blick verkörpert gesehen, was Platon als Ideal gefordert hat: daß die Philosophen Könige seien und die Könige Philosophen. Ob das geht? Ob das vor allem gut geht? *Einmal* ist es gut gegangen, sagt die Nachwelt von Mark Aurel, dem immer wieder so genannten »Philosophenkaiser«. Er selbst freilich war solcher »Heldentümelei« abhold.
Mit zwölf Jahren wäre er am liebsten als wandernder Bettelphilosoph durchs Land gezogen, und auch später, als Mann, galt die große Liebe des Insichgekehrten der Philosophie. Zufall und Staatsräson aber bestimmten ihn zum Kaiser. Was für ein Zwiespalt zwischen persönlicher Neigung und politischer Pflicht! Doch dieser Mensch hat etwas daraus gemacht – und das macht seine Größe aus.
Mark Aurel entstammte einer wohlhabenden spanischen Familie, die seit vier Generationen in Rom lebte und seit drei Generationen Regierungsämter innehatte. *Kaiser Hadrian* wird früh auf den jungen Marcus aufmerksam und sichert ihm für später die Anwartschaft auf den Thron. Als es soweit ist im Jahre 161, als er Kaiser des Imperium Romanum werden soll, zögert er zunächst, übernimmt aber dann das Amt für nahezu zwei Jahrzehnte. Bereits im ersten Jahr seiner Regierung

beginnt der langwierige Krieg gegen die Parther, der erst vier Jahre später durch ein Friedensdiktat beendet wird. Im Jahr darauf dringen germanische Stämme vom Mittellauf der Donau in römisches Gebiet. Sie dringen über die Alpen nach Süden vor. Die erste Woge der Völkerwanderung überschwemmt vier blühende römische Provinzen und überrennt die römischen Truppen. Hungersnot und Seuchen breiten sich in Italien aus. Mark Aurel, der Insichgekehrte, vertreibt die Feinde und unterwirft sie sogar in ihrem eigenen Land. Von da an ist er als oberster Kriegsherr fast ununterbrochen gefordert, dieser unkriegerische Mann, der alles andere ist als eine Kämpfernatur. Um so erstaunlicher wirkt seine Beliebtheit bei den kleinen Leuten. Während einer längeren Kriegspause zettelt der größte General des Kaisers eine Verschwörung gegen ihn an. Und obwohl jener *Avidius Cassus,* Abgott seiner Soldaten, die Parole ausgibt, das alte philosophische Weib in Rom abzuservieren, machen seine Soldaten nicht mit: sie schneiden ihrem Anführer den Kopf ab und schicken ihn dem Kaiser zum Zeichen der Unterwerfung.

Bei Mark Aurel findet sich keine Spur von politischer Begeisterung, die etwas Ansteckendes gehabt hätte, dafür um so mehr Pflichtbewußtsein. Wir lesen in seinen Tagebüchern: »Wenn du frühmorgens in verdrießlicher Stimmung aufwachst, dann laß dies Wort vor deinen Augen stehen: Ich wache auf, um als Mensch zu wirken. Kann ich schlecht gelaunt sein, wenn ich mich anschicke, das zu tun, wozu ich geschaffen und auf die Welt gekommen bin? (...) Andere, die ihr Handwerk lieben, reiben sich bei ihrem beruflichen Tun völlig auf, waschen sich nicht, essen nichts (...) dir aber scheint die Arbeit für deine Mitmenschen weniger wertvoll und nur geringeren Eifers wert!«[1]

Mark Aurel reißt sich hoch. Was er zu Papier bringt, sind Notizen, hingeworfen am Abend oder in der Nacht, erschöpft vom ungeliebten Kampf und von ebenso ungeliebter wie aufreibender Verwaltungstätigkeit. Der introvertierte Philosoph muß – als Politiker – die Innenwelt verlassen und aus sich herausgehen an die Öffentlichkeit, die ihn fordert und braucht: »Gewöhne dich daran, ganz bei der Sache zu sein, wenn du jemandem zuhörst, und versetze dich nach Möglichkeit in die Seele des Redenden! (...) Versuche, die Menschen durch gütliches Zureden zu gewinnen, handle aber auch gegen ihren Willen, wenn es die Gerechtigkeit so erfordert!«[2]

Die Gerechtigkeit dieses Mannes und sein konsequentes, energisches Vorgehen sind verbürgt. Nüchtern ist er und illusionslos, nie aber ohne wachgehaltenes Mitgefühl. Seine Milde wirkt müde, oft matt, dennoch ist sie keine Schwäche. Vor lauter Geradlinigkeit und um ja kein Anpasser zu sein, wird er zuweilen zynisch: »Was ist der Mensch! Stell sie dir nur vor, wie sie essen, schlafen, sich paaren, entleeren und so weiter! Dann, wie sie die Herren spielen, sich in die Brust werfen oder ungnädig sind und von oben herab andere anfahren! Vor wieviel Leuten und um welchen Lohn krochen sie noch vor kurzem, und über ein kleines findest du sie in solcher Gesellschaft!«[3]

Überzeugt von der Gleichheit aller Menschen, sorgt der Kaiser dafür, daß die Lebensverhältnisse der Sklaven wesentlich verbessert werden. Ihm liegt daran, den anderen in seiner Andersartigkeit zu verstehen und ihn so zu verstehen, wie er ist: »Die Menschen sind aufeinander angewiesen: bessere oder dulde sie!«[4]

Aus solchen Zeilen spricht ein Lassen-Wollen, spricht jene Unerschütterlichkeit, die nicht erst in der Stoa, sondern schon seit den Tagen eines *Demokrit* und *Epikur* als Kennzeichen glückenden Lebens gilt. Heute sprechen wir noch immer, wenn auch mit aussterbenden Worten, vom »Gleichmut« oder – genauer – von »Gelassenheit«. Was gegenwärtig gemeint sein könnte mit diesen menschlichen Grundhaltungen, die meist nur den alten Stoikern zugesprochen werden, erklärt der verstorbene Berliner Religionsphilosoph *Wilhelm Weischedel* in seinem letzten Buch über »Skeptische Ethik« so: »Die Sprachwurzel des Wortes ›Gelassenheit‹ ist ›lassen‹. Es bedeutet soviel wie ablassen von etwas, etwas loslassen. Wir müssen, wenn wir gelassen sein wollen, die Geschehnisse, die uns immerzu bedrängen, lassen. Das heißt nicht, daß wir uns stumpf und gleichgültig ihnen gegenüber verhalten, daß wir, was uns begegnet, nicht ernst nehmen sollen. Aber wir dürfen es nicht dazu kommen lassen, daß uns die Ereignisse in die Unrast treiben, die unser Inneres verwirrt und sich der Mitwelt gegenüber als Aufgeregtheit äußert.«[5]

Mark Aurel ist ein Stoiker. Sein Denken folgt vorgebahnten Spuren. Ihm liegt nichts daran, gelehrte Abhandlungen zu schreiben oder gar eine philosophische Schulrichtung zu begründen. Philosophie ist für ihn ein *praktisches Unternehmen,* auf das tägliche Leben bezogen, und in dieser Absicht dankt er seinem Lehrer *Rusticus:* »Ihm verdanke ich

es, wenn ich (...) darauf verzichtete, über wissenschaftliche Theorien zu schreiben oder Moralpredigten zu halten oder in blendender Manier den Asketen oder Wohltäter zu spielen. Ihm verdanke ich es, wenn ich mich von der Rede- und Dichtkunst und der Schöngeisterei fernhielt, zu Hause nicht im Staatsgewand einherschritt oder ähnliches tat...«[6]
Denken bedeutet für ihn nicht, Bücher zu lesen oder zu schreiben, sondern: der Vernunft zu folgen, um den eigenen Charakter zu bilden und den der anderen zu begreifen: »Weg mit den Büchern, laß dich von ihnen nicht einfangen; da liegt deine Bestimmung nicht! (...) Laß die Vernunft nicht länger Sklavin sein, nicht mehr von selbstsüchtigen Trieben wie eine Marionette hin- und hergezogen werden; laß nicht länger zu, daß deine vernünftige Seele über die Fügung des Schicksals oder über dein gegenwärtiges Los grollt oder die Zukunft fürchtet!«[7]
Die Gelassenheit des Mark Aurel ist höchst aktiv, sein Lassen ist ein Tun: das fällt als erstes auf. Und als zweites: seine Selbstbetrachtungen sind Selbstgespräche, in direkter Anrede gehalten. Wir kennen diese Du-Anrede, zweieinhalb Jahrhunderte später, von *Aurelius Augustinus:* »Geh nicht nach draußen, kehr wieder ein bei dir selbst; im inneren Menschen wohnt die Wahrheit.« Und in den »Selbstgesprächen« heißt es: »Gott und die Seele will ich erkennen, weiter nichts.«[8] Ganz ähnlich schreibt schon Mark Aurel: »Zieh dich in dich selbst zurück! Die uns zur Herrschaft bestimmte Vernunft ist darauf angelegt, ihr Genügen in sich selbst zu finden, wenn sie das Rechte tut und dabei Frieden in ihrer Seele hat.«[9]
Doch im Unterschied zu dem Christen Augustinus sucht der Stoiker auf dem Kaiserthron in *seinen* Selbstgesprächen nicht den Gott des jüdisch-christlichen Glaubens, sondern das, was er »Vernunft« nennt. Außerdem besucht Mark Aurel seine innere Oase nur, um ganz gezielt für das Tun nach außen, für sein politisches Wirken neue Kraft zu gewinnen: »Das sage dir am frühen Morgen: ich werde heute mit einem zudringlichen, einem undankbaren, einem frechen, falschen, neidischen und einem unfreundlichen Menschen zusammentreffen. Die Genannten haben alle erwähnten Eigenschaften nur, weil sie sich über das Wesen des Guten und Bösen nicht im klaren sind. Ich aber habe die Natur des Guten erkannt und weiß, daß es schön und daß das Schlechte von Natur häßlich ist und daß der sündigende Mensch von Haus aus mit mir verwandt ist. Ist er auch nicht gleichen Blutes wie ich und gleicher

Herkunft, so hat er doch wie ich teil an der göttlichen Vernunft. (...) Wir sind dazu geboren, miteinander zu schaffen, wie die Füße, die Hände, die Augenlider, wie die Reihen der oberen und unteren Zähne. Einander entgegenzuarbeiten ist daher naturwidrig; wenn man aber unwillig über den anderen ist und sich innerlich von ihm abwendet, arbeitet man bereits gegen ihn.«[10]

In diesen Worten steckt etwas vom Innersten der stoischen Lebensführung, ihr Kernprinzip. Es besagt in etwa, daß die umfassende Weltvernunft, ausgestattet mit göttlicher Kraft, die Seele des Menschen lenken kann über seine Eigenvernunft, die teilhat am Ganzen. Aus diesem Leben gebenden Zusammenhang leben heißt vernunftgemäß leben, und daraus folgt: wer so lebt, erfüllt nicht nur seine Pflicht sich selbst und den anderen gegenüber, sondern wird unabhängig von allem Unvernünftigen, unabhängig von sinnlichen Trieben, von maßlosen Begierden und Leidenschaften.

Wir Heutigen sind inzwischen mehr als skeptisch geworden, ob solche Leidenschaftslosigkeit je gelingt, ja ob es überhaupt *gut* wäre, *wenn* sie gelänge. Der Preis für die Unerschütterlichkeit der Seele, für den Gleichmut des Gemüts scheint uns allzuhoch zu sein. Wer will sich als Fels erheben, unbewegt von den Wogen der Zeit? Doch das eigentliche Ziel solcher Gelassenheit leuchtet vielleicht noch immer ein: unabhängig zu sein – und darin offen für die anderen: »Zu diesen zwei Dingen mußt du immer bereit sein: erstens, nur das zu tun, was dir die Vernunft als höchste gesetzgebende Instanz zum Wohle deiner Mitmenschen vorschreibt; zweitens, umzulernen, wenn dich jemand eines Besseren belehrt und von einer unzutreffenden Vermutung abbringt. Die Sinnesänderung darf jedoch immer nur von der wirklichen Überzeugung ausgehen, daß der Standpunkt des anderen gerecht oder für das Ganze förderlich ist. Nur solche Gründe sind berechtigt; ändere deine Ansicht nicht etwa, weil dir das Annehmlichkeiten oder Anerkennung in Aussicht stellt!«[11]

Hier ist mit einfachsten Worten das Grundmuster der Toleranz angedeutet. Der Philosoph Mark Aurel mußte und wollte gegen seine Neigungen leben. Seine Taten spiegeln sich in seinen Tagebüchern, und seine Tagebücher spiegeln sich in seinen Taten. Diese fast bruchlose, bis an den Rand des Zerbrechens erkämpfte Einheit macht sein Leben glaubwürdig für die einen, unglaubwürdig für die anderen: »Sei nicht verdrossen, müde oder verzweifelt, wenn es dir nicht gelingen will, alles nach den als richtig erkannten Grundsätzen durchzuführen, sondern fang wieder von vorn an, wenn du keinen Erfolg gehabt hast, und sei zufrieden, wenn die Mehrzahl deiner Handlungen der Bestimmung des Menschen entspricht, und liebe die Philosophie, auf die du zurückgreifst. Kehre zu ihr nicht wie zu einem gestrengen Pädagogen zurück, sondern wie die Augenkranken zu ihren Heilmitteln. (...) Denk daran, daß die Philosophie ja nur das will, was die in dir waltende Natur will, du aber wolltest etwas anderes, was nicht der Natur entspricht.«[12]

»Du« sagt Mark Aurel. Sein Du-Sagen wirkt authentisch, weil er darin »Ich« sagt.

[1] *Marc Aurel:* Selbstbetrachtungen. Hrsg. und übertragen von *A. Mauersberger. Leipzig o. J. (1954), S. 50 (V, 1).* – [2] *Ebd., S. 82f. (VI, 50. 53).* – [3] *Ebd., S. 145 (X, 19).* – [4] *Ebd., S. 120 (VIII, 59).* – [5] *W. Weischedel:* Skeptische Ethik. Frankfurt 1976, S. 214. – [6] *Marc Aurel,* a.a.O., S. 2 (I, 7). – [7] Ebd., S. 12f. (II, 2). – [8] *Augustinus:* De vera religione XXXIX, 72. Soliloquiae I, c.2,7. – [9] *Marc Aurel,* a.a.O., S. 92 (VII, 28). – [10] Ebd., S. 12 (II, 1). – [11] Ebd., S. 36 (IV, 12). – [12] Ebd., S. 55 (V, 9).

Von Ufer zu Ufer: Moses Maimonides

** 30. 3. 1135, † 13. 12. 1204*

Er ist viel unterwegs, hat viel mitbekommen und viel mitgeteilt, dieser Jude aus Cordoba. Von Spanien nach Marokko, von Marokko nach Palästina, von Palästina nach Ägypten führt der Lebensweg des *Moses Maimonides*. Gläubiger Jude, scharf denkender Philosoph und tüchtiger Arzt in einer Person, gehört Maimon zu den größten Vermittlern, die je gelebt haben. Er vermittelt zwischen absinkender Vergangenheit und aufsteigender Zukunft, zwischen abdunkelndem Glauben und aufklarendem Denken, von Küste zu Küste unterwegs, ablegend und anlegend mit immer neuer Fracht in fremden Umschlaghäfen: ein ehrlicher Kaufmann ist er, ein »Reisender in geistigen Gütern«.

Die einen feiern ihn als Propheten, die anderen verfolgen ihn als Ketzer – es ist die alte Geschichte: wer auf Verständigung abzielt, wird mißverstanden im Guten wie im Bösen, und die versuchte Nähe mißrät zur Distanz. Ganz auf sich gestellt ist er freilich erst unterwegs auf hohem Meer, auf der Mitte zwischen zwei Ufern: Schicksal eines Vermittlers, der 1135 geboren wird. Dreizehnjährig flieht er mit seiner Familie vor den fanatischen Almohaden, einer mohammedanischen Sekte, die jeden Juden vor die Wahl stellt, sich entweder zu Mohammed zu bekennen oder auszuwandern. Während des zehnjährigen Herumziehens in Spanien vertieft sich der junge Moses in die jüdische Tradition, treibt philosophische und medizinische Studien, lebt dann sieben Jahre in Marokko und findet nach zweijähriger Wanderschaft durch Palästina endlich eine feste Bleibe im ägyptischen Fostat, dem alten Kairo. Der Vater stirbt. Sein Bruder *David* ernährt die Familie als Kaufmann. Als David auf einer Geschäftsreise im Indischen Ozean untergeht, verdient Moses seinen Lebensunterhalt als praktischer Arzt und genießt bald einen so guten Ruf, daß ihn der Sultan zum Leibarzt seines Sohnes ernennt.

Ein Märchen aus Tausendundeiner Nacht? Nein, biographisch verbürgte Realität: »Böse, bittere Tage und Mühsal ohne Ruhe waren mein Los. Von Stadt zu Stadt und Land zu Land wurde ich umhergetrieben. Aber hinter den Schnittern brachte ich auf allen Wegen ihre Ernte ein, die vollen wie die dürren Ähren sammelnd. Erst vor kurzem fand ich eine Bleibe.«[1]

Welche Ähren meint er? Welche Ernte bringt er ein? Die Ähren sind verstreute Traditionen, weit auseinander liegende Bruchstücke ungenutzter Überlieferungen. Die Ernte aber ist der Ertrag seines weniger sammelnden als vermittelnden Denkens und Schreibens. Wie geht das vor sich, und worum geht es da?

Das unsichere Leben der Diaspora-Juden in jener Zeit führt dazu, daß sie ihre Glaubensurkunden vernachlässigen. Sowohl die Thora, die fünf Bücher Mose, als auch der Talmud mit Mischnah und Gemara, worin die Lehren, Vorschriften und Überlieferungen des nachbiblischen Judentums zusammengefaßt sind – sie werden kaum noch gelesen, kaum noch verstanden, kaum noch beherzigt. Deshalb geht Maimonides daran, die ganze jüdische Lehre von neuem zu vermitteln, indem er sie so deutet und erklärt, daß sie jedem Juden von neuem verständlich und praktikabel werden kann. Er schreibt Kommentare zum Talmud, zur Mischnah, zur Thora, zum jüdischen Gesetz, und in diese Reihe gehört auch ein Glaubensbekenntnis in dreizehn Artikeln, das sich noch heute, leicht verändert, in jedem jüdischen Gebetbuch findet.

Maimon, der sein Brot als Arzt verdient, ist in ständiger Verbindung mit jüdischen Gemeinden in aller Welt. Als Autorität in Fragen des jüdischen Religionsgesetzes wird er häufig befragt. Wir haben eine Sammlung seiner Antwortbriefe mit seinen Entscheidungen. Sie verraten ein erstaunliches Einfühlungsvermögen für die Lebensbedingungen der Adressaten. Auch darin vermittelt der Gesetzeslehrer und Theologe zwischen uralten Glaubenserfahrungen und zeitgenössischer Lebenspraxis. Maimon gleicht dem Beduinen in der Wüste, der eine versandete Zisterne freilegt, damit sein Stamm zu trinken bekommt. Er legt die verschüttete Quelle des jüdischen Glaubens frei – *eine* Quelle. Sie wird jedoch nicht die einzige bleiben.

Die Glaubensgewißheit der Juden wird noch von einer anderen Seite her bedroht, und zwar von seiten des rationalen Denkens. Im 12. Jahrhundert setzt eine Art Aufklärung ein, angestoßen durch das Denken des heidnischen Philosophen *Aristoteles*. Dieser Grieche ist zwar damals schon seit anderthalb Jahrtausenden tot, aber nun werden seine Schriften immer vollständiger und immer besser ins Arabische übersetzt. Bald beherrschen seine Gedanken so sehr das Feld, daß die Bezeichnung »aristotelisch« nur ein anderer Ausdruck ist für »philosophisch« und für »wissenschaftlich«. Dieses philosophisch-wissenschaftliche Denken verunsichert die Gläubigen, weil es den Absolutheitsanspruch ihrer Religion in Frage stellt. Der Wortlaut der jüdischen Bibel gerät in Widerspruch zum Geist der griechischen Philosophie. Wie soll man sich da verhalten? Soll man die Offenbarung preisgeben, um die intellektuelle Redlichkeit zu bewahren? Oder soll man die intellektuelle Redlichkeit preisgeben, um die Offenbarung zu retten? Wer hilft den Schwankenden in ihrem Widerstreit zwischen Glauben und Wissen?

In diese Situation hinein schreibt Maimonides sein dreibändiges religionsphilosophisches Werk »Führer der Unschlüssigen« und als Vorarbeit ein Büchlein, das so heißt wie seine Gliederung: »Acht Kapitel«. Dort behandelt er im Hin und Her zwischen aristotelischen und biblischen Aussagen die Grundfragen jeder Ethik: Wie kann ich Gut und Böse voneinander unterscheiden? Und im Zweifelsfall, in Konflikten: wonach soll ich mich richten? Vor allem aber: welche Entscheidung ist zu verantworten – vor dem Glauben und *zugleich* vor der Vernunft?

Das klingt schwierig und ist es auch, aber Maimonides schreibt einen klaren, bildkräftigen Stil. Oft spricht aus ihm der erfahrene Mediziner, der seine Leser berät wie der Arzt seine Patienten: »Die Alten sagten: es findet bei der Seele, wie bei dem Körper Gesundheit und Krankheit statt. (...) Wie die körperlich Kranken, wenn sie sich ihrer Krankheit bewußt werden, (...) Ärzte um Rat fragen und diese sie dann mit dem bekannt machen, was sie notwendig zu beobachten haben, (...) also müssen auch die Seelenkranken die Gelehrten – denn dies sind die Seelenärzte – um Rat fragen, auf daß diese sie (...) durch die (...) Kunst der Heilung der Sitten wieder gesund machen.«[2]

Das klingt nach einem Therapie-Angebot und ist auch eines, doch zuvor kommt die Analyse, und die verdankt der Jude Maimonides dem Heiden Aristoteles: »Die guten Handlungen sind diejenigen, welche gleichmäßig temperiert sind, die Mitte haltend zwischen zwei Extremen, welche beide verwerflich sind und von denen das eine ein Zuviel,

das andere ein Zuwenig ist. Die Tugenden aber sind solche Seelendispositionen und Haltungen, welche zwischen zwei schlechten die Mitte halten, deren eine durch ein Zuviel und deren andere durch ein Zuwenig fehlt. (. . .) So hält die Freigebigkeit die Mitte zwischen der Knauserigkeit und der Verschwendung, die Tapferkeit die Mitte zwischen der Verwegenheit und der Feigheit, (. . .) die Sanftmut zwischen dem Jähzorn und der Unempfindlichkeit (. . .).«[3]
Auf diese Analyse folgt die Diagnose: »Die Menschen irren sich aber oft über dergleichen Handlungen, indem sie das eine oder das andere der beiden Extreme für etwas Gutes halten. (. . .) Bisweilen halten sie das erste Extrem für gut, wie sie zum Beispiel die Verwegenheit für eine Tugend ansehen, einen Verwegenen tapfer nennen und, wenn sie sehen, wie jemand im höchsten Grade verwegen ist, wie er sich selbst in Gefahren stürzt und absichtlich dem Verderben entgegenrennt, vielleicht aber durch Zufall entkommt, ihn deshalb loben und sagen: das ist ein tapferer Mann! Bisweilen aber glauben sie, das entgegengesetzte Extrem sei etwas Gutes, und sie nennen darum den Unempfindlichen sanftmütig (. . .) Dies alles aber ist Irrtum: in Wahrheit lobenswert ist nur die rechte Mitte; darauf muß auch der Mensch sein Streben richten und alle seine Handlungen immer so genau abwägen, daß sie diese Mitte halten.«[4]
Auf die Diagnose schließlich folgt das Therapie-Angebot: »Wie wir bei dem Körper, wenn er aus seiner regelmäßigen Verfassung herauskommt, untersuchen, nach welcher Seite hin er sich geneigt und das rechte Maß überschritten hat, (. . .) ganz so müssen wir auch hinsichtlich des Sittlichen zuwege gehen. Sehen wir zum Beispiel einen Menschen, in dessen Seele die Neigung überhand genommen hat, sich alles abzudarben (. . .) und wir wollen diesen Kranken heilen, (. . .) so ist es notwendig, ihn dahin zu bringen, daß er einmal über das andere Verschwendung übt und die Ausübung der Verschwendung sich so oft bei ihm wiederholt, bis aus seiner Seele die Neigung schwindet, welche die übertriebene Knauserigkeit verursacht, und sich beinahe die Neigung zur Verschwendung in ihm ausbildet (. . .) Dann werden wir ihm das verschwenderische Treiben untersagen und ihm vorschreiben, beständige Werke der Freigebigkeit zu üben und daran festzuhalten, ohne das rechte Maß zu überschreiten oder hinter demselben zurückzubleiben.«[5]

Überschaut man die »Acht Kapitel« dieses mittelalterlichen Buches, so imponiert am meisten, was man heute die »ganzheitliche Sicht« des Menschen nennt. Medizin und Ethik, Psychologie und Alltagspraxis, Philosophie und Lebenskunst – sie sind noch nicht auseinandergefallen, noch nicht getrennt, sondern ineinander verfugt und wirken wie aus einem Guß. Ist das schon »Wissenschaft«, wenn auch mit erheblichen Schwachpunkten? Oder liegen die »Schwachpunkte« moderner Wissenschaft in ihrer fehlenden Integrationskraft? Maimon empfiehlt weder eine Theorie noch eine Technik um ihrer selbst willen, im Gegenteil, er rät zu einem Hand-in-Hand und tut darüber hinaus einen weiteren Schritt: ». . . wenn der Mensch seine Handlungen immer genau abwägt und es auf solche anlegt, welche am besten die rechte Mitte halten, so erreicht er die höchste menschliche Stufe, kommt dadurch Gott näher und wird (. . .) der ewigen Seligkeit teilhaftig. Dies ist die vollkommenste Art der Gottesverehrung.«[6]

Durch seine Handlungen, durchs rechte *Tun* also, gelangt der Mensch zur Vollkommenheit. Darin ist Maimon ganz Jude. Denn die jüdische Religion ist weniger eine Offenbarung von Lehrsätzen als eine Anleitung zum Handeln, und zwar zu einem Handeln, sagt Maimon, der Vermittler, das dann gottgefällig ist, wenn es sittlich verantwortbar ist. Du sollst tun – oder nicht tun, so lauten alle Vorschriften des mosaischen Gesetzes. Gott selber zeigt sich dem Menschen in seinem Tun, nicht etwa darin, daß er ihnen mitteilt, welche Vorstellungen sie von ihm haben sollen. Wer Gott näher kommen will, darf sich gerade keine Vorstellungen von ihm machen. »Du sollst dir kein Bild machen!«[7], sagt der biblische Gott. Machen wir es aber trotzdem und stellen uns beispielsweise vor: Gott ist groß, Gott ist gütig, Gott ist geduldig – so reduzieren wir seine *grenzenlose* Größe, Güte und Geduld aufs Menschenmaß unserer höchst *begrenzten* Größe, Güte und Geduld.

Macht jemand den Einwand, daß »Größe«, »Güte« und »Geduld« gar keine Vorstellungen sind, sondern Begriffe, keine Bilder, sondern Gedanken, so hält ihm Maimon, wiederum mit dem biblischen Gott, entgegen: »Meine Gedanken sind nicht eure Gedanken, und eure Wege sind nicht meine Wege.«[8] Dies einzusehen, sollte der Vernunft eigentlich nicht schwer fallen, sagt Maimon, der Vermittler zwischen Vernunft und Glauben: »Für die menschliche Vernunft gibt es zweifellos eine Grenze, bei der sie haltmachen muß, so daß es Dinge gibt, deren

Erkenntnis offenbar dem Menschen unmöglich ist.«[9] Wer Gott aufs Menschenmaß verkleinert – sei es in Vorstellungen, sei es in Begriffen –, der kommt ihm nicht näher, sondern entfernt sich von ihm. Unsere »positiven« Aussagen von Gott machen ihn klein, und das heißt, so paradox es klingt: unsere »negativen« Aussagen von Gott lassen ihm seine unvergleichliche Größe. Gott ist *nicht* groß in der Weise, wie wir groß sind, Gott ist *nicht* gut in der Weise, wie wir gut sind; Gott ist *nicht* geduldig in der Weise, wie wir geduldig sind. »Die verneinenden Aussagen von Gott sind die wahren Aussagen, bei denen ein ungenauer Ausdruck nicht stattfinden kann (...) du gelangst um so näher zur Erkenntnis Gottes, je mehr verneinende Aussagen du von ihm machst.«[10]

Mit dieser »negativen Theologie« hat der jüdische Rabbi Moses Maimonides in seinem »Führer der Unschlüssigen« den Bruderzwist zwischen Glauben und Denken so wirkungsvoll entschärft, daß große christliche Denker ihm darin gefolgt sind: *Albert der Große* und *Thomas von Aquin, Meister Eckart* und *Nikolaus von Kues* heißen die prominentesten.

Erinnern wir uns aber auch an einen Juden, an einen Moses aus dem 18. Jahrhundert, der als erster deutscher Schriftsteller und Philosoph nicht in christlicher Überlieferung groß geworden ist und dem Lessing in seinem »Nathan« ein Denkmal gesetzt hat. Abend für Abend liest der Dreizehnjährige im Schein einer Öllampe Maimons »Führer der Unschlüssigen« und bekennt als reif gewordener Mann: »Maimon verdanke ich meinen Buckel, doch auch heute noch bin ich vernarrt in ihn wegen der vielen Stunden der Niedergeschlagenheit, die er in Begeisterung verwandelte. (...) Er schwächte meinen Körper, aber er kräftigte meine Seele.«[11] So schreibt *Moses Mendelssohn* von jenem Moses Maimonides, der über seinen Tod hinaus zu den größten Vermittlern zählt, die je gelebt haben.

[1] *I. Elbogen (Hrsg.):* Das Leben des Rabbi Mosche ben Maimon. Aus seinen Briefen und anderen Quellen. Berlin 1935, S. 24. – [2] *Moses Maimonides:* Acht Kapitel. Eine Abhandlung zur jüdischen Ethik und Gotteserkenntnis. Hamburg 1981, S. 13f. (An einigen Stellen dieser Übersetzung aus dem Jahre 1903 wurden schwer verständlich gewordene Ausdrücke und altertümliche Schreibweisen behutsam dem heute geläufigen Sprachgebrauch angenähert.) – [3] Ebd., S. 15f. – [4] Ebd., S. 17f. – [5] Ebd., S. 19f. – [6] Ebd., S. 33. – [7] *Ex* 20, 4. – [8] *Mose ben Maimon:* Führer der Unschlüssigen. 3 Bände. Hamburg 1972. Bd III, S. 125 (Is 55, 8). – [9] *Mose ben Maimon,* a.a.O., Bd I, S. 88. – [10] Ebd., S. 196, 203. – [11] Zitiert nach *H. Kupferberg:* Die Mendelssohns. Tübingen/Stuttgart 1972, S. 19.

Wahrheit, du scheues Wild: Nikolaus von Kues

** 1401, † 1464*

Der neue Diener hatte eine Gewohnheit, die für einen ungebildeten Leibeigenen im zaristischen Rußland ganz und gar ungewöhnlich war: Valentin las Gedichte. Was aber noch ungewöhnlicher war: er las nur Gedichte, die er nicht verstand, und er liebte diese Gedichte, weil er sie nicht verstand. Das kam freilich erst spät heraus, durch Zufall, als sein Herr, der Schriftsteller *I. A. Gontscharow,* eines Abends am Schreibtisch saß und schrieb. Auf einmal hörte er die Stimme seines Dieners in einer Art Singsang:

Und sicht-bar wurde ihr im Au-genblick,
Was un-sichtbar seit langer Zeit . . .

Gontscharow horchte, ging auf den Flur und öffnete die Tür zu Valentins Zimmer. Dort ließ er sich die Verse noch einmal vorlesen und fragte dann: »Verstehst du das alles?« Valentin konterte: »Verstehen Sie es denn?«

Gontscharow verstand das, selbstverständlich, und er verstand darüber hinaus, daß solche Verse das Fassungsvermögen seines Dieners bei weitem überstiegen. Deshalb suchte er für Valentin nach etwas Verständlichem und fand es auch; es war ein simples Liedchen:

Im Frühling ist es warm,
Im Winter ist es kalt,
Doch auch im Frost
Fühl'n wir uns wohl.
Die Nacht ist lang,
Das Feuer loht,
Da kommen Alt

Und Jung zusammen,
Drehn sich im Tanz,
Lachen und singen,
Spielen und springen . . .

Valentin hatte diesem Vortrag mit wachsender Verachtung zugehört und sagte: »Das versteht jedes Bübchen, jedes Bauernweib. (. . .) Das liest man einmal durch, versteht es und wirft es wieder weg. Was hat das für einen Reiz? Ist das denn Dichtung?«[1] Für Valentin hatten gerade die unverständlichen Verse etwas an sich, das er genoß. Dieselben Verse, die der gebildete Herr schätzte, weil er sie verstand, schätzte der ungebildete Diener, weil er sie nicht verstand. War Valentin dumm?
Rund vierhundert Jahre früher lebt einer, der erfindet eine ähnliche Situation mit ähnlich ungleichen Gesprächspartnern: »Auf dem Forum Romanum begegnete ein schlichter und ungebildeter Mensch einem wohlhabenden Lehrer der Redekunst und sprach ihn freundlich lächelnd an.« Die Ausgangssituation ist vergleichbar, nur sind die Rollen hier vertauscht. Der ungebildete Laie bringt dem gelehrten Herrn etwas bei, indem er ihm erklärt: »Darin unterscheiden wir uns vielleicht gerade: du hältst dich für wissend, obwohl du es nicht bist, während ich wohl einsehe, wie unwissend ich bin. (. . .) Und eben darum bin ich der Wissendere von uns beiden.« Und dann bringt der Laie ein Beispiel, das uns ahnen läßt, warum der unverständige Valentin so dumm nicht ist – jener Diener, der im Singsang der Worte einem verschwiegenen Sinn nachlauscht: »Wie der Duft gleichsam der Vorgeschmack von etwas dem Schmecken Unerreichbaren sein kann, so ist dieses von ferne nichtgenießende Genießen zu verstehen.«[2]
Der dieses Zwiegespräch erfand, hieß *Nikolaus Krebs,* Sohn eines Fischers an der Mosel, ein Philosoph zwischen den Zeiten. Er hat auf dem Wege des Denkens die Kluft zwischen Mittelalter und Neuzeit überbrückt. Der Fischerssohn, der es übrigens bis zum Kardinal brachte (mit dem Krebs als Wappentier), stiftete in Kues ein Hospital, das noch heute steht, eine »herberge für die armen und ellenden«, wie es in der Hauptstiftungsurkunde heißt: ein Heim für bedürftige Männer, die mindestens fünfzig Jahre auf dem Buckel haben mußten. So alt war übrigens Valentin – vierhundert Jahre später –, der so dumm nicht war, aber allem Anschein nach bedürftig.

Der leibeigene Diener brauchte etwas, und das suchte er, genauso wie der ungebildete Laie des Nikolaus von Kues. Die beiden waren keine Ignoranten, denen die nötigen Informationen fehlten, und sie waren auch keine weltfremden Sonderlinge, die den Kopf in den Sand steckten. Raffiniert waren sie schon gar nicht, etwa nach dem Motto: »O wie gut, daß niemand weiß...« Außerdem: keine Spur von dem üblichen scheingebildeten Lamento über die Begrenztheit menschlichen Wissens, eher das Gegenteil. Nur: was dem Valentin des Gontscharow dämmerte, war dem ungebildeten Laien des Nikolaus von Kues sonnenklar: daß wir nämlich – so steht es bei *Aristoteles* – wie Eulen sind, die in die Sonne sehen wollen und einsehen, daß sie es nicht können: »Wenn wir dies zur Fülle erreichen, werden wir die wissende Unwissenheit erlangen; denn selbst der wissensbegierigste Mensch kann nicht zu größerer Vollkommenheit aufsteigen, denn als höchst wissend in der Unwissenheit, die ihm eigentümlich ist, befunden zu werden. Und um so wissender wird er sein, je mehr er um seine Unwissenheit weiß.«[3] Als Nikolaus 1452, seit vier Jahren Kardinal, zum Regensburger Reichstag reist, macht er Station bei den Mönchen des Klosters Tegernsee und erklärt dem Abt: »Es ist gerade so, wie wenn jemand die Sonne sucht; indem er sich ihr zuwendet, bewirkt ihr übermächtiges Licht in seinen schwachen Augen Dunkelheit. Das ist für den, der die Sonne sucht, ein Zeichen dafür, daß er sich auf dem rechten Wege befindet. Würde das Dunkel nicht auftreten, so könnte er nicht auf dem Wege zu jenem überhellen Lichte sein.«[4]
Wie sich unser Blick der Sonne zuwendet, ohne sie je ganz in den Blick zu bekommen, so nähert sich auch unser geistiger Blick den Realitäten, ohne sie je ganz in den Blick zu bekommen. Ist das Licht der Wirklichkeit zu stark oder ist das Licht unserer Erkenntnis zu schwach? Oder beides? Was wir genau sehen und ganz verstehen wollen – zum Beispiel einen anderen Menschen, der uns nicht einmal fremd ist, sondern seit Jahren vertraut –, das sehen wir nur ungenau, und wir verstehen es nur zum Teil. Die Seele des anderen, sagt *Turgenjew,* ist ein dunkler Wald. Verschließt sich der Wald dem Blick oder verschließt sich der Blick dem Wald? Oder beides? Hätten wir doch ein gemeinsames Maß, mit dem wir beides aneinander messen könnten, ein *angemessenes* Maß! Doch das haben wir nicht. Was wir von irgend etwas anderem (und Eigenem!) – Sonne, Wald, Mensch – erfassen,

sind immer nur Teilansichten und Vermutungen: »Die Genauigkeit der Wahrheit ist unerreichbar. Daraus ergibt sich, daß der Mensch nur in der Weise der Vermutungen zu wahren Aussagen gelangen kann. (...) Die Unsicherheit unseres schwächlichen Erfassens läßt unsere Feststellungen hinter der reinen Wahrheit als bloße Vermutungen des Wahren zurückbleiben. Die unerreichbar eine Wahrheit wird also nur in der Unangemessenheit der Vermutung erkannt.«[5]

Für Nikolaus erfaßt der Mensch die Dinge immer nur näherungsweise, und was wir schließlich an »Sachkenntnis« im Kopf haben, ist niemals deckungsgleich mit der Sache, sondern geht immer teilweise daran vorbei. Für diesen Wissenschaftskritiker des 15. Jahrhunderts war die Behauptung, unser Wissen sei den Sachen angemessen, weiter nichts als anmaßendes und maßloses Gerede: »Kein konkretes Wesen vermag genau den Wirklichkeitsgrad eines anderen zu teilen; jedes Wesen überragt also notwendig ein anderes oder wird von einem anderen überragt.«[6]

Was ich erkennen will, ist entweder größer oder kleiner als ich, stärker oder schwächer als ich, niemals genauso wie ich: mir fehlt das Maß, mit dem das Andere als anderes zu messen wäre. Selbstverständlich messen wir, wir messen dauernd, aber nie eines für sich, nie dieses eine Konkrete da als solches, nie die Sache selbst in ihrer Einzigartigkeit und vergleichbaren Eigenart. Wir messen immer eins am andern und vergleichen: größer als – kleiner als, stärker als – schwächer als. Größer als was? Als das andere. Kleiner als was? Als das andere. Unser Blick wandert dauernd hin und her zwischen dem Punkt, den wir meinen, und dem Punkt, den wir *nicht* meinen. Darum blicken wir immer halb vorbei und treffen nie die Sache ganz. Was ist der Mensch? Der Mensch ist kein Löwe. Was ist der Himmel? Der Himmel ist nicht die Erde. Was ist Gott? Gott ist kein Stein.[7] Lauter Gegensätze: wer schafft den Sprung, den Satz auf die Gegenseite? Für wen fallen die Gegensätze nicht auseinander, bei wem fallen sie zusammen? Nur bei Gott, sagt Nikolaus von Kues, sind die Gegensätze identisch, bei ihm sind sie eins; es macht seine Unvergleichlichkeit aus, daß er über jedem »größer« und unter jedem »kleiner« ist: »Gegensätze kommen nur dem zu, was ein Mehr und Minder zuläßt, und diesem in verschiedener Weise. Dem absolut Größten aber kommen sie in gar keiner Weise zu, da es über allem Gegensatz liegt. (...) Und so ist das absolut Größte das, was alles ist, und es ist alles, weil es nichts ist; und so ist es am meisten das, was es am wenigsten selbst ist. Denn der Satz: ›Gott, der die absolute Größe ist, ist Licht‹, sagt nichts anderes als der Satz: ›Gott ist am meisten Licht, weil er am wenigsten Licht ist‹.«[8]

Das ist zu hoch, zu weit weg, also bleiben wir lieber bei dem, was uns nahe ist, und machen die Probe aufs Exempel. Mensch und Löwe sind zwar vergleichbar, insofern sie Lebewesen sind, das ist ihnen gemeinsam, darin sind sie vergleichbar, und dann noch darin und darin und darin – aber schließlich? Himmel und Erde sind zwar vergleichbar, insofern sie zur außermenschlichen »Natur« gehören, das ist ihnen gemeinsam, darin sind sie vergleichbar, und dann noch darin und darin und darin – aber schließlich? Gott und Stein sind zwar insofern vergleichbar, als sie weder Mensch noch Löwe, noch Wolken, noch Staub sind; daß sie weder lachen noch weinen, weder wachen noch schlafen. Sie haben gemeinsam, was sie von dem Gemeinten unterscheidet, aber schließlich: wer ist Gott, was ist ein Stein?

Keiner weiß es, sagt Nikolaus von Kues, denn »dies überschreitet alle unsere Vernunft«.[9] Keiner weiß es *allein,* sagen wir. Also laßt uns die Wahrheit gemeinsam aufspüren, machen wir zusammen eine Treibjagd! Umzingeln wir das flüchtig gesichtete Wild, dieses schöne scheue Tier, und pirschen uns langsam heran mit den Schritten unserer Vergleiche. Wir kommen von verschiedenen Seiten und sehen sogar das Wild, aber jeder aus einer anderen Richtung, einer anderen Blickrichtung, so daß der Blick eines jeden jeweils nur eine Seite, ein Segment, eine Dimension, einen Aspekt erfaßt, niemals das Ganze. Darin sind wir alle gleich: daß jeder nur eine Seite des Gleichen sieht. Und selbst wenn es möglich wäre bei dieser Treibjagd, daß ein einziger Jäger die Gesichtspunkte aller anderen zusammen in seinem Gesichtsfeld versammeln könnte, so hätte er das Wild noch immer nicht erfaßt: die Wirklichkeit einer Sache ist etwas anderes als die Summe ihrer Aspekte. »Die Vernunft verhält sich zur Wahrheit wie das Vieleck zum Kreis: je mehr Ecken das Vieleck besitzt, um so ähnlicher wird es dem Kreis; aber selbst wenn die Zahl der Ecken ins Unendliche vermehrt wird, wird es dennoch nie dem Kreis gleich. (...) Je tiefer wir in diese wissende Unwissenheit eindringen, desto näher kommen wir der Wahrheit selbst.«[10]

Ein Vieleck wird niemals zum Kreis, und hätte es noch so viele Ecken.

Vieleck und Kreis, als mathematische Symbole genommen, sieht man leibhaftig in der Bibliothek des Hospitals, das Nikolaus von Kues gestiftet hat, in diesem herrlich gewölbten Raum, der noch heute die Büchersammlung des Philosophen und Kardinals enthält. Das Gewölbe wird von einer einzigen Säule getragen. Ihr Fuß ist achteckig. Die Säule selbst ist rund.

Die ganze Sache oder die Sache ganz kommt also nie in den Blick, weder in den Blick eines einzelnen, noch in die Summe aller Blicke. Was den leiblichen und den geistigen Augen des Menschen aufscheint, ist nie die Wahrheit, sondern immer nur Wahrscheinlichkeit. Wer aber erkennt, daß sein Erkennen unzulänglich ist, und warum es so ist, der hat das Äußerste erkannt und verstanden: er versteht sein Nichtverstehen, weiß um seine Unwissenheit und begreift, daß Begriffe niemals umgreifend sind.

Wissend unwissend sein, heißt darum auch, daß wir vom unvergleichlichen »Kern« der Dinge viel genauer sagen können, worin er *nicht* besteht, als worin er besteht. Wir nähern uns der »Herzmitte« dessen, was »Gott«, was »Seele«, was »Natur« heißt, viel eher, wenn wir sagen, was sie *nicht* sind, als wenn wir sagen, was sie sind. So entstand, was Gott angeht, eine »negative Theologie«. So könnte, was die Seele angeht, eine »negative Psychologie« entstehen, und was die Erhaltung der Natur angeht, eine »negative Ökologie«. Gäbe es solche Negativ-Elemente in unserem Wissen, dann hätten wir ein Verhältnis zur Wirklichkeit, das weniger unwahr wäre, als es ist.

[1] *I. Gontscharow:* Diener von dazumal, in: *ders.:* Ein Monat Mai in Petersburg. Erzählungen. Zürich 1979, S. 186–191 passim. – [2] *Nikolaus von Kues:* Der Laie und die Weisheit, in: *ders.:* Die Kunst der Vermutung. Auswahl aus den Schriften. Besorgt und eingeleitet von *H. Blumenberg*. Bremen 1957, S. 235f., 241. – [3] Ebd., S. 75f. – [4] Ebd., S. 320. – [5] Ebd., S. 191f. – [6] Ebd., S. 171. – [7] Vgl. ebd., S. 109, 112. – [8] Ebd., S. 80. – [9] Ebd. – [10] Ebd., S. 78f.

Gut ist, was geht: Niccolò Machiavelli

** 3.5.1469, † 22.6.1527*

Wenn ein erfolgreicher Politiker mit 43 »in die Wüste« geschickt wird, so ist das bitter, mag auch »die Wüste« ein Landhaus in der Toscana sein. *Niccolò Machiavelli*, gebürtiger Florentiner, dem das passiert, ist erfahren im Umgang mit der Macht. Er genießt es, ein einflußreicher Diplomat zu sein. Für ihn bedeutet deshalb die plötzliche Verbannung aus Florenz mehr als das Ende seiner Karriere. Das erzwungene Nichtstun, die Abstinenz von der Politik macht ihn unruhig und unglücklich. Er leidet unter »Entzugserscheinungen«, weil man ihn an den Staatsgeschäften nicht mehr teilnehmen läßt und weil man ihm verbietet, das Regierungsviertel auch nur zu betreten. Mit Leib und Seele Politiker, ist die Politik sein Leben geworden, *die* Politik, die er seit vierzehn Jahren an vorderster Stelle betrieben und beobachtet hat. Aufs Land verbannt und zur Untätigkeit verurteilt, klagt er: »So bleibe ich denn in meinem Mauseloch, da ich keine Seele finde, die sich meiner treuen Dienste erinnerte oder glaubte, daß ich noch zu etwas nütze sei. Unmöglich aber kann ich für längere Zeit hier bleiben, denn ich wurme mich zu sehr. Und wenn mir Gott nicht gnädiger ist, werde ich eines Tages doch gezwungen sein, dieses Haus zu verlassen und mich als Verwalter oder Sekretär irgendeines Bürgermeisters zu verdingen, sofern sich nichts anderes bietet.«[1]

In Florenz herrschen länger als ein Jahrhundert die *Medici*, ein Patriziergeschlecht, das durch internationale Bankgeschäfte und durch eine geschickte Politik alle Fäden in der Hand behält. Erst 1494, mit dem Einmarsch französischer Truppen, wird *Piero de Medici* vertrieben, und die Stadt bekommt eine demokratische Verfassung. Vier Jahre später wird Machiavelli Sekretär beim Rat der Zehn, bei der zweiten Staatskanzlei der Republik Florenz. Das damalige Italien ist »Schau-

platz und Kampfpreis von zwölf Kriegen«[2], von anhaltenden Territorialkämpfen, in die beispielsweise Venedig, Pistoia und Pisa verwickelt sind. Als der 29jährige Staatssekretär sein Amt antritt, dauert der Krieg des Stadtstaates Florenz gegen Pisa bereits ein Jahrzehnt: die Pisaner kämpfen mit eigenen Truppen, die Florentiner mit einem Söldnerheer, das immer wieder versagt, weil es nur für Geld gedungen ist. Darum betreibt Machiavelli die Aufstellung einer festen Miliz – und setzt sich schließlich durch. Er gilt als Schöpfer des florentinischen Heeres. 1509 kapituliert Pisa. Die meiste Zeit im Sattel, bereist der Diplomat italienische Höfe, um zu vermitteln und zu versprechen, um zu verharmlosen und zu verschleiern, wie es schon damals üblich ist. Seine Gesandtschaftsberichte zeugen von scharfer Beobachtungsgabe, klugem Urteil und glänzender Menschenkenntnis. Als er den französischen Hof betritt, öffnet sich ihm die Bühne der großen, der ganz großen europäischen Politik.
Wirklich faszinierend aber ist für ihn ein Italiener, den er schon lange beobachtet. 1502 wird Machiavelli zu *Cesare Borgia* gesandt, dem Sohn von *Papst Alexander VI.* An ihm studiert er mit kühlem und neugierigem Blick, wie ihn Naturwissenschaftler haben, eine Politikernatur von einzigartiger Durchsetzungskraft. Wer politische Macht erlangen oder bewahren will, muß so handeln wie dieser Cesare Borgia, denkt sein Beobachter – mag man auch sagen »leider«, es geht eben nicht anders. Das wird Machiavelli nie vergessen, und daran erinnert er sich, als 1512 die Medici unter dem Schutz spanischer Truppen nach Florenz zurückkehren, als mit dem Sturz der republikanischen Partei seine Verbannung beginnt. Erst jetzt, auf dem Land, in der erzwungenen Untätigkeit, entstehen seine politischen Schriften, darunter, berühmt-berüchtigt, »Der Fürst«. Erst jetzt, auf dem Land, entsteht das Geschriebene, das ihn bekannter machen wird als seine Taten. Dabei zehrt jede Zeile des auf sich zurückgeworfenen Autors von dem, was der politische Praktiker vormals getan, erfahren und beobachtet hat.
Am 10. Dezember 1513, ein Jahrzehnt nach seiner Verbannung, schreibt Machiavelli aus seinem Landhaus in San Casciano seinem früheren Gefährten *Francesco Vettori*, und in diesem hinreißend genauen, noch immer einfühlbaren Brief beschreibt er, wie es ihm dort ergeht: »Ich stehe mit der Sonne auf und gehe in ein Gehölz, das ich aushauen lasse. Da bleibe ich zwei Stunden, die Arbeit vom Vortage

nachzusehen und mir mit den Holzfällern die Zeit zu vertreiben. (...) Aus dem Gehölz gehe ich zu einer Quelle und von da zu meinem Vogelherd, ein Buch in der Tasche, *Dante* oder *Petrarca*. (...) Mit diesen Gedanken ergötze ich mich eine Weile. Dann begebe ich mich ins Wirtshaus an der Straße, spreche mit den Durchreisenden, frage sie nach Neuigkeiten aus ihrer Heimat. (...) Wenn der Abend kommt, gehe ich nach Hause und in mein Arbeitszimmer. An der Schwelle werfe ich den Bauernkittel voll Schmutz und Schlamm ab, lege prächtige Hofgewänder an und begebe mich, angemessen gekleidet, in die Säulenhallen der großen Alten. Von ihnen freundlich aufgenommen, nähre ich mich von der einzig mir gemäßen, von Geburt her vorbestimmten Speise. Auch schäme ich mich nicht, mit ihnen zu sprechen, sie um die Beweggründe ihres Tuns zu befragen. Und da sie Menschen sind, antworten sie mir. Vier Stunden lang fühle ich keinen Kummer, vergesse meinen Gram, fürchte ich keine Armut, und selbst der Tod schreckt mich nicht. Da Dante sagt, es gebe keine Wissenschaft, wenn man nicht niederschreibt, was man vernommen, habe ich das Wesentliche dieser Gespräche festgehalten (...).«[3]

Machiavelli ist Anfang 50. Jetzt erst entstehen die »Discorsi«, Gespräche in Form von Betrachtungen über die ersten zehn Bücher des römischen Geschichtsschreibers *Titus Livius*. Jetzt entsteht »Il Principe«, »Der Fürst«. Und damit entsteht der Stoff für die jahrhundertealte Streitfrage, ob Machiavelli ein »Machiavellist« gewesen ist; ob er »das schmutzige Geschäft« der Politik lediglich beobachtet oder auch beurteilt hat. Hält sich der Machthaber, wie Machiavelli ihn beschreibt, an feste Prinzipien oder nur an wechselnde Perspektiven?

Im 15. Jahrhundert wurde die Perspektive zum Prinzip erhoben, jener Blickwinkel also, der durch den Standpunkt des Betrachters bestimmt wird. Es waren Maler und Bildhauer, die sie darstellten, zum Beispiel *Masaccio* und *Leonardo da Vinci*. Es waren Politiker, die sie herstellten, zum Beispiel *Papst Alexander VI*. Es waren Seefahrer, die sie sich vorstellten, zum Beispiel *Vasco da Gama* und *Columbus*. Columbus hatte Westindien anvisiert – und einige amerikanische Inseln erreicht. Spanien finanzierte die Fahrt. Doch nach seiner Rückkehr beanspruchte Portugal, gestützt auf frühere Abmachungen, die neuentdeckten Gebiete. Diesen Interessenkonflikt konnte man so oder so sehen – es kam ganz auf die Perspektive an. Um die Sache friedlich zu klären, wandten sich Portugal und Spanien an Papst Alexander VI., den Vater jenes Cesare Borgia, dessen erfolgreiche Machtpolitik Machiavelli aufmerksam verfolgte. Der Papst, ein umsichtig kalkulierender Politiker, klärte die umstrittenen Besitzverhältnisse, indem er einen bestimmten Aspekt zur bestimmenden Perspektive erklärte. Er überschaute die Neue Welt und teilte sie auf durch eine von Pol zu Pol reichende Demarkationslinie. Die Perspektive wurde zum Schnitt, der ungefähr dem 46. Längengrad entlangführte, also etwa 370 Meilen westlich der Kapverdischen Inseln. Im Gefolge dieses Schnitts fielen uralte Traditionen und blutjunge Köpfe.

Beschimpfen wir nicht Alexander VI., der kaum schlechter war als andere Renaissance-Päpste, sondern nur geschickter, cleverer, aufgeweckter für das damalige Klima. Machiavelli spricht allerdings nicht vom »Klima« der wechselnden Epochen, sondern von ihrer jeweils besonderen »Qualität«. Er prägt den Begriff »qualita dei tempi«, und zur Qualität *seiner* Epoche gehört offenbar die Entdeckung des »perspektivischen Blickwinkels«. »Der Fürst« ist ohne Zweifel ein Höhepunkt dessen, was man als perspektivische Staatstheorie bezeichnen muß. Für Machiavelli kommt es ausschließlich auf den Standpunkt an, auf den richtigen natürlich, und der ist immer der nutzbringende. Schon in der vorangestellten Widmung an *Lorenzo Medici* heißt es: »Wie die Landschaftszeichner ihren Standpunkt in der Epoche einnehmen, um die Beschaffenheit der Berge und der hochgelegenen Orte zu studieren, und oben auf die Berge gehen, wenn sie die Niederungen betrachten wollen, so muß man Fürst sein, um den Charakter des Volkes zu durchschauen, und dem Volke angehören, um den des Fürsten richtig zu erfassen.«[4]

Gibt es eine bessere Umschreibung des »perspektivischen Sehens«? Doch was so einleuchtend und unschuldig daherkommt, hat Nutzanwendungen zur Folge, die bestenfalls einleuchtend sind, unschuldig gewiß nicht mehr: »Gewalttaten muß man alle auf einmal begehen, damit sie weniger empfunden werden und dadurch weniger erbittern, Wohltaten dagegen muß man nach und nach erweisen, damit sie nachhaltiger wirken.«[5] Das klingt zynisch und brutal als Handlungsregel für einen Renaissance-Fürsten, aber verfährt nicht politisches Handeln heute genauso?

Machiavelli beobachtet und beschreibt doch nur, wie es tatsächlich gemacht wird, sagen die einen. Nein, entgegnen die anderen, er sagt eben nicht nur: »So ist es«, sondern auch: »So soll es sein.« Unter dem Deckmantel, Tatsachen zu verbreiten, verbreitet er Imperative, Sollensforderungen, die zutiefst unmenschlich sind. Welche Deutung hat nun recht? Machiavelli schreibt: »... da es meine Absicht ist, zum Nutzen derer zu schreiben, die mich verstehen, schien es mir richtiger, mich an die tatsächliche Gestalt der Dinge zu halten als an ein Phantasiebild. Viele haben sich Republiken und Fürstentümer ausgemalt, von deren Existenz man nie etwas gesehen noch vernommen hat. Denn zwischen dem Leben, wie es ist und wie es sein sollte, ist ein so gewaltiger Unterschied, daß, wer das, was man tut, aufgibt für das, was man tun sollte, eher seinen Untergang als seine Erhaltung bewirkt; ein Mensch, der immer nur das Gute tun wollte, muß zugrunde gehen unter so vielen, die nicht gut sind. Daher muß ein Fürst, der sich behaupten will, auch imstande sein, nicht gut zu handeln und das Gute zu tun und zu lassen, wie es die Umstände erfordern.«[6]

Daß Menschen zugrunde gehen, die immer nur das Gute tun wollen – diese Aussage entspricht offensichtlich der Erfahrung und nicht irgendwelchen Grundsätzen. Machiavelli will zeigen, wie man es anstellen muß, das Gemeinwesen einer Republik nach innen wie nach außen so stark und widerstandsfähig zu machen, daß es bestehen kann. Es ist seine Absicht, zu demonstrieren, wie es am besten gemacht wird, und darum schreibt er, daß »ein Fürst danach trachten muß, für milde und nicht für grausam zu gelten; doch muß er darauf bedacht sein, die Milde nicht verkehrt anzuwenden. Cesare Borgia galt für grausam und doch hat diese seine Grausamkeit der Romagna Ordnung und Eintracht wieder gegeben und sie zum Frieden und zur Ergebenheit gebracht. (...) Ein Fürst darf es sich also nicht anfechten lassen, grausam gescholten zu werden, wenn er seine Untertanen einig und treu erhalten will. Denn einige wenige abschreckende Strafen sind viel milder als übertriebene Langmut, welche die Mißstände so weit einreißen läßt, bis Mord und Raub daraus entstehen.«[7]

Im »Principe« wie in den »Discorsi« heißt es: Wären die Menschen immer aufrichtig, beständig und nachsichtig, brauchte man solche Sicherheitsmaßnahmen nicht einzukalkulieren. In Wirklichkeit aber sind die Menschen meistens verlogen, wankelmütig und schonungslos. Darin, so meint Machiavelli, bleiben sie sich gleich in allen Zeiten, die

Geschichte zeigt es, mag die »qualita dei tempi« noch so sehr dem Wechsel unterworfen sein.

Was die Menschen aus ihrem Leben in ihrer Zeit machen können, hängt von zwei ursprünglichen Gegebenheiten ab, von zwei Gegenspielern, die sich begegnen. Machiavelli nennt sie »virtu« und »fortuna«. Aber »virtu« heißt bei ihm nicht einfach »Tugend«, und »fortuna« nicht einfach »Glück«, sondern die beiden Begriffe besagen bei ihm, ähnlich wie bei den Stoikern: das, was in der Gewalt des Menschen steht, und das, was nicht in der Gewalt des Menschen steht. »Virtu« bedeutet soviel wie »Lebenskraft« oder »Energie«; sie ist das aktive Prinzip, das das Gute will und dafür auch zu Opfern bereit ist; man könnte sagen: »virtu« steht für einen Überschuß an Bejahung. »Fortuna« hingegen, dieser ebenfalls schillernde Begriff, steht für das, was der Mensch nicht in der Hand hat und was er darum hinnehmen muß; »fortuna« steht für »Glück«, aber auch für »Schicksal« – nur: völlig ausgeliefert ist der Mensch diesem Ensemble von Umständen keineswegs. Machiavelli vergleicht »fortuna« mit einem reißenden Strom, dem die Menschen in ruhigen Zeiten Dämme errichten können, so daß es ihnen gelingt, »fortuna« und »virtu« zu versöhnen: »Ich komme also zu dem Schluß, daß, da die Zeiten sich ändern, die Menschen aber an ihrer Art festhalten, sie glücklich sind, solange beide zusammenpassen, und unglücklich, sowie diese Übereinstimmung fehlt.«[8]

Machiavelli war weder ein Moralist noch jenes Monstrum von skrupellosem Macht-Techniker, das schon seine Zeitgenossen aus ihm gemacht haben, um sich scheinheilig von ihm distanzieren zu können. Er hat die Schlüsselsituationen politischen Handelns sicher nicht nur beobachtet, sondern auch beurteilt, schwankend zwischen empirischer Beschreibung und normativer Bewertung. Dieses Schwanken macht ihn mißbrauchbar, ja es lädt beinahe zum Mißbrauch ein. Doch wie *Karl Marx* von sich gesagt hat, er sei kein Marxist, so hätte Machiavelli von sich sagen können: Ich bin kein Machiavellist.

1 Zitiert nach *E. Barincou:* Niccolò Machiavelli in Selbstzeugnissen und Bilddokumenten. Reinbek bei Hamburg 1958, S. 124. – [2] Ebd., S. 9. – [3] Zitiert nach *E. Barincou,* a.a.O., S. 125f. – [4] *N. Machiavelli:* Der Fürst. Stuttgart 1961, S. 34. – [5] Ebd., S. 71. – [6] Ebd., S. 95. – [7] Ebd., S. 100. – [8] Ebd., S. 137f.

Geliebte Sprache: Erasmus von Rotterdam

** 28.10.1469, † 12.7.1536*

Wer die menschliche Sprache liebt, wird auch ihn lieben: *Erasmus von Rotterdam*, der nichts lieber tut, als die Sprache in allen ihren Reizen und Nuancen durchzuspielen. So bemerkt der niederländische Kulturhistoriker *Jan Huizinga,* der vermutlich das einfühlsamste Buch über Erasmus geschrieben hat: »Er liebt die Sprache, den Ausdruck, die Rede selbst; er läßt sie durch seine Hände gleiten, wie ein Kenner kostbare alte Gewänder in der Sonne schimmern läßt, und er genießt ihre Vollkommenheit.«[1] Erasmus genießt die Vollkommenheit dieses Gewebes mit seinen unzähligen Wortfäden, die den Webstühlen des griechischen und lateinischen Altertums entstammen, er durchwebt diesen Stoff, durchwirkt und durchformt ihn mit christlichem Glauben, mit biblischer Frömmigkeit. Kunstvoller und hingebungsvoller kann es kein Humanist jener Zeit. Sein Element ist das geschriebene und gesprochene Wort. Aber kommt in der Sprache etwa die ganze Welt zur Sprache, die Welt ganz? Oder ist Sprache nur Welt aus zweiter Hand? Die unaussprechliche »Rückseite« alles Gesprochenen und Geschriebenen hält Erasmus sich fern. Er hält sie auch dann sich vom Leibe, wenn er von anderen mit der Nase draufgestoßen wird, von denen nämlich, die seine eigenen Worte mißverstehen und mißbrauchen, verdrehen und verfälschen.

Seine Berühmtheit beginnt mit Worten, die er nicht selbst geschrieben, sondern »nur« gesammelt hat, mit griechischen und lateinischen Sprichworten. Seine erste Sammlung umfaßt 800 Sprichworte, die letzte über 3000. Als er wieder einmal eine Ausgabe dieser »Adagia« besorgt hat, und zwar bei *Aldus Manutius* in Venedig, reist er von dort nach Padua. Man schreibt das Jahr 1508. Erasmus ist um die Vierzig und finanziell am Ende. Deshalb macht er den Privatlehrer bei *Alexan-*

der Stewart, einem Sohn des Königs von Schottland. Dieser Alexander, ein Pfiffikus von fünfzehn Jahren, ahmt die Handschrift des Erasmus nach und bringt ihm das scheinbar alte Manuskript. »Ich sehe, du wirst einen ausgezeichneten Fälscher abgeben«[2], sagt Erasmus, der den Jungen liebgewinnt. Als Alexander nach Schottland zurückgerufen wird, schenkt er seinem Lehrer einen Ring mit einer alten römischen Gemme, einem Edelstein, in den der Gott Terminus eingeschnitten ist, der Gott der Grenzen. Erasmus fürchtet zeitlebens den Tod, diese letzte Grenze. Trotzdem oder gerade deswegen wählt er seitdem den Gott der Grenzen als Emblem, als sein Sinnbild, zusammen mit dem Wahlspruch »Ich weiche niemandem«. So spricht nicht Erasmus, so spricht der Tod, und wer nach Basel kommt, findet dort im Münster an der Rückseite eines tragenden Pfeilers das Grabmal des größten Humanisten mit dem Bilde des Gottes Terminus. Die Inschrift besagt, daß hier der Diener Christi Erasmus Desiderius von Rotterdam begraben liegt.

Geboren 1469 in Rotterdam, leidet dieser Mensch zeitlebens darunter, daß er der uneheliche Sohn eines Priesters ist, und schreibt noch als knapp Sechzigjähriger rückblickend von sich selbst: »Die Mutter hieß Margarete. (...) Der Vater hieß Gerard. Dieser hatte heimlich ein Verhältnis mit besagter Margarete in der Hoffnung auf Heirat. (...) Als die Eltern (der Margarete) erfuhren, daß er in Rom sei, schrieben sie ihm, das Mädchen, das er zur Ehe begehrt habe, sei gestorben. Da er das glaubte, wurde er vor Kummer darüber Priester und wandte all sein Trachten der Religion zu. Nach Hause zurückgekehrt, erfuhr er den Betrug. Aber das Mädchen wollte später dennoch niemals heiraten, und er hat sie nie wieder berührt.«[3]

Dieser fadenscheinig verdeckte Makel, dieser Schatten seiner unehelichen Geburt folgt ihm in die Schule der Brüder vom gemeinsamen Leben in Deventer und verfolgt ihn als Mönch des Augustinerklosters Steyn bei Gouda, das er später verläßt. Erasmus studiert vier Jahre in Paris und geht anschließend nach England, wo er *Thomas Morus* kennenlernt, der bald sein liebster Freund wird. Er verbringt drei Jahre in Italien, besucht erneut London, kehrt aufs Festland zurück und wird in die Reformation verwickelt, von der er sich schließlich abwendet – unfähig, Frieden zu stiften, erst recht unfähig zur Gewaltsamkeit. Er schreibt von sich: »Seine Konstitution war immer zart; deshalb wurde er häufig von Fieberanfällen heimgesucht. (...) Er war pedantisch und schrieb niemals etwas, womit er zufrieden war; nicht einmal sein eigenes Aussehen gefiel ihm. (...) Zur Förderung der humanistischen Wissenschaften hat keiner mehr beigetragen. (...) Die lutherische Tragödie belastete ihn durch unerträgliche Anfeindung; von beiden Seiten wurde er zerrissen, während er sich bemühte, beiden gerecht zu werden.«[4]

Sein Lebensabriß verrät nichts von der ungeheuren Arbeitsleistung, die dahinter steckt. Allein die Korrespondenz des Erasmus umfaßt rund 3000 Briefe, wobei man sich klar machen muß, daß aus der damaligen Gelehrtenkorrespondenz unsere heutigen literarischen Zeitschriften hervorgegangen sind. Erasmus sieht sich zwar nicht als Gelehrter, sondern als Interpret, als Deuter früheren Geistesgutes, aber da werden die Grenzen wohl immer fließend bleiben. Seine Sprichwortsammlungen erleben 27 Ausgaben, und Sprichworte sind für ihn wie für die Gebildeten unter seinen Zeitgenossen mehr als belanglose Redensarten. Die gesprochene Übereinstimmung vieler Menschen in vielen Jahrhunderten hat seit der Antike einen hohen Beweiswert für die Wahrheit des Gesprochenen. Außerdem bedeutet jeder Konsens Harmonie: Erasmus liebt die Harmonie und haßt den Streit. Immer will er ungestört in Ruhe arbeiten und kann es nie, weil Neider und Gegner ihn nicht lassen. Leise, ein bißchen boshaft dazwischen gefragt: wo ist die Welt ohne Neider und Gegner?

Seine Übersetzung des Neuen Testaments aus dem Griechischen – damals gilt nur das Latein der Vulgata – ist trotz hastiger Arbeit und trotz vieler Flüchtigkeitsfehler ein Markstein in der Geschichte der Bibelwissenschaft. Aber Erasmus denkt nicht nur an die wissenschaftliche Leistung, trotz seiner Humanisten-Eitelkeit, sondern an den »Endverbraucher«, an den einfachen Leser: »Ich bin ganz und gar nicht der Meinung derer, die nicht wünschen, daß die Heilige Schrift von Laien in der Volkssprache gelesen werde, so, als ob Christus so dunkel gelehrt hätte, daß ihn kaum die wenigen Theologen verstehen, oder als ob die christliche Religion ihren Schutz darin hätte, daß man sie nicht kennt (...) Möge doch der Bauer hinter dem Pflug davon singen, der Weber zu seinen Fäden etwas davon summen. (...) Gelehrt sind allenfalls einige wenige Menschen, aber Christ sein kann jeder, fromm sein kann jeder. (...) Nicht dann darfst du glauben, etwas gelernt zu haben, wenn du scharfsinnig disputieren kannst, sondern erst dann, wenn du merkst, daß du ein anderer Mensch wirst...«[5]

Anders sollen die Menschen werden, nicht länger habsüchtig und machtsüchtig, schreibt Erasmus in seiner Klage gegen den Krieg, wo er den Frieden in Person sagen läßt: »Die Menschen müssen wahnsinnig sein, sich von mir abzuwenden, da ich die Quelle aller Segnungen bin und der Krieg der größte Fluch. Ich könnte eine solche Ablehnung leichter ertragen, wenn sie von wilden Tieren käme und nicht von vernunftbegabten Geschöpfen, die den göttlichen Geist empfangen können und für Wohlwollen und Eintracht geschaffen sind. (...) Der Mensch hängt mit seiner gesamten Existenz von der Zusammenarbeit mit anderen ab. In körperlicher Hilflosigkeit wird er geboren und kann ohne Hilfe nicht überleben. Warum also sollte der Mensch dem Menschen nachstellen? (...) Und doch: Welches Land ist nicht von christlichem Blut getränkt? Welches Meer, welcher Fluß ist nicht von Blut gefärbt? Und wer trägt die Verantwortung für all dies? Nicht das einfache Volk, sondern die Fürsten, die unter Berufung auf ein vermodertes Pergament ein benachbartes Gebiet beanspruchen oder wegen der Auslassung eines einzigen Punktes in einem Vertrag von hundert Artikeln einen Krieg anfangen. Nicht die jungen Leute sind es, die das tun, sondern die Graubärte.«[6]

Diese »Klage des Friedens«, adressiert an Vernunft und christliche Verantwortung, wird seitdem immer wieder beschworen, zuletzt in den beiden Weltkriegen des 20. Jahrhunderts. Bleibt sie wirkungslos wie jeder moralische Appell? Erasmus ist ein unpolitischer Mensch, immer geneigt, aus der persönlichen Sehnsucht nach einem friedvollen Leben zu schließen, jeder müsse diese Sehnsucht teilen. Außerdem unterschätzt er das Durchsetzungsvermögen jener irrationalen Kräfte, die den Damm aufgeworfener Argumente jederzeit durchbrechen können.

Wie wenig eine dargebotene Hand gegen geballte Fäuste zählt, erfährt Erasmus, so leidvoll wie vorher und nachher nicht, an *Martin Luther.* Luther will ihn als seinen Parteigänger gewinnen. Als ihm das mißlingt, schmäht er ihn als unschlüssigen Schlappschwanz und sagt: »Erasmus ist ein Aal. Niemand kann ihn begreifen denn Christus allein. Der Mann ist doppelt.«[7] Erasmus wägt ab, weil er sieht, daß jede Wahrheit von Gewicht, jede Situation von Belang mindestens zwei Seiten hat und daß

Luthers Leidenschaftlichkeit in dem Unvermögen, Differenzierungen vorzunehmen, genau das übersieht. Erasmus ist ohne Zweifel ein Wegbereiter der Reformation und wird doch zu ihrem Gegner, weil er zwar eine tiefgreifende Reform der Kirche will, nicht aber ihr Zerbrechen.

Er geißelt, was faul ist am Reiche Rom. Seine beißende Kritik an den kirchlichen Mißständen des beginnenden 16. Jahrhunderts bringt ihm nicht enden wollenden Ärger ein – insbesondere, nachdem sein bekanntestes und vielleicht auch bestes Buch erscheint, das »Lob der Torheit«. Erasmus erfindet dieses ebenso großartige wie elegante Dingelchen zu Pferde, während er 1509 von Italien über die Alpen ins Rheintal hinunterreitet; was ihm dabei in den Sinn kommt, schreibt er in London in drei Tagen nieder, ohne die Feder abzusetzen, ohne Korrektur.

Es ist die Göttin der Torheit, die der Verfasser da auftreten läßt vor einer begeisterten Gemeinde von Dummen und Beschränkten, von Leichtsinnigen und Liederlichen: sie schmeichelt der närrischen Menschheit zu ihren Füßen und sie preist ihr ebenso umfassendes wie unangefochtenes Weltregiment. Hier zeigt Erasmus etwas von der Schattenseite der Vernunft, von den irrationalen Schichten unterhalb des Bewußtseins: »Zunächst steht fest, daß alles auf Erden zwei Seiten hat, zwei ganz verschiedene Seiten. (...) Was von außen Tod ist, wird Leben, von innen gesehen, und umgekehrt; was schön ist, wird unschön, was reich, wird arm, schändlich wird ruhmvoll, gelehrt wird ungelehrt, stark wird schwach, edel wird unedel, fröhlich wird traurig, günstig wird ungünstig, freundlich wird feindlich, heilsam wird schädlich, kurz, alles ist plötzlich vertauscht ...«[8] Etwas später erklärt die Göttin Torheit ausdrücklich: »... je reicher die Narrheit, desto größer das Glück – so lautet mein, der Torheit, Urteil, sofern es bei dem Wahne bleibt, der meine Spezialität ist. Doch der findet sich allerorten, und in der ganzen Menschheit gibt es kaum einen, der zu allen Zeiten richtig im Kopf wäre ...«[9]

Auch die Philosophen und Theologen schneiden schlecht ab: »Sicheres wissen sie nicht; das beweist genugsam die bekannte Geschichte, daß über jedwedem Ding sie sich selbst beständig in den Haaren liegen (...) beglückt von ihrer Einbildung, tun sie, als wohnten sie im dritten Himmel, und sehen auf die übrige Menschheit herab wie auf Vieh, das auf dem Boden kriecht ...«[10] Kaum besser kommen die Fürsten weg, also die Politiker von damals: »Jetzt stellt euch einen Fürsten vor, wie man deren manche sieht, einen Menschen, der von Gesetzen nichts weiß, einen Feind des Gemeinwohls, nur auf persönlichen Vorteil bedacht, einen Sklaven seiner Lüste, einen Hasser der Bildung, der Freiheit, der Wahrheit, einen Mann, der an nichts so wenig denkt wie an die Wohlfahrt seines Landes und nur seine Laune und seinen Profit als Maßstab kennt; legt ihm eine goldene Halskette um (...), setzt ihm aufs Haupt eine Krone (...), drückt ihm ein Zepter in die Hand (...), vergliche ein Fürst diesen Ornat mit seinem Wandel, er müßte, meine ich, schamrot werden (...) und fürchten, ein naseweiser Deutebold möchte den ganzen theatralischen Pomp dem Gelächter und Gespötte preisgeben.«[11]

Wer betroffen ist, den treffen solche Worte sehr empfindlich. Niemand weiß das besser als Erasmus selbst mit seiner dünnen Haut. Sensibler als jeder andere seiner Zeit, durchspielt, durchfühlt, durchformt er den Stoff der Sprache als den Stoff seiner Wirklichkeit. Dieser Literat mit der fliegenden Feder ahnt den doppelten Boden der Dinge. Darum ist er nicht festzulegen, und seine Vieldeutigkeit ist seine Form, der Vielseitigkeit des Lebens gerecht zu werden. Am Ende gibt es vielleicht keine bessere Deutung dieses Menschenlebens, keinen größeren Respekt vor dem Leben dieses Menschen, als den, den der Diplomat und Historiker *Carl Jacob Burckhardt* geäußert hat: »Als Nachwelt zu urteilen, ist so billig. Auch wer diesem Leben bis in die letzte überlieferte Einzelheit nachginge, würde zu keinem gerechten Spruch gelangen, weil es nie möglich ist, zu erkennen, was ein Mensch hat zahlen müssen, um die einfache, unumgängliche Voraussetzung zu erlangen, die ihm gestattete, sein Werk zu vollbringen.«[12]

Der vielbewunderte und vielgeschmähte Erasmus von Rotterdam endet als beschimpfter Literat, als geschlagener Liberaler, als einer, dem die menschliche Macht fremdgeblieben ist. Seine letzten Worte spricht er holländisch, in seiner Muttersprache. Sie lauten: »Lieve God.«[13]

[1] *J. Huizinga:* Europäischer Humanismus: Erasmus. Reinbek bei Hamburg 1958, S. 95. – [2] Zitiert nach *R. Bainton:* Erasmus. Reformer zwischen den Fronten. Göttingen 1972, S. 87. – [3] Lebensabriß des Erasmus, in: *W. Trillitzsch (Hrsg.):* Der deutsche Renaissance-Humanismus. Leipzig 1981, S. 331 f. – [4] Ebd., S. 337. – [5] *Erasmus von Rotterdam:* Aus den Vorreden zum Neuen Testament (1516), in: *G. A. Benrath (Hrsg.):* Wegbereiter der Reformation. Bremen 1967, S. 528–530. 532. – [6] Zitiert nach *R. Bainton,* a.a.O., S. 120–122. – [7] Zitiert

nach *E. Iserloh:* Wie es zur Reformation kam, in: Lebendiges Zeugnis 1964, Heft 2/3, S. 140. – [8] *Erasmus von Rotterdam:* Das Lob der Torheit. Basel und Stuttgart 1966, S. 56. – [9] Ebd., S. 77. – [10] Ebd., S. 111. 114. – [11] Ebd., S. 140. – [12] *C. J. Burckhardt:* Erasmus von Rotterdam, in: *ders.:* Gestalten und Mächte. Zürich 1961, S. 20. – [13] Zitiert nach *A. J. Gail:* Erasmus von Rotterdam in Selbstzeugnissen und Bilddokumenten. Reinbek bei Hamburg 1974, S. 126.

Mach etwas daraus: Michel de Montaigne

** 28.2.1533, † 13.9.1592*

Um es vorwegzunehmen: das Leben des *Michel de Montaigne* spielt sich in seinen Schriften ab. »Versuche« nennt er sie, »Essais«. Sie sind keine Tagebücher und keine Traktate, keine Erzählungen und keine Erörterungen, sondern trotz mancher Ähnlichkeiten etwas ganz anderes. Außergewöhnlich ist dieses »Gesamtkunstwerk« aus Sprache gewordenem Leben und Leben gewordener Sprache schon deshalb, weil hier einer »Ich« sagt wie vorher keiner.

Nach ihm sagen es viele Schriftsteller, sagen es ihm nach – bis heute. *Max Frisch* übernimmt sogar für seine autobiographisch angelegte Erzählung »Montauk« das Vorwort der ersten Ausgabe der »Essais« von 1580: »Dies ist ein aufrichtiges Buch, Leser, es warnt dich schon beim Eintritt, daß ich mir darin kein anderes Ende vorgesetzt habe als ein häusliches und privates. (...) Ich habe es dem persönlichen Gebrauch meiner Freunde und Angehörigen gewidmet, auf daß sie, wenn sie mich verloren haben, darin einige Züge meiner Lebensart und meiner Gemütsverfassung wiederfinden. (...) Denn ich bin es, den ich darstelle. Meine Fehler wird man hier finden, so wie sie sind, und mein unbefangenes Wesen, soweit es nur die öffentliche Schicklichkeit erlaubt. (...) So bin ich selber, Leser, der einzige Inhalt meines Buches; es ist nicht billig, daß du deine Muße auf einen so eitlen und geringfügigen Gegenstand verwendest.«[1]

Das klingt kokett und läßt schon hier jene Ironie durchschimmern, die den Selbstbeobachtungen des Michel de Montaigne innewohnt. Seine äußeren Lebensumstände sind rasch berichtet. 1533 auf dem Landgut Montaigne bei Bordeaux geboren, wird der zweijährige Michel einem deutschen Lehrer übergeben, bis zu seinem Eintritt in das Collège du Guyenne, wo er eine glänzende humanistische Erziehung erhält. Nach

Rechtsstudien in Bordeaux und Toulouse übernimmt er mit 21 Jahren ein juristisches Amt und macht in dienstlichem Auftrag mehrere Reisen an den königlichen Hof nach Paris. Im Jahr darauf heiratet er – von seinen sechs Töchtern wird nur eine am Leben bleiben – und erbt wenig später jenes Landgut, das der Vater im Lauf der Zeit zu einem schloßähnlichen Herrensitz umgebaut hatte: seitdem nennt sich Michel, der Sohn und Erbe, Seigneur de Montaigne. An seinem 39. Geburtstag zieht sich der Schloßherr in die Turmbibliothek zurück, um allein mit sich selbst und später mit seinen Lesern zu verkehren; im gleichen Alter von 39 Jahren stirbt *Blaise Pascal,* der die »Essais« immer wieder und sehr kritisch lesen wird. Wenige Zeit nach seinem Rückzug zieht Michel de Montaigne eine erste Bilanz: »Vor kurzem habe ich den Entschluß gefaßt, mich in Schloß Montaigne zur Ruhe zu setzen, in der Absicht, mich, soweit möglich, nur noch darum zu kümmern, wie ich ruhig und ungestört den kurzen Rest meines Lebens verbringen könne; da dachte ich, ich könnte meinem Geist keinen größeren Gefallen tun, als wenn ich ihm ermöglichte, fern von jeder anderen Betätigung sich selbst zu hegen und zu pflegen und in sich zu stiller Ruhe zu kommen. (. . .) Ich finde aber, gerade das Gegenteil ist eingetreten. (. . .) Der Geist benimmt sich wie ein durchgegangenes Pferd; er arbeitet sich hundertmal mehr für sich selbst ab, als er sich früher in fremdem Dienst mühte.«[2]

So einfach und direkt, wie erwartet, führt der Weg zum eigenen Ich also nicht ans Ziel. Montaigne ist irritiert, doch er gibt nicht auf. Wenn sein Ziel, sich zu sammeln, nicht auf Anhieb zu erreichen ist, weil unterwegs neue Zersplitterungen entstehen, muß die Vorgehensweise verfeinert werden. Montaigne nutzt die niedergeschriebenen Erfahrungen seiner inneren Emigration als »Stoff«, um damit sein Ich »aufzuarbeiten«. Im übrigen wird seine einwärts gekehrte Suche nach Identität durch verschiedene Dienstgeschäfte unterbrochen, die ihn nach draußen führen. Außerdem macht er einige Reisen, die längste über Süddeutschland nach Italien. In den Bädern von Lucca zur Kur, erreicht ihn die Nachricht, daß er zum Bürgermeister von Bordeaux gewählt worden ist. Seiner Beschäftigung mit sich selbst schadet das nicht, im Gegenteil, sie nutzt ihm, und dieser Nutzen wiederum ist für andere von Vorteil: »Die Selbstbeobachtung (. . .) macht mich fähig, auch andere ziemlich richtig zu beurteilen; wenn ich davon spreche, so gehört das zu den Dingen, die mir am besten glücken (...) oft gelingt es mir, genauer zu sehen und richtiger zu charakterisieren, wie es um meine Freunde steht, als sie selbst dazu in der Lage sind.«[3]

Mit Anfang fünfzig veröffentlicht er die ersten Partien seiner »Essais«, schon geplagt von einem ererbten Nierensteinleiden, das ihn bis zum Lebensende quälen wird; der Selbstbeobachter verschweigt dieses Leiden ebensowenig wie irgendein anderes Detail seines privaten und intimen Lebens: »... die wirklich wesentlichen, die körperlichen Leiden, die fühle ich sehr energisch. Früher allerdings stellte ich mir solche Schmerzen in meiner Phantasie so unerträglich vor, daß das Angstbild schlimmer war als die Wirklichkeit, die dann eintrat...«[4] Dieses Hin und Her zwischen wirklichem Schmerz und dem Angstbild der Phantasie ist nur ein *Beispiel* für die permanenten Verwechslungen, die ein aufrichtiger Beobachter ins Auge fassen muß, statt sie zu verdrängen; nur ein Beispiel für den beständigen Wechsel, dem das menschliche Leben unterworfen ist. Deshalb, so Montaigne, darf man kein feststehendes »Menschenbild« konstruieren und mit überzeitlichem Geltungsanspruch ausstatten: »... da nun (...) Sitten und Meinungen unbeständig sind, habe ich immer wieder den Eindruck gewonnen, daß es verkehrt ist, sich darauf zu versteifen, (...) aus uns ein einheitliches und fest zusammenhaltendes Gewebe herstellen zu wollen. Zuerst wird ein Bild des Gesamtwesens konstruiert; dann werden alle Einzelhandlungen einer Persönlichkeit in dieses Gesamtbild eingeordnet und in seinem Sinne ausgelegt; und wenn sie sich nicht ganz so drehen lassen, muß die Vorstellung zur Erklärung herhalten. (...) An nichts glaube ich so schwer bei den Menschen als an ihre Beständigkeit, an nichts so leicht wie an ihre Unbeständigkeit.«[5]

Vor allen anderen Menschen schildert Montaigne sich selbst als ein Wesen, das sich ständig verändert. Was ist einleuchtender, als daß er die Form seiner Schilderung diesem dauernden Wechsel angleicht? »Ich belauere mich aus der Nähe, und meine Augen sind ununterbrochen auf mich gerichtet (...) das Ergebnis ist, daß ich kaum wagen kann, zu gestehen, welches Maß von Nichtigkeit und Schwäche ich in meinem Inneren entdecke: mein Gang ist schwankend und unsicher, wie leicht kann ich rutschen und stürzen, und auch mein Blick zeigt mir die Welt nicht eindeutig (...) mein Denken geht nicht nur vorwärts; es schwebt und schwimmt. (...) Fast jeder könnte bei sich dasselbe feststellen, wenn er sich beobachtete wie ich . . .«[6] Der Leser wird einbezogen, er muß mitmachen. Mehr als 300 Jahre später wird ein anderer Franzose behaupten, daß ein Buch erst dann fertig ist, wenn der Leser es gelesen hat – so schreibt *Jean-Paul Sartre* in seinem Essay »Was ist Literatur?«

Je länger man Montaigne liest, desto mehr spricht man mit ihm und glaubt, ihn sprechen zu hören. Der Autor dieser »Essais« erzählt selbsterlebte Geschichten, und im Erzählen zieht er den Leser ins Gespräch, provoziert dessen Zustimmung oder Widerspruch, erheitert oder macht betroffen; verwickelt ist man allemal: »›Wir sind nicht für unsere Einzelinteressen, sondern für die Allgemeinheit da‹; dieser Spruch klingt sehr schön; Ehrgeiz und Habsucht decken damit ihre Blöße; aber wir wollen uns zunächst einmal die genau ansehen, die ihn in die Praxis umsetzen. Diese mögen sich auf Herz und Nieren prüfen, ob nicht, im Gegensatz zu dem Sinn des schönen Spruchs, Stellung, Amt und berufliche Plackerei hauptsächlich erstrebt werden, um aus dem Dienst an der Allgemeinheit einen privaten Nutzen zu ziehen.«[7]

Spätestens an einem solchen Stück wird klar: Montaigne erzählt nicht nur so vor sich hin, aus bloßer Lust am Plaudern und Ausplaudern, seine Geschichten wollen bedacht sein.

Dieser »Selbstdenker«, der von seinen Geschichten zu seinen Gedanken kommt, wünscht sich Leser, die es genauso machen – und das heißt: genauso selbständig, genauso aufrichtig, genauso wenig verbohrt: »Es sind keine Gedanken, die als durch göttliche Inspiration festgelegt und im voraus geregelt anzusehen sind, und die deshalb jeden Zweifel daran und jeden Streit darüber ausschließen würden. Ich trage keine Glaubenssätze, sondern unverbindliche Meinungen vor, über die man nachdenken soll. (. . .) Wie Kinder ihre ›Versuche‹ hinzeigen: sie wollen daran lernen, nicht andere damit belehren.«[8] Wenn Kinder basteln, dann machen sie aus etwas – etwas anderes: das Material – Sand, Bindfaden, Tannenzapfen, gleich was es ist – wird umgeformt und dabei erprobt. Im Erproben des Materials aber, gleich was es ist, lernen sie nicht nur das Material kennen, sondern sich selbst. So entsteht alle Kunst. So entstehen auch die »Essais« des Michel de Montaigne.

Die Stoffe, die Materialien seiner »Versuche« sind beobachtete Ereignisse und Geschichten. Sie werden als Material genommen und umgeformt zu Einsichten, zu Gedanken. Diese werden wiederum als Material genommen und umgeformt zu neuen Geschichten – und zwar im Unterschied zu denen, die geschehen *sind,* zu solchen, die geschehen *können,* ja geschehen sollen oder sollten, wenn einer richtig leben will: »Ich empfehle keine Lebensregel, die ich nicht selbst im praktischen Leben erprobt habe. Was ich bin, das will ich nicht nur literarisch, nicht nur auf dem Papier sein: all mein Studium und all meinen Fleiß habe ich meiner menschlichen Vervollkommnung dienstbar gemacht; ich wollte richtiges Handeln, nicht richtiges Schreiben erzielen. Alle meine Mühe ging darauf aus, mein Leben zu gestalten; das ist mein Handwerk und mein Geschäft . . .«[9]

Mach etwas aus dem Rohstoff deines Lebens, sagt Montaigne zu sich selbst. Gib ihm eine neue Form, so scheint er den Leser anzusprechen, aber mach mich bloß nicht nach – du tätest dir und mir keinen Gefallen: »Den eigenen Gedanken nachgehen, das kann, je nach der Persönlichkeit, die bequemste oder die anstrengendste Beschäftigung sein, die es gibt. Die größten Seelen machen daraus ihren Lebensinhalt. (. . .) Ich will lieber mit Leuten verkehren, die mich hart herannehmen, als mit solchen, die Angst vor mir haben; es macht keinen Spaß und verdirbt den Charakter, wenn wir mit Menschen zu tun haben, die uns immer bewundern und den Vortritt lassen.«[10]

Orientiere dich nicht an anderen, sondern richte dich nach deinen eigenen Anlagen, laß sie nicht brachliegen. Jede Schicht deines Lebens ist Material, das du hernehmen und in seinem Rohzustand stören kannst, ja zerstören mußt, um ihm eine neue Form zu geben – und dieser Form dann, als neuem Rohstoff, wieder eine neue Form. Die Geschichten, die du erlebt hast und aus denen dein Leben besteht – laß sie nicht auf sich beruhen, sondern mach Gedanken daraus. Diese Gedanken aber, die du gefaßt hast und in denen du deine Fassung gewinnst, laß sie nicht auf sich beruhen, sondern mach Geschichten daraus, die du lebst.

Ungefähr so hätte Montaigne geredet, wenn er seinen Adressaten – und das ist in erster Linie immer er selbst – in direkter Rede angesprochen hätte, was er aber niemals tut: zum Glück, denn dieses indirekte Verfahren schafft Freiheit und läßt Freiheit, auch für Irrtümer und Umwege oder *gerade* für sie. Das umschweifige Verfahren der »Essais« läßt Platz für Eigenbewegungen, schafft Spielraum für mögliche Erfahrungen – und macht Spaß.

Sigmund Freud sagt: wir sind nicht Herr im eigenen Haus. Das ist wahr, aber es klingt tragisch. Nichts davon bei Montaigne; er beobachtet dasselbe, benennt es freilich mit leichter Hand: »Die meisten Menschen vermieten sich; sie verwenden ihre Kräfte nicht für sich, sondern für die, von denen sie sich beherrschen lassen: nicht sie selber sind bei sich zu Hause, sondern ihre Mieter. Dieses übliche Verfahren gefällt mir nicht. Wir sollten haushalten mit unserer seelischen Freiheit und sie nur verpfänden, wenn es wirklich wichtig ist, und das ist, genaugenommen, sehr selten . . .«[11]

Zum eigenen Leben gehört für Montaigne auch das eigene Sterben. Es wird dann dazugehören, meint er, wenn es schon jetzt dazugehört, nichts anderes ist, nichts Späteres, nichts für andere: »Ich denke, beim Sterben werde ich meine Standhaftigkeit nicht beweisen und damit prahlen wollen. Für wen? Ich begnüge mich mit einem innerlich gesammelten, stillen und einsamen Tod, der ganz mein Tod ist und zu meinem eingezogenen Leben paßt (. . .).«[12] Respekt! Respekt vor diesen Sätzen – und zum Abschied einen Gruß an *Friedrich Nietzsche,* der in einem unbewachten Augenblick gesagt hat: »Daß ein solcher Mensch geschrieben hat, dadurch ist wahrlich die Lust auf dieser Erde zu leben vermehrt worden (. . .). Mit ihm würde ich es halten, wenn die Aufgabe gestellt wäre, es sich auf der Erde heimisch zu machen.«[13]

Sich heimisch machen? Nein. Nach Michel de Montaigne geht das nicht. Seine »Essais« sind Lebensversuche, die das Unterwegsbleiben empfehlen und das Heimischwerden bezweifeln.

[1] *M. Frisch:* Montauk. Eine Erzählung. Frankfurt 1975, S. 5. – [2] *M. de Montaigne:* Die Essais. Ausgewählt und übertragen von *A. Franz*. Leipzig 1953, S. 11f. – [3] Ebd., S. 369. – [4] Ebd., S. 266. – [5] Ebd., S. 140. – [6] Ebd., S. 214f. – [7] Ebd., S. 97. – [8] Ebd., S. 133. – [9] Ebd., S. 273. – [10] Ebd., S. 293, 319. – [11] Ebd., S. 346. – [12] Ebd., S. 337. – [13] *F. Nietzsche:* Werke in drei Bänden. Hrsg. von *K. Schlechta*. Erster Band. München 1966, S. 296.

Wissen ist Macht: Francis Bacon

** 22. 1. 1561, † 9. 4. 1626*

Wer nichts von ihm weiß, kennt doch seinen Ausspruch »Wissen ist Macht«. Mag das Wort auch ein wenig anders dastehen[1], es kennzeichnet das geistige Programm jenes gescheiterten Politikers, den *D'Alembert* in seiner Einleitung zur großen Französischen Enzyklopädie als ersten Aufklärungsphilosophen gepriesen und den *Karl Marx* als »Stammvater (...) aller modernen experimentierenden Wissenschaft«[2] bezeichnet hat. *Francis Bacon*, 1561 in London geboren, wurde nach seinem Jurastudium zunächst Advokat, dann Mitglied des Unterhauses und schließlich Lordkanzler, das heißt Justizminister und oberster Richter des englischen Königreichs. Der ehrgeizige »Aufsteiger« war in seinen Mitteln nie wählerisch. Er hatte von Anfang an ein ungetrübtes Verhältnis zur Macht und scheute sich weder, seine Rivalen hinterrücks zu verleumden, noch seinen Souverän liebedienerisch zu umschmeicheln: »Ich werde bereit sein wie eine Schachfigur, wohin Ew. Majestät königliche Hand mich setzt.«[3]

Seine glänzende Karriere am englischen Königshof endete damit, daß er wegen Bestechlichkeit verurteilt und nach verbüßter Gefängnisstrafe vom Hof verbannt wurde. In den fünf Jahren aber, die ihm noch zu leben blieben, sorgte Bacon für seine zweite, nicht weniger glänzende Karriere. Seiner Ämter enthoben, zog sich der Sechzigjährige in die Abgeschiedenheit seines feudalen Landsitzes zurück und schrieb. Dort vollendete er seine gestochen klaren »Essays«; dort entwarf er seine umwälzende Wissenschaftskonzeption; dort arbeitete er an seinem utopischen Roman »Neu-Atlantis«. Der Lordkanzler Francis Bacon, durch einen Korruptionsskandal zu Fall gekommen, hat gewissermaßen dreifach überlebt: als genau beobachtender Moralist, als methodenbewußter Philosoph und als Konstrukteur einer technisch beherrschbaren Zukunft. Was er geleistet hat und was er leisten wollte, bleibt eine unerledigte Provokation.

Schon die Zeitgenossen schätzten seine »Essays« – oder schreibt man »Essais«? Beides heißt »Versuche«. Aber wenn wir Deutschen das Fremdwort englisch schreiben und französisch aussprechen, so markieren wir damit den Weg, den diese Schreibform genommen hat: sie ist aus Frankreich über England zu uns gekommen. Es war *Michel de Montaigne,* der als erster jene Beobachtungs- und Beschreibungsversuche des menschlichen Lebens schuf, die Bacon zum Vorbild nahm. Dennoch fallen die »Essays« des Engländers ganz anders aus als die »Essais« des Franzosen. Während Montaigne persönliche Erfahrungen wiedergibt, gern plaudert, abschweift und von sich erzählt, neigt Bacon eher dazu, die im Umgang mit anderen gewonnenen Erfahrungen nach ihrem praktischen Nutzwert zu bestimmen und daraus bestimmte Verhaltensregeln abzuleiten. Ihre Themen sind oft die gleichen. Beide schreiben beispielsweise über die Freundschaft – aber wie verschieden!

Bei Montaigne heißt es: ». . . alle anderen Beweggründe für menschliche Bindungen, sexuelle Anziehung, Vorteil, Notwendigkeit für die Gruppe oder für den einzelnen, sind weniger schön und uneigennützig; sie sind deshalb nicht eigentlich als Freundschaften zu bezeichnen, weil sich bei ihnen andere Gesichtspunkte als Motive, als Ziel und als Gewinn einmischen.«[4] Und dann erzählt Montaigne die Geschichte einer persönlichen Freundschaft. Er sagt zugleich etwas über sich, wenn er an seinen verstorbenen Freund erinnert: »Unsere Seelen sind ihren Weg so einig zusammen gegangen, sie haben sich so liebevoll ineinander versenkt und waren bis auf den Grund so ohne Geheimnisse voreinander, daß ich ihn nicht nur innerlich so genau kannte wie mich, sondern daß ich, wenn es um mich ging, lieber auf ihn als auf mich baute.«[5]

Bacon hingegen konzentriert sich beim Stichwort »Freundschaft« von vornherein auf die Vorteile dieser Beziehung und auf den Nutzen, den sie abwirft: »Man kann wohl (. . .) Schwefelblüte für die Lungen, Bibergeil für das Gehirn einnehmen; aber keine Arznei erschließt das Herz so sehr wie ein treuer Freund, dem man seine Leiden und Freuden, Ängste und Hoffnungen, seine Sorgen und Geheimnisse und alles, was sonst noch das Herz bedrückt, gleichsam wie in einer Art weltlicher

Beichte bekennen kann.« Mögen die Unterschiede hier noch eher Nuancen sein, so kommt der Kontrast wenige Seiten später deutlich zum Vorschein: »Der weitere Vorteil der Freundschaft ist heilsam und höchst ersprießlich für den Verstand, wie der erstere für das Gemüt. (...) es ist (...) eine bekannte Tatsache, daß, wer sich mit Schwierigkeiten abplagt, seine Gedanken klärt und das richtige Verständnis findet in der Mitteilung und Besprechung mit anderen. Er wendet seine Gedanken leichter hin und her, ordnet sie klarer, sieht, wie sie sich ausnehmen, wenn sie in Worte gekleidet sind, und wird schließlich klüger als er war, und zwar mehr durch eine Unterredung von einer einzigen Stunde, als durch Nachdenken von einem ganzen Tag.«[6]
Die »Essais« des französischen Grafen sind einfühlsam und geben freibleibende Empfehlungen; sie sind skeptisch gehalten und melancholisch eingefärbt. Die »Essays« des englischen Barons wirken dagegen handfest bis zynisch; sie geben konkrete Verhaltensregeln, die sich als nützlich erwiesen haben, darunter sehr viele, die erprobt sind im Kampf um die Macht. Fragt der französische Graf: wie entsteht diese oder jene menschliche Schwäche, etwa der Neid, und wie komme ich damit zurecht, so fragt der englische Baron: was läuft da ab, und was springt dabei heraus?
Nehmen wir ein anderes Sujet, das wiederum beide beschreiben und deuten: den Zorn. Montaigne erklärt zu einem Meinungsstreit: »Reden ist nicht dasselbe wie Handeln; man muß bei der Beurteilung die Predigt vom Prediger trennen. (...) Es kann jemand, trotz seines guten Lebenswandels, falsche Ansichten haben; und ein schlechter Mensch kann eine richtige Ansicht vertreten, sogar eine Wahrheit, an die er selbst nicht glaubt.«[7] Bacon hingegen macht gar nicht erst den Versuch, die Widersprüche und die Tiefen eines Menschen zu ergründen. Er zielt nicht auf differenzierte Einsichten, sondern auf brauchbare Praktiken. Für ihn kommt es nicht darauf an, schwer durchschaubare Personen oder Situationen zu verstehen, sondern sie zu meistern. Deshalb filtert er aus allem, was vielschichtig ist, das eindeutig Faßbare heraus: »Um den Zorn unschädlich zu machen, wenn er einen bereits gepackt hat, muß man sich vor allen Dingen vor zweierlei besonders hüten: nämlich einerseits vor äußerst erbitterten Worten, besonders Sticheleien und Anzüglichkeiten, gegen die ›communia maledicta‹, gemeine Schimpfreden, gar nichts sind; ferner im Zorn keine Geheimnisse zu verraten,

was jeden Umgang mit Menschen unmöglich macht; andrerseits davor, in einem Wutanfall alles heftig hinzuwerfen.«[8]

Montaigne hat ein Gespür für gegenstrebige Neigungen in ein und demselben Menschen; er versteht sich auf Zwischentöne. Ihm bleibt nicht verborgen, daß gewisse Laster verkleidete Tugenden und gewisse Tugenden verkleidete Laster sind. Er lebt mit der Ambivalenz und ist sozusagen auf Mehrdeutigkeiten spezialisiert – auf die Beobachtung von Vorgängen, die in der Schwebe bleiben. Bacon hingegen kommt von außen, unterfährt hautnah die Oberfläche und geht nach außen. Dieser englische Politiker, jahrzehntelang ein Mann der Öffentlichkeit, urteilt unter Entscheidungsdruck – und es fällt ihm leicht. Er katalogisiert seine Erfahrungen und zieht daraus Schlußfolgerungen, die praktisch verwendbar sind. Sein Interesse gilt dem, was sich feststellen, prüfen und daraus machen läßt. Es ist im Grunde genommen dasselbe Verfahren, dieselbe auf gesicherte Tatsachen und verwendbare Befunde zielende Methode, die ihn bei seinen zurückgezogenen Studien dahin brachte, das überlieferte Wissenschaftsideal über Bord zu werfen.

In seinem Fragment gebliebenen Hauptwerk, das den bezeichnenden Titel »Die große Erneuerung« trägt, kritisiert Bacon die Scholastik, die Schulphilosophie des Mittelalters. Was er treffen und ein für alle Mal vernichten will, ist eine Art von pseudowissenschaftlicher Hochstapelei, einen Erkenntnisanspruch, der gewissermaßen über seine Verhältnisse lebt. Weil nun diese angebliche Wissenschaft, so Bacon, beim Erforschen der Natur von allgemeinen Prinzipien ausgeht, statt mit einzelnen Beobachtungen zu beginnen, verwechselt sie das Ende mit dem Anfang. Sie zäumt das Pferd am Schwanze auf. Ihre Methode, die Natur durch übergeordnete Begriffe entschlüsseln zu wollen, also »deduktiv« von oben nach unten anzugehen, wird der Natur selbst nicht gerecht und hängt darum in der Luft. Man muß sich schon herablassen, genau umgekehrt von unten nach oben zu gehen, also »induktiv« von bestimmten Erfahrungstatsachen zu übergreifenden Regeln und Gesetzen zu kommen: »Die Methode, mit der die Menschen jetzt der Natur gegenübertreten, pflege ich zur Unterscheidung *Antizipation der Natur* zu nennen, denn sie ist ein leichtsinniges und voreiliges Verfahren; die Methode aber, die in richtiger Weise von den Dingen abgeleitet ist, nenne ich *Interpretation der Natur.«*[9]

Diese Sicht der Dinge war damals neu, noch nicht Allgemeingut wie heute, ja sie war revolutionär, und der Verfasser der »Großen Erneuerung« hat darum allerhand Ärger auf sich gezogen. »Antizipation der Natur« heißt für Bacon: wer der Beobachtung vorgreift, greift ins Leere und findet nichts, was zu begreifen wäre. Mit solchen Vorgriffen bildet man sich zwar ein, etwas zu wissen, hantiert aber in Wirklichkeit nur mit Trugbildern. Bacon nennt sie »Idole«, wir sprechen von »Vorurteilen« und bezeichnen manchmal ein geschlossenes Gefüge von Vorurteilen als »Ideologie«.

»Interpretation der Natur« hingegen bedeutet für Bacon: wer etwas erkennen will, muß zunächst einmal hinsehen und hinhören. Aber das ist nur der erste Schritt. Bacon genügt es nicht, etwas von der Natur zu erfahren, um sie lediglich zu interpretieren. Anders als die Philosophie und Wissenschaft alten Zuschnitts, will er nicht Erkenntnis um der Erkenntnis willen. Er will nicht Erkenntnis und Interpretation der Natur als Selbstzweck, sondern er will damit praktische Ziele verwirklichen. Sicher: um die Natur überhaupt zu begreifen, muß man zunächst auf sie hören. Doch man gehorcht ihr nur, um sie in den Griff zu bekommen. Man unterwirft sich der Natur, um sie zu überwinden, um sie zu beherrschen und technisch verfügbar zu machen. *Dieses* Wissen ist Macht – die große, neue, einzigartige Macht von Menschen für Menschen: für *alle* Menschen nicht nur der damaligen Gegenwart, sondern auch und vor allem der Zukunft.

Dieser Erneuerer der Wissenschaften verstand sich ausdrücklich als »Wegbereiter«, und was ihm als Ziel vor Augen stand, war jene wissenschaftlich und technisch durchrationalisierte Gesellschaft, die er in seinem utopischen Roman »Neu-Atlantis« entwarf. Die Geschichte ist mager, das Inventar überwältigend. Ein im Meer treibendes Schiff wird an den Strand einer unbekannten Insel verschlagen. Auf dieser einsamen Insel haben die Bewohner, es sind Christen, den idealen Staat gegründet. Dessen geistige Mitte ist das »Haus Salomons«, ein straff organisiertes Forschungszentrum. Ein Sprecher dieses »Brain-Trusts« erläutert den Zweck der Gründung: »Der Zweck unserer Gründung ist die Erkenntnis der Ursachen und Bewegungen sowie der verborgenen Kräfte der Natur und die Erweiterung der menschlichen Herrschaft bis an die Grenzen des überhaupt Möglichen.«[10]

Das Forschungszentrum ist technisch perfekt ausgestattet, verfügt über unbegrenzte Mittel und ist selbst der politischen Führungsspitze gegenüber – hier ist es noch ein Monarch – nicht rechenschaftspflichtig. Der Fortschritt marschiert unaufhaltsam und beschert diesen aus dem 17. Jahrhundert in die Zukunft katapultierten Insulanern erstaunliche Errungenschaften; uns sind sie bekannt, darum nur ein paar Stichworte: »Wir haben sehr hohe Türme. (...) Die Türme benutzen wir (...) zu Bestrahlungen, Abkühlungen, Konservationen und zu Beobachtungen der verschiedenen Wettererscheinungen. (...) Wir haben auch reißende Strudel und Katarakte zur Erzeugung mannigfacher heftiger Bewegungen; zu ähnlichen Zwecken haben wir mehrere Maschinen, die die Winde auffangen, vervielfältigen und verstärken. (...) Wir haben ferner einige Räume, die wir ›Gemächer der Gesundheit‹ nennen, wo wir die Luft nach Belieben durchsetzen und erwärmen, je nachdem wir es für die Heilung der einzelnen Krankheiten oder für die Erhaltung der Gesundheit für förderlich oder geeignet halten. (...) Wir haben auch Käfige und Gehege für Säugetiere und Vögel (...) zu Sektionen und anatomischen Versuchen, um dadurch soweit wie möglich auch Einblick in den menschlichen Körper zu gewinnen. (...) Wir fertigen (...) Kriegsmaschinen jeder Art. (...) Wir ahmen auch den Vogelflug nach. (...) Wir haben Schiffe und Nachen, die unter dem Wasser fahren ...«[11]

Inzwischen gehören solche der Phantasie entsprungenen Erfindungen längst zur Wirklichkeit. Der Autor dieses Science-fiction-Romans vertraute der Macht der Wissenschaft, ohne zu wissen, daß die Wirkungen und Folgen eines besinnungslos vorangetriebenen Fortschritts zutiefst ambivalent sind. Francis Bacon, gestorben 1626, schrieb in seinem Testament: »Was meinen Namen und mein Gedächtnis angeht, so überlasse ich sie der barmherzigen Nachrede der Menschen, ausländischen Nationen und kommenden Zeitaltern.«[12]

[1] In der ersten, lateinisch geschriebenen Ausgabe seiner »Essays« heißt es: »Nam et ipsa scientia potestas est« (Denn die Wissenschaft selbst ist Macht). Die englische Übersetzung in der zweiten Ausgabe lautet: »For knowledge itself is power« (Denn Wissen selbst ist Macht). – [2] *K. Marx/F. Engels:* Ausgewählte Werke in sechs Bänden. Bd I. Berlin 1977, S. 128. – [3] Zitiert nach der Einleitung von *L. L. Schücking* zu der von ihm herausgegebenen Ausgabe: *F. Bacon:* Essays. Leipzig 1940, S. XVII. – [4] *M. de Montaigne:* Die Essais. Leipzig 1953, S. 77. – [5] Ebd., S. 81. – [6] *F. Bacon,* a.a.O., S. 118, 123. – [7] *M. de Montaigne,* a.a.O., S. 258. – [8] *F. Bacon,* a.a.O., S. 252f. – [9] *F. Bacon:* Aphorismen über die Interpretation der Natur und das Reich des Menschen, in: *G. Gawlick (Hrsg.):* Empirismus (Bd 4:

Geschichte der Philosophie in Text und Darstellung. 8 Bände, hrsg. von *R. Bubner*). Stuttgart 1980, S. 31. – [10] *F. Bacon:* Neu-Atlantis, in: *K. J. Heinisch (Hrsg.):* Der utopische Staat. Reinbek bei Hamburg 1960, S. 205. – [11] Ebd., S. 206–212 passim. – [12] *L. L. Schücking,* a.a.O., S. XXI.

Weder Engel noch Tier: Blaise Pascal

** 19.6.1623, † 19.8.1662*

Pascal – so heißt eine ziemlich bekannte und populäre Programmiersprache, die verhältnismäßig leicht erlernbar ist und deshalb gern an Schulen eingesetzt wird. Außerdem ist Pascal, wie jede Programmiersprache, eindeutig. Ganz anders ihr Namengeber *Blaise Pascal*, der 1641 im Alter von 18 Jahren für seinen Vater, einen Steuerbeamten, eine Rechenmaschine erfindet. Dieser Franzose ist nicht eindeutig, wie die vielen Deutungen seines Lebens und Denkens belegen. Vielleicht kommt die Verwirrung daher, daß Blaise Pascal drei Fähigkeiten in sich vereint, die sonst bestenfalls getrennt vorkommen, auf drei verschiedene Menschen verteilt.

Er ist, erstens, ein genialer Mathematiker und Naturwissenschaftler, der als Zwölfjähriger selbständig die Lehrsätze des *Euklid* entwickelt und mit 16 Jahren eine aufsehenerregende Abhandlung über die Kegelschnitte verfaßt. Von der schon erwähnten Addiermaschine, die ihn in ganz Europa berühmt macht, sagt er selbst, sie zeige Wirkungen, die dem Denken näher kommen als alles, was Tiere vollbringen. Pascal ist, zweitens, als Denker und als Christ ein genialer Kopf, der in vorderster Linie an den theologischen Auseinandersetzungen seiner Zeit teilnimmt und eine Verteidigung des Christentums entwirft; dieses Werk bleibt unvollendet, und die hinterlassenen Fragmente erhalten später, nach seinem Tod, den Titel »Pensées«. Er ist, drittens, als Verfasser dieser »Pensées« – und das heißt schlicht »Gedanken« – ein genialer Sprachkünstler, der nach dem Zeugnis seiner älteren Schwester und ersten Biographin *Gilberte* alles so ausdrücken kann, wie er will: licht und leicht, einleuchtend und einladend.

Was einen dennoch verwirrt, ist weniger die Dreifachbegabung dieses Mannes, als er selbst mit seinen gegensätzlichen Eigenschaften und

Verhaltensweisen. Spielerisches Entzücken am Durchprobieren von Zahlenverhältnissen und am Durchdenken von Einfällen schlägt um in schauderndes Entsetzen vor der unendlichen Größe des Kosmos im Vergleich zur Kleinheit des Menschengeistes, dieses Entsetzen wiederum schlägt um in ergriffenes Staunen vor der Würde des Menschen: »Der Mensch ist nur ein Schilfrohr, das schwächste im Bereich der Natur, doch ein denkendes Schilfrohr. (. . .) All unsere Würde besteht also im Denken. (. . .) Um das rechte Denken bemüht sein, das ist der Kern der Moral.«[1]

Aber Pascal sieht den Menschen nicht als eine Art Denkautomaten, wie sein älterer Zeitgenosse *René Descartes,* den er mit 24 einmal besucht hat, sondern viel reicher und darum auch viel gefährdeter: »Alle Leiber zusammen und alle Geister mit all ihren Hervorbringungen wiegen nicht die leiseste Regung der Liebe auf. Sie gehört einer anderen, unendlich erhabeneren Ordnung an.«[2]

Pascal liebt unbedingt und ungeschützt. Darum leidet er viel und stirbt früh. Weder willens noch fähig, trügerischen Illusionen nachzugeben und tröstende Kompromisse einzugehen, überfordert er seine Kraft, untergräbt er seine Gesundheit. Mit der unbelehrbaren Leidenschaft des Liebhabers liebt er alles, was lebt, vom winzigen Sandkorn bis zum allmächtigen Gott, und alles so, wie er meint, daß es ursprünglich gemeint ist – ohne Abstriche zu machen, ohne im geringsten klein beizugeben. Solche Kompromißlosigkeit macht verletzlich und verletzend. Den Ärzten traut er übrigens nie, bis auf ein Mal. Er ist 31, als sein Arzt ihm rät, die Studierstube zu verlassen. So lebt er eine Zeitlang in der »großen Welt«, in der Welt der Illusionen und Kompromisse, in der eleganten Welt, die mit dem Unglauben kokettiert. Er durchtänzelt die Salons der feinen Gesellschaft mit den Manieren eines Höflings »so selbstverständlich, als hätte er sein Leben lang diese Luft geatmet«, berichtet seine Schwester Gilberte.

Diese kurze Phase endet abrupt und bewirkt eine ebenso vollständige wie bleibende Änderung seines Lebensstils. In den Nachtstunden des 23. Novembers 1654 erfährt er die Gegenwart Gottes mit solcher Eindringlichkeit, daß ihm nur ein Stammeln über die Lippen kommt: »Gewißheit. Gewißheit. Gefühl. Freude. Friede. Gott Jesu Christi. ›Dein Gott soll mein Gott sein‹ (. . .) Freude. Freude. Freude. Tränen der Freude.«[3] Er notiert dieses überwältigte Stammeln auf einen Zettel,

den er immer bei sich trägt und den man nach seinem Tod im Futter seines Rockes eingenäht findet. Auf demselben Zettel, dem sogenannten »Mémorial«, diesem Zeugnis der Gottesnähe, schreibt er aber auch: »O daß ich nicht ewig von ihm getrennt sein möge.«[4] Und das letzte Wort des Sterbenden wird sein: »Möge Gott mich nie verlassen!«[5]
Kränkelnd und seit seinem 18. Lebensjahr keinen Tag ohne Schmerzen, zählt Pascal zu den einfühlsamsten Menschen, die je gelebt haben. Die Gemütslage und die Verfassung eines anderen Menschen – des Partners wie des Gegners – erspürt er so treffsicher und so intensiv, daß es scheint, er verschmelze mit ihm. Pascal hat ein elementares – oder sagen wir besser: ein instinktives Gespür für das, was anderen Menschen fehlt, weil er spürt, was *ihm* fehlt und worin er selber »arm dran« ist. Darum beschenkt und liebt er die Armen so sehr, daß er kurz vor seinem frühen Tod – er stirbt mit 39 Jahren – flehentlich danach verlangt, zu den unheilbar Kranken gebracht zu werden, um in »Gesellschaft der Armen« sein Leben zu beenden. Man hat ihm diesen Wunsch versagt, und das hat ihn mehr geschmerzt als seine anhaltenden quälenden Kopfschmerzen; die unmittelbare Todesursache ist vermutlich Lungentuberkulose.
Derselbe Mensch aber konnte selbstherrlich sein, anmaßend, aggressiv und seine Gegner mit gnadenloser Gewaltsamkeit zur Strecke bringen. Vom Überzeugen zum Überreden, vom Überreden zum Überwältigen war für ihn ein Katzensprung. Die Ungeduld gegen alles Fertige und Erreichte richtet er freilich zuerst gegen sich selbst, gegen das eigene Tun und Denken, ähnlich wie 300 Jahre später die französische Philosophin *Simone Weil,* die ganz im Geiste Pascals notiert: »Sobald man einen Gedanken gefaßt hat, nachforschen, in welcher Hinsicht das Gegenteil wahr ist.«[6]
Und warum soll man das machen? Weil es den Menschen ausmacht, zwischen Extremen, zwischen äußersten Gegensätzen ausgespannt zu sein, die sich berühren müssen, wenn sein Leben gelingen soll. Pascal schreibt: »Wenn man zu jung ist, urteilt man nicht richtig; ist man zu alt, desgleichen. Wenn man nicht genug an eine Sache denkt, wenn man zu viel an sie denkt, versteift man sich darauf und vernarrt sich in sie. (. . .) So verhält es sich mit Gemälden, wenn man sie aus zu großer Entfernung oder zu sehr aus der Nähe betrachtet. Nur ein unendlich kleiner Punkt ist die Stelle, die anderen sind zu nahe, zu weit, zu hoch,

zu niedrig. In der Malkunst gibt ihn die Perspektive an. Aber in der Wahrheitslehre und Moral – wer will ihn da angeben?«[7]
Auf einem seiner vielen ungeordneten Zettel – die »Pensées« sind ja eine Zettelsammlung – schreibt Pascal, es sei mit der Wahrheitssuche wie mit dem Lesen: wenn man zu schnell oder zu langsam liest, versteht man nichts. Er selbst brauchte Zeit, um falsche Türen zu schließen und richtige zu öffnen: »Ich habe lange Zeit auf das Studium der abstrakten Wissenschaften verwendet; aber da der Kreis von Menschen, mit denen man darüber sprechen kann, nur klein ist, wurde es mir verleidet. (...) So glaubte ich, wenigstens beim Studium des Menschen viele Gefährten zu finden; dies sei das wahre, dem Menschen gemäße Studium. Ich habe mich getäuscht. Zum Studium des Menschen finden sich noch weniger als zum Studium der Geometrie. Nur, weil man zum Studium des Menschen nicht imstande ist, erforscht man alles andere.«[8]
Da wendet sich einer vom Studium der Mathematik zum Studium des Menschen auf der Suche nach Nähe zu diesen Menschen – und wird enttäuscht. Die er gewinnen will, wenden sich dem zu, was er verläßt. Sie können ihr Spiegelbild nicht ertragen oder, wie er anderswo sagt: wir eilen sorglos in den Abgrund, nachdem wir etwas vor uns aufgebaut haben, das uns hindert, ihn zu sehen. Dieser Diagnose folgt die Warnung: »Es ist gefährlich, dem Menschen allzu deutlich zu zeigen, wie sehr er dem Tiere gleicht, ohne ihm seine Größe zu zeigen. Aber auch das ist gefährlich, ihm seine Größe zu zeigen, ohne ihm seine Niedrigkeit zu zeigen. Weit gefährlicher aber ist es, ihn in der Unkenntnis über das eine wie das andere zu lassen. Ihm beides zu zeigen, ist dagegen von großem Gewinn. – Der Mensch soll nicht meinen, er sei dem Tiere gleich oder den Engeln, ebenso darf er weder über das eine noch über das andere in Unkenntnis bleiben, sondern muß beides wissen.«[9] Dieser Warnung aber folgt unversehens ein »Kinnhaken«: »Der Mensch ist nicht Engel, nicht Tier. Das Unglück will, daß, wer den Engel spielt, zum Tier wird.«[10]
Nach Pascal ist keine Behauptung wahr ohne die entgegengesetzte Behauptung – und keine Handlung gut ohne die entgegengesetzte Handlung: eines muß das andere umgreifen, auch wenn das nicht zu begreifen ist: »Was unbegreiflich ist, ist darum nicht weniger wirklich.«[11] Wir denken genau umgedreht: nur was begreiflich ist, ist wirklich, und die gebildeten Zeitgenossen Pascals dachten auch schon

so. Das ist aber falsch, sagt Pascal, oder zumindest äußerst kurzsichtig und einseitig, denn das mathematisch-naturwissenschaftliche Denken ist nur *eine* Form des Denkens. Er nennt sie »esprit de géométrie«. Es gibt noch eine andere, er nennt sie »esprit de finesse«, was gern mit »Feingeist« übersetzt wird und wohl auch nicht besser zu übersetzen ist, obwohl es die gemeinte Geisteshaltung mehr streift als wirklich trifft.

Pascal schreibt über den Unterschied zwischen Mathematiker- und Feingeist: »Bei dem ersten sind die Prinzipien faßbar, aber vom gewöhnlichen Gebrauch weit entfernt; daher kostet es Mühe, den Blick dahin zu wenden, weil es ungewohnt ist. (...) Doch beim Feingeist sind die Prinzipien im allgemeinen Gebrauch und vor aller Augen. Man braucht nur den Blick dahin zu wenden und sich keineswegs Gewalt anzutun. Die Frage ist nur, ob man ein gutes Auge hat, und das muß man haben. Denn die Prinzipien sind so fein und zahlreich, daß es fast unmöglich ist, daß sie uns nicht entgleiten. Nun führt aber das Weglassen eines Prinzips zum Irrtum. So muß man ein scharfes Auge haben, um alle Prinzipien zu sehen. (...) Man sieht sie kaum, man fühlt sie vielmehr, als daß man sie sieht; und es kostet unendliche Mühe, sie anderen fühlbar zu machen, die sie aus sich heraus nicht fühlen.«[12]

Gemeint ist ein Blick fürs Konkrete, das heißt fürs Gewachsene mit allen seinen Lebensfasern. Gemeint ist ein Sehvermögen, das mit einem Blick das Ganze ganz erfaßt, wobei aber nicht nur die Augen zu tun bekommen, sondern alle anderen Sinne auch *und* der Verstand *und* der Wille *und* das Gefühl. Gemeint ist eine Art von Sensibilität, die *alle* ihre Fühler ausstreckt, um ans Lebendige zu rühren; eine Art von Spürsinn und Instinkt, den man als umfassendes Wahrnehmungsvermögen bezeichnen kann oder besser: als Aufmerksamkeit, als jene Aufmerksamkeit, der nichts entgeht – im Unterschied zum lediglich logischen oder abstrakten Denken, das ein Ganzes immer nur zum Teil erfaßt. So einen Instinkt, so eine Aufmerksamkeit *muß* man haben, meint Pascal, weil einem sonst über einem Teil das Gegen-Teil, über einem Satz der Gegen-Satz entgeht, ohne den das Ganze eines Sachverhalts oder einer Verhaltensregung eben nicht faßbar ist.

Um das Ganze zu fassen, greift bloßes Begreifen zu kurz. Gedanken reichen für Pascal nicht aus, denn zur Aufmerksamkeit gehört mehr. Das ist das eine. Gedanken reichen aber auch deshalb nicht aus, weil sie gern so tun, als wäre mit ihnen alles getan. Das ist das andere. Gedanken vergessen gern, woraus sie geworden sind, und was aus ihnen werden soll. Geworden sind sie aus Geschichten, die vorher geschehen sind, und werden sollen sie wiederum zu Geschichten, die nachher geschehen. Gedanken geben sich gern als Selbstzweck. Pascal durchschaut und entlarvt diese Selbstzufriedenheit als verhängnisvollen Schwindel. Für ihn sind alle Gedanken, auch seine »Pensées«, keine Zielbahnhöfe und Endstationen, sondern aufgezwungene Unterbrechungen und notwendige Zwischenaufenthalte zwischen zweierlei Geschichten. Sie sind, mit einem Bild von *Ludwig Wittgenstein,* wie Finger, die behutsam und beharrlich aus verknoteten Schnüren die Knoten lösen. *Vor* den Gedanken liegen die verknoteten, verworrenen, verwickelten Menschengeschichten; *nach* den Gedanken liegen die *ent*knoteten, *ent*worrenen, *ent*wickelten Menschengeschichten: erst dann ist mit dem Lebens-Faden wieder etwas anzufangen. Gedanken sind Schmelzöfen zwischen Eisenerzbrocken und reinem Metall oder wie Durchlauferhitzer, die zwischen zwei Geschichten eingeschaltet werden: zwischen Menschengeschichten davor, die das Material bilden, und Menschengeschichten danach, die als nunmehr bedachte besser weitergehen könnten.

Heißes Wasser, das nicht entnommen wird, taugt zu nichts. Mit vollem Bedacht verlacht der Denker Pascal das bloße Denken: »Der Philosophie spotten, heißt wahrhaft philosophieren.«[13] Er sagt sich los vom Gedankengott der Gedankenmacher, ein für alle Mal, und läßt sich ein auf den Geschichtengott der Geschichtenmacher: »›Gott Abrahams, Gott Isaaks, Gott Jakobs!‹ Nicht der Philosophen und Gelehrten.«[14]

Blaise Pascal wollte unbedingt so denken und so leben, wie der Mensch denken und leben *soll.* Er wollte nie etwas Halbes tun und nie etwas Halbes dulden. Er hat sich damit überfordert. Er hat sich zerrieben in unablässigen Auseinandersetzungen nach innen wie nach außen. Das erinnert noch einmal an *Simone Weil,* die nur vier Jahre älter geworden und übrigens auch an Lungentuberkulose gestorben ist: »Was jene betrifft, die denken, lieben, in politischer Aktion die Reinheit ihres Herzens umsetzen wollen, so können sie nicht anders als ermordet werden.«[15]

[1] *B. Pascal:* Eine Auswahl aus seinen Schriften von *W. Warnach.* Düsseldorf 1947, S. 108f. (die Übersetzung »Rohr« wird hier durch das deutlichere Wort »Schilfrohr« ersetzt). – [2] Ebd., S. 277. – [3] Ebd., S. 23. – [4] Ebd. – [5] Ebd., S. 49. – [6] *S. Weil:* Schwerkraft und Gnade. München [3]1981, S. 194. – [7] *B. Pascal,* a.a.O., S. 115. – [8] Ebd., S. 53. – [9] Ebd., S. 53f. – [10] Ebd., S. 54. – [11] Ebd., S. 220. – [12] Ebd., S. 116–118 passim. – [13] Ebd., S. 142. – [14] Ebd., S. 23. – [15] *S. Weil:* Unterdrückung und Freiheit. Politische Schriften. München 1975, S. 263.

Mathematik als Mystik: Baruch de Spinoza

** 24.11.1632, † 21.2.1677*

Der jüdische Philosoph *Baruch de Spinoza* ist ein Gigant in der Geschichte des Denkens. Anspruch und Art seines Denkens erinnern etwa an eine Kunstfigur unseres Jahrhunderts: an Ulrich, den Protagonisten des Romans »Der Mann ohne Eigenschaften«. Der österreichische Schriftsteller und promovierte Philosoph *Robert Musil* beauftragt Ulrich mit etwas schier Unmöglichem. Er schickt ihn auf die Suche nach einer neuen Moral. In dieser neuen Moral soll vereinigt sein, was sonst getrennt wird, nämlich Begreifen und Erleben – genauer gesagt: begriffliches Denken und mystische Erfahrung. Auf seiner Suche überlegt Ulrich: »Die These, daß der große Umsatz an Seife von Reinlichkeit zeugt, braucht nicht für die Moral zu gelten, wo der neuere Satz richtiger ist, daß ein ausgeprägter Waschzwang auf nicht ganz saubere innere Verhältnisse deutet. Es würde ein nützlicher Versuch sein, wenn man den Verbrauch an Moral (...) einmal auf das Äußerste einschränken und sich damit begnügen wollte, moralisch nur in den Ausnahmefällen zu sein. (...) Es würde dann allerdings nicht viel Gutes geschehen, aber einiges Besseres (...) es würde von jedem Zentner Moral ein Milligramm einer Essenz übrigbleiben, die noch in einem Millionstelgramm zauberhaft beglückend ist.«[1]

Was für eine Essenz das ist, weiß Ulrich nicht. Spinoza hingegen weiß es. Er nennt sie nicht Essenz, sondern Substanz und sagt von ihr, daß sie alles, restlos alles durchdringt und umfaßt vom kleinsten Sandkorn bis zum allmächtigen Gott, daß sie alles Einzelne mit allen seinen Eigenschaften in sich enthält. Auch den einzelnen Menschen? Was bleibt da noch von ihm übrig, von seiner Eigenart, von seiner Individualität, von seiner Selbständigkeit? Wird er dabei nicht zu einem »Mann ohne Eigenschaften«?

Vielleicht rührt diese Frage an den wunden Punkt im Denken des Spinoza. Denn auch er sucht nach einer neuen Moral, nach einem umgreifenden Orientierungssystem und Wirklichkeitsentwurf. Bis dahin ist es allerdings weit. Vor ihm liegt ein langer und schwieriger Weg, der 1632 im Judenviertel von Amsterdam beginnt. Dort wird er geboren, dort wächst er auf. Die Niederlande sind damals das freieste Land Europas, England vielleicht ausgenommen. Er ist sechs, als seine Mutter stirbt. Der strenge Vater, Abkömmling jüdischer Einwanderer aus Spanien, dringt auf eine rein jüdische Erziehung.

Doch der Zögling entzieht sich, je mehr seine geistige Selbständigkeit wächst. Er lernt Latein, die damalige Wissenschaftssprache, wird vertraut mit den Schriften neuplatonischer Philosophen und christlicher Scholastiker; er liest den zeitgenössischen Philosophen *René Descartes,* den er später kommentieren wird, und studiert die Naturwissenschaften seiner Zeit. Konflikte mit der Synagoge sind unausweichlich. Bald kommt es zum Bruch. Spinoza, Mitte zwanzig, wird als Abtrünniger aus der jüdischen Gemeinschaft ausgestoßen und auf Betreiben der Rabbiner aus Amsterdam verbannt. In dem Bannfluch heißt es: »Nach dem Urteil der Engel und der Aussage der Heiligen verbannen, verfluchen, verwünschen und verdammen wir Baruch d'Espinosa. Mit der Zustimmung des gesegneten Gottes und dieser ganzen heiligen Gemeinde, vor den heiligen Büchern der Thora und den 613 Vorschriften, so darin geschrieben sind, sprechen wir den Bannfluch über ihn aus. (...) Hütet euch: daß niemand mündlich noch schriftlich mit ihm verkehre, niemand ihm die geringste Gunst erweise, (...) niemand eine von ihm gemachte oder geschriebene Schrift lese.«[2]

Dieser Flucht muß ihn erschüttert haben. Beirren konnte er ihn nicht. Spinoza bleibt, mündlich und schriftlich, zeitlebens in Verbindung mit geistig und geistlich Gleichgesinnten. Er lebt zwar zurückgezogen, aber nicht isoliert – zuerst in Rijnsburg bei Leiden, wo er seinen Lebensunterhalt mit dem Schleifen optischer Gläser verdient; dann in Voorburg, in der Zeit, als sein bekanntestes Porträt entsteht, das ihn mit Mandelaugen im ovalen sensiblen Gesicht zeigt, umrahmt von dichtem schwarzen Haar und bereits gezeichnet von der Schwindsucht; schließlich in Den Haag, wo er eine Berufung als Professor nach Heidelberg ablehnt, wohl wissend, daß ihm die christlichen Theologen dort genauso zusetzen würden wie vorher seine jüdischen Glaubensbrüder in

Amsterdam. 1677 stirbt Spinoza. Die einzige seiner Schriften, die er selbst herausgibt, ist der »Theologisch-politische Traktat« mit der mutigen Forderung, Minderheiten Toleranz zu gewähren. Alles andere erscheint nach seinem Tod, darunter sein Hauptwerk, die »Ethik«.
Was diesen Philosophen zum selbständigen Denken gebracht hat, ans Denken »nach geometrischer Methode«, wie er es selber nennt, sagt er in einer kleinen Schrift, einem Fragment mit dem Titel »Abhandlung über die Verbesserung des Verstandes«. Warum soll man seinen Verstand verbessern? Weil sich dann daraus alles Weitere von selbst ergibt, meint Spinoza. Der Anfang dieser Schrift klingt noch immer überraschend, weil der Mensch, der da spricht, stellvertretend für alle Menschen, nur eines sucht, einen verläßlichen Grund zur bleibenden Freude darüber, auf der Welt zu sein: »Nachdem die Erfahrung mich gelehrt hat, daß alles, was im gewöhnlichen Leben sich häufig uns bietet, eitel und wertlos ist, da ich sah, daß alles, was und vor welchem ich mich fürchtete, nur insofern Gutes oder Schlimmes in sich enthielt, als die Seele davon bewegt wurde, so beschloß ich endlich nachzuforschen, (...) ob es etwas gebe, durch das ich, wenn ich es gefunden und erlangt, eine beständige und vollkommene Freude auf immerdar genießen könne.«[3]
Spinoza will von wechselnden Gemütsbewegungen zwischen Freude und Trauer nicht länger hin und her gerissen werden. Er will nicht länger ein Spielball täuschender Erfahrungen und flüchtiger Befriedigungen sein. Abstreifen will er die Fesseln, die ihn an das Verlangen nach Reichtum, nach Ehre und nach Lust gebunden halten; loswerden will er sie, um etwas Bleibendes zu finden, das ihn mit freudiger Gewißheit erfüllt. Weil aber solche Gewißheit niemals in vorübergehenden Erregungen und Leidenschaften zu finden ist, sucht er sie auf einem anderen Wege zu erreichen: auf dem Weg des reinen Denkens. Auf diesem Weg will er festen Boden unter die Füße bekommen und dabei die einzige unverfälschte Quelle entdecken. »Im Denken *bin* ich *frei,* weil ich nicht in einem anderen bin, sondern schlechthin bei mir selbst bleibe ...«[4] Dieses Wort, anderthalb Jahrhunderte später von *Hegel* formuliert, ist der innere Wegweiser Spinozas.
Aber er geht sehr behutsam, sehr vorsichtig vor, sichert sich ab nach allen Seiten. Er will nicht länger getäuscht werden, und einen schlechten Tausch kann er sich nicht leisten. Diesmal geht es um's Ganze:

». . . auf den ersten Blick schien es nicht ratsam, für etwas noch Ungewisses das Gewisse aufzugeben. Ich sah nämlich die Vorteile, die man durch Ehre und Reichtum erlangt, und ich sah, daß ich es aufgeben müsse, nach ihnen zu trachten, wenn ich mich ernstlich um ein anderes, Neues bemühen wollte.«[5]

Das Neue, das er sucht auf dem Weg des Denkens, ist die Einheit dieses Denkens mit allem, was ist – also nicht nur die Einheit seines Denkens mit seinem Leben, sondern die Einheit allen Denkens mit allem Sein, mit der Wirklichkeit im Ganzen, einbegriffen die gesamte Natur und selbst Gott. Ein höheres Ziel, ein höheres Gut gibt es nicht. Darum spricht Spinoza vom höchsten Gut: »Das höchste Gut (. . .) ist es, dahin zu gelangen, daß man womöglich mit anderen Individuen einer solchen Natur teilhaft werde. Welcher Art aber diese Natur sei, werden wir an gehöriger Stelle zeigen, nämlich daß es die *Erkenntnis der Einheit* sei, die *den Geist mit der gesamten Natur verbindet*. Dies ist also das Ziel, nach dem ich strebe: eine solche Natur zu erlangen und zu suchen, daß viele sie mit mir erlangen . . .«[6]

Er ist sicher, das gesuchte Ziel auch zu finden, wenn er, statt auf wechselnde und darum unzuverlässige Erfahrungen zu bauen, ausschließlich auf das Denken setzt und wenn ihm dabei kein Fehler unterläuft. Die Einheit von Denken und Sein lückenlos und vollständig zu erreichen, nur danach steht ihm der Sinn. Und wonach ihm der Sinn steht, das kann der Kopf bewerkstelligen, der menschliche Geist: davon ist Spinoza überzeugt. Denn für ihn sind klare und deutliche Ideen von etwas identisch mit diesem Etwas: »Wenn also die Wahrheit keines Kennzeichens bedarf, sondern wenn es genügt, das objektive Sein der Dinge, oder, was dasselbe ist, ihre Ideen zu haben, um jeden Zweifel zu heben, so folgt daraus, daß die wahre Methode nicht darin bestehen kann, nachdem man die Ideen erlangt hat, noch nach einem Kennzeichen der Wahrheit zu suchen, sondern daß die wahre Methode vielmehr der Weg ist, die Wahrheit selbst oder das objektive Sein der Dinge oder ihre Ideen (denn all das bezeichnet ja ein und dasselbe) in gehöriger Ordnung aufzusuchen (. . .) unser Geist [muß], um völlig ein Abbild der Natur zu sein, alle seine Ideen aus der Idee herleiten, die den Ursprung und die Quelle der gesamten Natur darstellt . . .«[7]

Aus dieser Quelle von ursprünglichen Ideen leitet Spinoza alles andere ab. Er verzweigt und entfaltet sein Denken, indem er von vorangestellten Begriffsbestimmungen zu Lehrsätzen kommt, die mit Erklärungen versehen und schließlich mit Beweisen untermauert werden. Dieses deduzierende Ableitungsverfahren, seine »geometrische Methode«, beginnt also mit Voraussetzungen, die angeblich allen Menschen von selbst einleuchten, das heißt: die man nicht zu beweisen braucht und die man auch nicht beweisen kann. Hier zeigt sich der Abgrund zwischen damals und heute: moderne Menschen mißtrauen diesem Verfahren zutiefst. Denn abgesehen davon, daß viele der vorangestellten Definitionen, Axiome und Postulate des Spinoza mehrdeutig sind, fehlt ihnen nach unserem Dafürhalten das Fundament: sie beruhen auf keinerlei empirischer, sinnlich erworbener Erkenntnis von der Wirklichkeit, sie stützen sich auf keinerlei Erfahrung. Wie könnten sie auch, sagt Spinoza; diese Stütze ist keine: ». . . die Erfahrung lehrt nichts über das Wesen der Dinge . . .«[8] Darum muß man, meint er, mit Wesens-Definitionen anfangen – also mit dem, womit wir aufhören bei unserer Forschungsarbeit, wenn wir überhaupt so weit kommen und so weit kommen wollen. Hier ein Beispiel, wie sich das bei Spinoza liest – sein Hauptwerk, die »Ethik«, beginnt so: »1. Unter *Ursache seiner selbst* verstehe ich dasjenige, dessen Wesen die Existenz notwendig einschließt, oder dasjenige, dessen Natur nicht anders als existierend gedacht werden kann. – 2. *Endlich* in seiner Art heißt dasjenige Ding, das durch ein anderes der gleichen Natur begrenzt werden kann. Zum Beispiel ein Körper heißt endlich, weil wir immer noch einen anderen größeren denken können. So wird auch ein Gedanke durch einen anderen Gedanken begrenzt. – Indessen, kein Körper wird durch einen Gedanken und kein Gedanke durch einen Körper begrenzt. – 3. Unter *Substanz* verstehe ich dasjenige, was in sich ist und durch sich gedacht wird (. . .). – 6. Unter *Gott* verstehe ich das absolute unendliche Sein, das heißt die Substanz, die aus unendlich vielen Attributen besteht, deren jedes ewige und unendliche Wesenheit ausdrückt.«[9] Das klingt schrecklich abstrakt. Aber Spinoza kommt auf diesem Weg zu genau den Aussagen über die Einheit der Welt und damit zu genau der bleibenden Gewißheit, die er sucht: »Alles, was ist, ist in Gott, und nichts kann ohne Gott sein, noch begriffen werden.«[10]

So kommt das Unendliche mit dem Endlichen überein: Gott, Natur und Mensch sind vereint durch die zwingende zweifelsfreie Gewißheit eines Denkens, das mit mathematischer Präzision voranschreitet. Vorbei sind die täuschenden Erfahrungen und flüchtigen Befriedigungen. »Das Wahre ist das Ganze«[11], sagt Hegel, doch anders als Hegel sagt Spinoza: dieses Ganze braucht sich nicht erst zu entwickeln, es ist immer schon vollendet. Die Zeit steht still. Der Geist des Menschen ist endlich aller Fesseln ledig und frei – ganz bei sich und zugleich ganz aufgehoben im Ganzen. Oder doch nicht? Wird am Ende verschluckt, was ihm eigen ist, so daß er verschwindet in diesem Ganzen – ein »Mann ohne Eigenschaften«?

Vielleicht darf man sagen: bei Spinoza wird der Wunsch zum Vater des Gedankens. Die Sehnsucht hat sein Denken verführt, einen Zustand der Vollendung vorwegzunehmen, der erst am Ende zu erhoffen ist: in der Ewigkeit. Im Blick auf dieses Ziel seines Geistes, seiner intellektuellen Liebe, mit Gott vereint zu sein, rettet er den Menschen vor dem Zerrissenwerden, indem er ihn einschmilzt. Schwankend zwischen Mystik und Rationalität, geht ein Riß durch das Denken Spinozas.

In dem Roman »Der Mann ohne Eigenschaften« sagt Ulrich: »Vielleicht geschieht es, daß sich unsere Moral schon heute in diese zwei Bestandteile zerlegt (...): in Mathematik und Mystik (...). Es ist ewig schade, daß keine exakten Forscher Gesichte haben! (...) man kommt zuweilen auf den Gedanken, daß alles, was wir erleben, losgerissene und zerstörte Teile eines alten Ganzen sind, die man einmal falsch ergänzt hat.«[12] Darin steckt der heimliche Ausgangspunkt und das erklärte Ziel des Baruch de Spinoza, der dem tollkühnen Verlangen nachgab, ein ganzer Mensch zu sein, und vereint mit allem, was ist.

[1] *R. Musil:* Der Mann ohne Eigenschaften. Roman. Hamburg 1970, S. 246. – [2] Zitiert nach *Th. de Vries:* Baruch de Spinoza in Selbstzeugnissen und Bilddokumenten. Reinbek bei Hamburg 1967, S. 41. – [3] *B. d'Espinoza:* Abhandlung über die Verbesserung des Verstandes. Vollständig abgedruckt in: *K. Vorländer:* Philosophie der Neuzeit. Bd V. Hrsg. von *E. Kessler.* Reinbek bei Hamburg 1970, S. 154. – [4] *G. W. F. Hegel:* Phänomenologie des Geistes. Theorie-Werkausgabe. Bd 3. Frankfurt 1970, S. 156. Ähnlich *ders.:* Enzyklopädie der philosophischen Wissenschaften im Grundrisse, a.a.O. (Bd 8), S. 95: »Indem ich einen Gedanken zum Gegenstand habe, bin ich bei mir selbst.« – [5] *B. d'Espinoza,* a.a.O., S. 154. – [6] Ebd., S. 157. – [7] Ebd., S. 162, 164. – [8] Aus einem Brief an *Simon des Vries,* geschrieben im Frühjahr 1663, in: *Spinoza:* Die Ethik. Schriften und Briefe. Hrsg. von *F. Bülow.* Stuttgart [7]1982, S. 328. – [9] Ebd., S. 1f. – [10] Ebd., S. 14. – [11] *G. W. F. Hegel, Phänomenologie,* a.a.O., S. 24. – [12] *R. Musil,* a.a.O., S. 770, 754, 749.

Sprechen Sie Deutsch?: Christian Thomasius

** 1. 1. 1655, † 23. 9. 1728*

Heute gilt das Englische als internationale Sprache der Wissenschaftler. Doch bis weit ins 17. Jahrhundert hinein, ja oft noch länger, spricht und schreibt das Europa der Gelehrten Latein. Die Leipziger Professoren sind darum empört und in heller Aufregung, als ihnen die beispiellose Unverschämtheit eines ihrer Kollegen zu Ohren kommt: der Jurist *Christian Thomasius* hält am 11. Februar 1687 an der Universität Leipzig die erste Vorlesung in deutscher Sprache. Er liest über die Lebensregeln des Spaniers *Balthasar Gracian* nicht in totem Latein, sondern in der lebendigen deutschen Muttersprache, weil ihm daran liegt, das wissenschaftliche Denken aus seiner Erstarrung zu lösen.

Tun wir es den Franzosen nach, sagt Thomasius, wie frisch und lebendig lesen sich ihre Bücher! Die Franzosen sind gescheite und geschickte Leute, an Gelehrsamkeit, Geschmack und Lebensgewandtheit den Deutschen weit überlegen. Machen wir uns diese Vorzüge zu eigen, werfen wir den wüsten überladenen Ballast aus den Köpfen heraus und bieten wir denselben Köpfen statt dessen eine Bildung an, die schon durch ihr buntes frisches Sprachkleid willkommener sein wird als das schwerfällige Foliantenwissen in seinem dunklen Gewand aus lateinischen und griechischen Vokabeln!

Er wünscht den Deutschen die gleiche Freiheit und Sicherheit im Umgang mit ihrer Sprache und ihrer Kultur, wie sie den Franzosen geläufig ist. Der Hörerkreis der Universität wird ihm dafür zu klein, und darum gründet Thomasius, wenige Monate nach seiner ersten deutschen Vorlesung, die erste wissenschaftliche Zeitschrift in deutscher Sprache. Sie heißt »Schertz- und Ernsthaffte, Vernünftige und Einfältige Gedancken über allerhand Lustige und Nützliche Bücher und Fragen«. Schon der Titel ist eine Kampfansage, die gegen tiefsinniges

Wortgetöse und engstirnige Begriffsklauberei zu Felde zieht. Thomasius attackiert die verknöcherten Kopfgelehrten und erklärt, er selbst wolle kein Gelehrter sein, sondern ein Lehrer für Menschen mit gesundem Menschenverstand. Die Zeitschrift wird gern gelesen, weil sie trotz ihrer manchmal ungelenken Sprache unterhaltsam informiert und viele Geschichten erzählt; sie strotzen von mutwilligem Humor und vernichtendem Witz. Thomasius zeigt Sinn für Satire, wenn er den üblichen Wissenschaftsbetrieb veralbert, etwa dadurch, daß er eine komische Lebensgeschichte des *Aristoteles* erzählt: der große Philosoph bringt sein Vermögen durch, fristet sein Leben mit dem Verkauf von Haarpuder, studiert fleißig *Platon* und verliebt sich in die *Königin Olympia*. Abgesehen von den grotesken Auswüchsen, erinnert dieser Stil an beste Kalendertradition – etwa an die süffisante Geschichte von *Bertolt Brecht* über den verwundeten *Sokrates*.
Wenn man bedenkt, daß damals die deutschen wissenschaftlichen Zeitschriften übermäßig nach Stubenluft riechen und nach der blakenden Studierlampe – anders als die englischen, die besser beobachten, anders als die französischen, die leichtfüßiger formulieren –, wenn man dieses Gefälle bedenkt, dann dämmert einem, was seine neu gegründete Zeitschrift so anziehend macht. Anziehend ist sie für aufgeschlossene Geister, abstoßend für vernagelte Pedanten.
Wie im Hörsaal, provoziert Thomasius mit kleinen und großen Ketzereien. Er liebt den Streit und den Disput, denn er will gewinnen. Im Kampf will er die Leute gewinnen. Das große Getue verspottet er gern, um die Kleinmütigen zu ermuntern, um ihnen Mut zu machen; dafür wählt er die heitere Maske statt der Leichenbittermiene, die lockere Geste statt des drohenden Zeigefingers. Ihm liegt daran, seine Leser unterhaltsam zu lehren und sie lehrend zu unterhalten – so ähnlich, wie es der große *Erasmus von Rotterdam* gemacht und gekonnt hat. Thomasius bewundert diesen Fürsten der Humanisten, ohne freilich sein Vorbild zu erreichen; denn ihm fehlt es an Genie und auch an Fingerspitzengefühl. Dafür hat er um so mehr Mut. Manchmal hört er die Leute im Vorbeigehen sagen: das ist Christian Thomasius, der vor nichts zurückschreckt. Wie wirksam seine neue Zeitschrift ist, zeigt sich an den vielen Nachahmungen, die ihr folgen, und auch an den Verfolgungen, die ihn, den Publizisten und Professor, schließlich zwingen, Leipzig zu verlassen.

Seine Anfänge sind vergleichsweise brav. 1655 als Sohn eines Leipziger Professors geboren, wird er streng protestantisch erzogen und geht nach dem Studium der Rechtswissenschaft nach Frankfurt. Dort hält er seine ersten naturrechtlichen Vorlesungen ganz im Sinne der überlieferten Lehren, bis ihm die Verteidigungsschriften des aufgeklärten Rechtslehrers *Samuel Pufendorf* in die Hände kommen. Dieser überragende Mann zieht eine klare Trennungslinie zwischen Glauben und Wissen. Thomasius erzählt später: »Ich fing damals an, einige dunkle Wolken zu verjagen, welche bisher meinen Verstand verfinstert hatten. Ich hatte mir vormals eingebildet, daß Alles, was die Herren Theologi insgemein verteidigen, lauter gute theologische Sachen seien, und daß sich ein ehrlicher Mann nach Möglichkeit in Acht nehmen müsse, daß er von Niemand ein Ketzer oder ein Neuerer gescholten werde; nachdem ich aber recht nachgedacht, wie die Theologie von der Philosophie verschieden, lernte ich daraus erkennen, daß gewöhnlich von den Theologen allerlei Dinge einmütig verteidigt werden, welche mit der Theologie nichts zu schaffen haben, sondern in die Sittenlehre oder Rechtsgelahrtheit gehören, und endlich, daß ein Neuerer noch lange kein Ketzer sei. Da nun die Kraft zu urteilen allsachte bei mir reif zu werden begunnte, merkte ich zugleich, daß ich mich an Gott versündigen würde, wenn ich mich noch länger von Andern bei der Nase würde herumführen lassen; ich that deshalb die Augen meines Gemüthes zu, damit sie der Glanz menschlichen Ansehens nicht verblenden solle, und gedachte nicht mehr, was für ein großer vornehmer Mann es sei, der Dieses oder Jenes geschrieben, sondern überlegte mir die Beweisthümer auf beiden Seiten und betrachtete, was Dieser vorgab oder Jener bestritt, und was der Eine behauptete, der Andere aber beantwortete.«[1]

Hier verliert einer die Furcht, indem er lernt, nüchtern abzuwägen, klar zu unterscheiden und in eigener Verantwortung Stellung zu beziehen. Nach dieser Wende zum aufgeklärten Denken studiert Thomasius einige Jahre römisches Recht und beginnt 1681 in Leipzig mit Vorlesungen über Pufendorf und den niederländischen Rechtsgelehrten *Hugo Grotius*. Die Leipziger Studenten sind entsetzt, die Leipziger Theologen sind aufgebracht, löst doch dieser Mensch tatsächlich das Naturrecht aus dem bislang unangefochtenen Zuständigkeitsbereich der Theologie und spricht von zwei völlig verschiedenen Quellen: »Das

Licht der Natur und das Licht der Offenbarung sind verschiedene Quellen; die Theologie ist aus der Schrift, die Philosophie ist aus der Vernunft herzuleiten. Der Zweck der Philosophie ist das irdische Wohlsein des Menschengeschlechts, der Zweck der Theologie das himmlische.«[2]

Was maßt dieser »Kerl« sich an? Das Naturrecht und damit die Rechtslehre und damit die Regeln für das rechte Leben und Zusammenleben der Menschen hier auf Erden – dies alles soll menschlicher Vernunft entspringen und nicht länger göttlichen Ursprungs sein? Das ist den Gottesgelehrten zu viel, und prompt begegnen sie diesem »Schlag« des Thomasius mit dem größten Geschütz, das ihnen zur Verfügung steht: sie werfen ihm vor, er verführe die Studenten zum Atheismus. So etwas zieht, aber es reicht noch nicht aus, den Verkünder solcher Ketzereien vom Katheder zu ziehen. Die Zeit ist dafür noch nicht reif. Erst sein zweiter Schlag, wir kennen ihn schon: die Gründung der Zeitschrift und die heftigen Streitigkeiten, die darauf folgen, bringt seinen Gegnern den gewünschten Erfolg; die »Altgläubigen« triumphieren über den Neuerer, der gehen muß.

Denn Thomasius *ist* ein Neuerer. Er gehört zu denen, die aufdecken wollen, was undurchsichtig ist, die aufklären wollen, was im Unklaren liegt. Die aufgeklärten Menschen dieser Zeit erwarten das Licht nicht mehr allein von außen oder von oben, nicht mehr allein vom Gott der christlichen Offenbarung, dem »Vater der Lichter«. Sie zünden ihr eigenes Licht an, das Licht der Vernunft, und sie wollen, daß alle Menschen dieses Licht in sich entzünden, gleich welcher Bildung, welchen Standes und welchen Geschlechts sie sein mögen. So meint Thomasius in der Einleitung zu seiner »Vernunft-Lehre«: zwar sei das übernatürliche Licht der göttlichen Offenbarung für einen, »der hierinnen recht gelehret sein will«, nur durch Kenntnis der alten Sprachen zu erkennen. Das natürliche Licht der Vernunft hingegen hat jedermann, und »zu Brauchung des natürlichen Lichts sind keine fremden Sprachen eben nothwendig, sondern man kann sich dessen auch ohne dieselben bedienen, es mögen nun Mannes- oder Weibes-Personen, Junge oder Alte, Arme oder Reiche seyn.«[3]

Diese Töne haben einen revolutionären Klang. Denn wenn das »natürliche Licht« der Vernunft *jedem* innewohnt – ob gelehrt oder ungelehrt, mächtig oder ohnmächtig –, dann sind darin alle Menschen gleich, und keiner hat das Recht, einen anderen zu verfolgen. Die Freiheit der Vernunft fordert Respekt und darf nicht mit Gewalt unterdrückt werden, sagt Thomasius – Vorkämpfer der Toleranz für die einen, Feind der Obrigkeit für die anderen. Nun ist es so weit, endlich können seine Gegner sich zufrieden die Hände reiben: der »notorische Erzbösewicht«, wie einer ihn nennt, darf keine Vorlesungen mehr halten, er verliert seine Bezüge und muß Leipzig verlassen.

Thomasius wird jedoch vom brandenburgischen Kurfürsten eingeladen, in Halle Vorlesungen zu halten, und diese Lehrtätigkeit führt 1694 zur Gründung der Universität Halle. Rückblickend schreibt er von seinem Start: »Er kam her nach Halle und fand keinen Auditorem hier; es war auch noch lange nicht eine firme und gewisse Resolution gefaßt worden, eine Universität so geschwind hier zu stabiliren. Wie schmählich lachtet Ihr damals Thomasius aus und wie höhnisch spottetet Ihr seiner. Thomasius aber vertraute Gott und setzte sich hieher. (...) Er hatte das erste Mal über fünfzig Auditores und hat von da an (...) nie unter zwanzig gehabt.«[4] Er kommt gut an bei seinen Hörern, denen er insbesondere beibringt, ein einwandfreies Deutsch zu schreiben und zu sprechen – eine Seltenheit bei der ausschließlich lateinischen Erziehung. Thomasius leitet Stilübungen, lehrt die jungen Leute, klar und sicher auszudrücken, was sie sagen wollen. Er ist überhaupt mehr Pragmatiker, mehr Lehrer und Erzieher als ein origineller schöpferischer Kopf. Irrtümer und Vorurteile will er aus den Köpfen räumen, damit seine Zeitgenossen aufgeklärt, tugendhaft und glücklich leben lernen. Dafür lebt er, dafür kämpft er.

Deshalb kämpft er auch mit der ihm eigenen Unnachgiebigkeit gegen Aberglauben und Fanatismus, gegen Hexenverfolgung und Folter: »Es ist zwar freylich nicht schwer bald ein Bekänntniß durch den Hencker heraus zu bringen; Aber das ist nicht genug. Ich fürchte, wenn man mich und dich marterte, wir würden alles aussagen, was man von uns begehrte, und wenn man uns weiter wegen der Umbstände marterte, würden wir auch Umbstände, und zwar solche darzu lügen, die wir wüsten, das sie der Richter gerne hörete, und durch deren Aussage wir am ersten von der Marter abkämen: Mit einem Wort: ich halte dafür, daß die Hexen-Processe gar nichts taugen...«[5]

So macht man sich neue Feinde. Um so erstaunlicher, daß Thomasius seinen Humor behält – er zitiert aus freien Stücken ein gegen ihn gerichtetes Gedicht:

»Ein längst verlohrner Sohn, der alles Gut verprasset,
Was an Religion, an Ehr, und Nahmen ist,
Der hasset, was man liebt und liebet, was man hasset,
Der Hohn für Wasser säufft und Spott für Träbern frisst,
Lacht alle Lehren aus, dreht und verkehrt die Bibel,
Ist wohl ein Ismael und rechtes Kirchen-Übel,
Gespenster glaubt er nicht, auch keinen Bund der Hexen!
Welch Atheistisch Gifft, das er hierunter hegt!
Er ist ein Höllen-Huhn, das itzo erst will käcksen,
Bis daß er nach und nach die Eyer hingelegt . . .«[6]

Thomasius hat wesentlich dazu beigetragen, daß die Hexenverfolgungen und -prozesse in Deutschland zunächst gemildert und schließlich abgeschafft wurden. Schon von 1705 an darf der Mann mit der scharfen Feder wieder publizieren und gilt wenig später sogar als anerkannter Autor, ja als Autorität. Er ist Anfang fünfzig, und die Leipziger Universität, dieselbe, die ihn vertrieben hat, will ihn nun unter glänzenden Bedingungen zurückberufen. Der alte Kampfhahn, der dort die erste Vorlesung in deutscher Sprache hielt, schlägt den Ruf aus – wahrscheinlich mit Entzücken; er wird sich ins Fäustchen gelacht haben.

[1] Zitiert nach *H. Hettner:* Literaturgeschichte des achtzehnten Jahrhunderts. Dritter Teil: Die deutsche Literatur im achtzehnten Jahrhundert. Braunschweig [4]1893, S. 86f. – [2] Ebd., S. 87. – [3] *Ch. Thomasius:* Einleitung zu der Vernunfft-Lehre. Zitiert nach den Quellentexten in: *K. Vorländer:* Philosophie der Neuzeit. Die Aufklärung. Reinbek bei Hamburg 1967, S. 140. – [4] Zitiert nach *H. Hettner,* a.a.O., S. 97. – [5] *Ch. Thomasius:* Erinnerung wegen seiner künfftigen Winter-Lectionen. Zitiert nach *G. Becker / S. Bovenschen u. a.:* Aus der Zeit der Verzweiflung. Zur Genese und Aktualität des Hexenbildes. Frankfurt 1977, S. 431. – [6] Zitiert nach *M. Hammes:* Hexenwahn und Hexenprozesse. Frankfurt 1977, S. 241f.

Geist und Macht: Voltaire (François-Marie Arouet)

** 21.11.1694, † 30.5.1778*

Glanzvoll wie ein Brillantfeuerwerk versprüht dieser »Grandseigneur des Geistes«[1] eine solche Überfülle an Gedanken und Gefühlen, an Programmen und Protesten, an Schmähungen und Schmeicheleien, daß mit dem Erzählen an kein Ende und mit dem Aufzählen an keinen Anfang zu kommen ist, denn bloßes Addieren wirkt banal, und *Voltaire* haßt Banalitäten beinahe noch mehr als Denkverbote. Mit dem Erzählen aber ist an kein Ende zu kommen, denn die Fabulierlust des Tischgenossen Voltaire wirkt unerschöpflich, und was er als Autor zu Papier bringt, zeigt vielleicht nur einen schwachen Abglanz seiner funkelnden Unterhaltungen – funkelnd von Witz und Ironie, wetterleuchtend von Abscheu und Zorn, blitzend von Intelligenz und Begeisterung.

Manche sagen, er sei unseriös. Voltaire liebt das Spiel, er spielt für sein Leben gern in jeder Situation, sei sie belanglos oder blutig ernst, mit jedem Menschen, Freund oder Feind, und am liebsten spielt er mit sich selbst – von Anfang an. So behauptet er manchmal, er sei zwar im Jahre 1694 geboren, aber nicht am 21. November, sondern schon am 20. Februar. Und er behauptet auch, sein Vater sei gar nicht der Notar *François Arouet,* sondern Monsieur *de Rochebrune* oder der *Abbé de Chateauneuf.* Mit zehn Jahren schreibt er ein Theaterspiel, mit fünfzehn entwirft er seinen Lebensplan: er will ein sehr großer Dichter und ein reicher Mann werden, was ihm beides auch gelingt. Er bringt den Spielplan seiner Biographie ebenso zur Aufführung wie seine Stücke, bei denen er selbst auftritt auf der Bühne, und in denen er sich selbst spielen läßt – in tausend Rollen. Von allen autobiographischen Menschen ist Voltaire vielleicht der autobiographischste: es gibt nichts – keine Person, keine Situation, keinen Appell, keine Polemik – worin er nicht sich selbst zur Darstellung brächte. Sogar dann, wenn er seine Stücke oder Artikel verleugnet – aus Furcht vor Zensur –, um im nächsten Augenblick seine Autorschaft in alle Welt hinauszuposaunen – aus Eitelkeit; selbst dann, wenn er sich für eine Gemeinheit *Rousseaus* rächen will mit der schlicht erfundenen Nachricht, dieser Jean Jacques sei ein ehemaliger Bediensteter seines Vaters, selbst dann ist Voltaire weniger ein Lügner als ein Spieler, der keine Chance vertut, die sich auskosten läßt – und sei es auch auf andrer Leute Kosten: die sich ja ebenso auf *seine* Kosten amüsieren.

Voltaire ist ein hochintelligenter Genießer, der sich jedem unmittelbaren Zugriff entzieht: nicht, weil er so groß ist – und er *ist* groß –, sondern weil ihn keiner zu fassen bekommt. Er genießt sein Leben als Literat, als einer, der so gut schreiben kann, daß man ihn liest oder besser: lesen muß. Er genießt sein Leben als Kostgänger importierter Ideen und Argumente, denn eine eigene Philosophie hat er nicht und braucht er auch nicht. Er genießt sein Leben, indem er die Mächtigen umschmeichelt, die ihn umschmeicheln, solange sie ihn nicht verdächtigen und verfolgen. Er genießt es, ein Partisan zu sein, ein Einzelkämpfer gegen Fanatismus und Aberglauben. Er sonnt sich in der selbsterworbenen Macht der Feder wie in der fremden Macht europäischer Fürstenhöfe, die sich ihm andienen und denen er sich andient. Voltaire ist *der* Zeitgenosse seines Jahrhunderts. Er genießt diese Rolle auf allen verfügbaren Bühnen und ist dabei immer ernst zu nehmen, weil in jedem Auftritt die politische Absicht mitspielt, das Dunkel der Unvernunft aufzuklären und die Welt endlich zur Vernunft zu bringen. Dies allerdings nicht mit dem schulmeisterlichen Zeigefinger, sondern unterhaltsam, ironisch, verschmitzt wie sein Lehrer *Porret,* den er zeitlebens verehrt. »Wer nicht langweilen will, darf nicht alles sagen« – das ist die persönliche, die pädagogische, die politische Grundregel Voltaires, des Spielers, der jeden zum Mitspielen einlädt, verführt oder zwingt. Dieser ständig kränkelnde Mann, der sogar aus seinen Krankheiten noch ein Spiel macht, ist ebenso elementar wie kunstvoll Schau-Spieler, und zwar bis 1778, bis zum Ende, als er, vierundachtzigjährig, in Paris der triumphalen Aufführung seiner Tragödie »Irène« beiwohnt und schließlich noch der Académie Française das Projekt eines neuen, großangelegten Wörterbuchs zuspielt: sein letzter Auftritt, drei Wochen vor seinem Tod. »Ich bin beweglich wie ein Aal, lebhaft wie eine

Eidechse und arbeitsam wie ein Eichhörnchen«[2], so sieht er sich selbst. »Beweglich wie ein Aal« – das sagt zweihundert Jahre früher *Martin Luther* in seinen Tischgesprächen von *Erasmus von Rotterdam*. Erasmus, sagt er, ist wie ein Aal – kein Mensch kann ihn fassen denn Christus allein. Voltaire hat viel von Erasmus, Erasmus viel von Voltaire. »Lebhaft wie eine Eidechse« – keine zeitgenössische Darstellung trifft Voltaires flinke durchdringenden Augen besser als der Stich von *Aubé* mit der Unterschrift »Der König des Café«. »Arbeitsam wie ein Eichhörnchen« – zweihundert Jahre später sitzt am Caféhaustisch ein anderer französischer Dichter und Philosoph namens *Jean-Paul Sartre* und schreibt und schreibt. Voltaire hat viel von Sartre, Sartre viel von Voltaire, zumindest im Gedächtnis der Franzosen. Als Sartre beim Verteilen seiner Zeitschrift »La cause du peuple« vom Pariser Polizeipräfekten verhaftet werden soll, sagt *de Gaulle:* »Einen Voltaire verhaftet man nicht«.

Voltaire wurde nichtsdestoweniger zweimal verhaftet und in die Bastille geworfen – das erste Mal ein Jahr für eine Satire auf Ludwig XV., das zweite Mal zwanzig Tage für einen Streit mit dem *Chevalier de Rohan:* der bestreitet dem bürgerlichen Literaten im Kreise einer illustren Gesellschaft das tatsächlich selbst zugelegte Adelsprädikat, es kommt zum heftigen Wortwechsel; wenig später, während eines Essens in Sully, wird Voltaire herausgerufen und vor der Tür von den Dienern des Adligen verprügelt, der dabeisteht und zynisch empfiehlt, weniger stark auf den Kopf einzudreschen, es könnte ja etwas drin sein. Voltaire droht Rache zu nehmen, wird deshalb in die Bastille gesteckt und geht danach für drei Jahre nach England ins Exil. Dort lernt er ein intellektuelles und politisches Klima kennen, in dem Vernunft und Freiheit herrschen: »Die englische Nation ist die einzige, welche (...) jene weise Regierungsform eingerichtet hat, wo der König die Macht hat, alles Gute zu tun, und wo ihm doch die Hände für das Böse gebunden sind, wo die Herren groß sind ohne Gewalttätigkeiten und ohne Vasallen und wo das Volk an der Regierung teilnimmt ohne Verwirrung.«[3]

Der Geist der Freiheit, den Voltaire in England zu atmen bekommt, wird ihn später den Ungeist der Unfreiheit im eigenen Land herausschreien lassen, jenen mörderischen Ungeist des Fanatismus, der Menschenopfer fordert. Berühmt ist die *Affäre Calas: Jean Calas,* ein

Kaufmann aus Toulouse, war zum Tod auf dem Rad verurteilt worden, weil er angeblich seinen Sohn ermordet hatte, um dessen Übertritt zum Katholizismus zu hintertreiben. Obwohl der Sohn, entgegen diesem Gerücht, Selbstmord begangen hatte, sprach man von Mord. Voltaire schreibt: »Diese Leute sind abergläubisch und aufbrausend; für sie sind ihre Brüder, die nicht der gleichen Religion angehören wie sie selbst, wahre Ungeheuer. (...) Irgendein Fanatiker aus dem Pöbel rief, Jean Calas habe seinen leiblichen Sohn *Marc Antoine* erhängt (...) die ganze Stadt war überzeugt, bei den Protestanten sei es ein Gebot des Glaubens, daß ein Vater und eine Mutter ihren Sohn umbringen müssen, sobald er konvertieren will.«[4]

Es gelingt Voltaire, diesen Mann und seine Familie zu rehabilitieren. Seitdem wird er immer wieder zu Hilfe gerufen gegen die blinden Übergriffe fanatischer Intoleranz – so bei der *Affäre Sirven:* ein Mann, der angeblich seine Tochter ertränkt hat; bei der *Affäre de la Barre:* sein Verbrechen bestand darin, daß er an einer Prozession vorbeiging, ohne den Hut abzunehmen; bei der *Affäre Montbailli:* er soll seine Mutter ermordet haben. In solch dunkle Machenschaften Licht zu bringen, das Licht der Vernunft im Licht der Öffentlichkeit – das ist »Aufklärung«, wie sie Voltaire versteht und betreibt. Er stellt Nachforschungen an, benennt Zeugen und läßt bei alledem seine Beziehungen spielen. Das kostet viel Zeit, langen Atem und ist ohne eine gehörige Portion Zivilcourage nicht durchzustehen. Einem christlich selbstgerechten Europa schleudert er den Satz ins Gesicht: »Wer mir sagt: denke wie ich, oder Gott wird dich strafen, der wird mir bald sagen: denke wie ich, oder ich bringe dich um.«[5]

Voltaire fühlt sich als Christ – ein Gefühl, das auf fragwürdigen Fundamenten ruht, zugegeben. Aber er ist überzeugt von der Existenz eines Gottes, der diese Welt geschaffen hat. Er ist allerdings keineswegs davon überzeugt, daß diese Welt, wie Leibniz meint, die beste aller möglichen Welten sei: dafür bringt sie zuviel Unglück und zuviel Leid über ihre Bewohner, schon von Natur aus. Als dem Erdbeben von Lissabon im Jahre 1755 dreihunderttausend Menschen zum Opfer fallen, schreibt er im Schock: »Wie grausam die Natur ist! (...) Was für ein trauriges Spiel des Zufalls ist das

Spiel des menschlichen Lebens! Das sollte den Menschen lehren, nicht den Menschen zu verfolgen. Während der Eine den Anderen bekehren will, verschlingt die Erde beide.«[6]

Das Erdbeben von Lissabon bringt Voltaires Überzeugung von Gott als dem Urheber dieser Welt ins Wanken, aber nicht zu Fall. Denn mehr noch als das grausame Spiel der Natur haßt er den Aberglauben, der im Namen eines christlichen Gottesglaubens den Menschen zum Mörder an seinesgleichen werden läßt: »Die Religion, sagt ihr, sei für eine Unmenge Missetaten verantwortlich; sagt lieber, es sei der Aberglaube, der auf unserer trüben Erde herrscht: Er ist der schlimmste Feind der reinen Verehrung, die wir dem höchsten Wesen schuldig sind.«[7]

Vom Tun des Menschen wissen wir viel, sagt er, betrachtet nur seine wahrhaft monströsen Verbrechen. Was aber wissen wir eigentlich von Gott außer der Tatsache, daß er diese im großen und ganzen zweckmäßig angeordnete Welt hervorgebracht haben muß? Was wissen wir denn von ihm? So gut wie nichts: »Wir besitzen keine angemessene Vorstellung von der Gottheit, wir bewegen uns nur mühsam von einer Vermutung zur anderen, von einer Wahrscheinlichkeit zur anderen und gelangen nur zu sehr wenigen Gewißheiten. (...) Wir fühlen, daß wir unter der Hand eines unsichtbaren Wesens leben: Das ist alles, und darüber hinaus können wir nicht weiter vordringen.«[8] Laßt Gott Gott sein, so scheint er sagen zu wollen, und statt ihn als Alibi für eure Verbrechen zu mißbrauchen, sorgt für eine Erde, auf der sich leben läßt: tolerant und menschenwürdig; schafft doch endlich eine kultivierte Welt, an der man Geschmack und Vergnügen findet, mit der man Staat machen kann, in der die einsichtigen Leute mächtig sind und die Mächtigen einsichtig.

Ebendiese Allianz von Geist und Macht, die Voltaire zeitlebens vor Augen hat, hat auch der Preußenkönig Friedrich II. vor Augen, allerdings in umgekehrter Reihenfolge und Betonung, nämlich als Allianz von Macht und Geist. Deshalb gibt der königliche Machthaber keine Ruhe, bis es ihm endlich gelingt, den »grandseigneur des Geistes« an seinen Hof in Berlin zu ziehen. Diese Verbindung geht immerhin zwei Jahre gut. Doch dann mischt sich Voltaire in Finanzgeschäfte, die der König ausdrücklich verboten hat: der Geistesfürst vergreift sich an der Macht. Friedrich hingegen nutzt Voltaire aus, er läßt sich seine holprigen Verse von ihm korrigieren, glänzt in fremdem

Glanz; der König vergreift sich am Geist, sagt auch glatt hinter dem Rücken Voltaires: »Ich brauche ihn höchstens noch ein Jahr: man preßt die Orange aus und wirft sie weg.«[9] Zynischer geht's nicht.
Die angebahnte Allianz zwischen Geist und Macht zerbricht. Bald wird eine ganze Epoche zerbrechen. Fünfundzwanzig Jahre vor dem Sturm auf die Bastille schreibt Voltaire: »Alles, was ich rings um mich geschehen sehe, wirft den Keim zu einer Revolution, die unfehlbar eintritt, von welcher ich aber schwerlich mehr Zeuge sein werde.«[10]

[1] *F. Nietzsche:* Werke in drei Bänden. Hrsg. von *K. Schlechta.* Bd II. München 1966, S. 1118. – [2] Zitiert nach *J. Orieux:* Das Leben des Voltaire. Zwei Bände. Bd I. Frankfurt 1968, S. 76. – [3] Zitiert nach *H. Hettner:* Literaturgeschichte des achtzehnten Jahrhunderts. Zweiter Teil: Die französische Literatur im achtzehnten Jahrhundert. Braunschweig [5]1894, S. 209. – [4] *Voltaire:* Kritische und satirische Schriften. München 1970, S. 132. – [5] Zitiert nach *D. F. Strauss:* Voltaire. Sechs Vorträge. Stuttgart 1941, S. 223. – [6] Zitiert nach *H. Hettner,* a.a.O., S. 187f. – [7] *Voltaire:* Aus dem Philosophischen Wörterbuch. Hrsg. und eingeleitet von *K. Stierle.* Frankfurt 1967, S. 96. – [8] *Voltaire,* a.a.O., S. 92f. – [9] Zitiert nach *J. Orieux,* a.a.O., Bd II. S. 44. – [10] Zitiert nach *H. Hettner,* a.a.O., S. 213f.

Die menschliche Natur: David Hume

** 26.4.1711, † 25.8.1776*

»Philosophie ist, wenn man trotzdem denkt«[1], schreibt *Odo Marquard*. Wieso »trotzdem«? Weil es zugleich erheiternd und betrüblich ist, daß jede Philosophie von Rang mehr Fragen stellt, als sie beantworten kann. Es gibt zwar eine Menge Leute, die auf jede Frage eine Antwort wissen und denen es dank dieser frappierenden Fähigkeit gelingt, das zu konstruieren, was sie als »lückenlose Theorie« oder als »geschlossene Position« bezeichnen. Diese Leute sind vielleicht sehr intelligent, aber Philosophen sind sie sicher nicht. Denn »trotzdem denken« heißt, auch bei der nächsten und übernächsten Verabredung mit der Wirklichkeit beharrlich bleiben, obwohl schon das vorige und vorvorige Stelldichein mit jeder Antwort neue Fragen aufgeworfen hat.

Zu den beharrlichsten Trotzdem-Denkern gehört *David Hume*. Darin liegt seine Größe. Daß jedes gründliche Denken unabschließbar ist, eben weil es den Dingen auf den Grund kommen will, hat schon der Neunundzwanzigjährige beim Niederschreiben seines Erstlingswerks gespürt: »Ehe ich mich aber in jene gewaltigen Tiefen der Philosophie stürze, die noch vor mir liegen, möchte ich einen Augenblick an dem Punkte, an dem ich nunmehr angelangt bin, stehen bleiben und mir die Reise vergegenwärtigen, die ich unternommen habe, und die zu einem glücklichen Abschluß zu bringen ohne Zweifel das Äußerste an Geschicklichkeit und Fleiß erfordert. (...) Wenn ich den Blick nach außen wende, so sehe ich auf allen Seiten Streit, Widerspruch, Zorn, Verleumdung und Herabsetzung. Wenn ich mein Auge nach innen richte, so finde ich nichts als Zweifel und Unwissenheit. (...) Kann ich sicher sein, daß ich der Wahrheit auf der Spur bin (...)? Wo bin ich, oder was bin ich? Aus welchen Ursachen leite ich meine Existenz her, und welches zukünftige Dasein habe ich zu hoffen? (...) Was für Wesen umgeben mich? Auf wen wirke ich oder wer wirkt auf mich? Ich werde verwirrt bei all diesen Fragen. (...) Da die Vernunft unfähig ist, diese Wolken zu zerstreuen, so ist es ein glücklicher Umstand, daß die Natur selbst dafür Sorge trägt und mich von meiner philosophischen Melancholie und meiner Verwirrung heilt, sei es, indem sie die geistige Überspannung von selbst sich lösen läßt, sei es, indem sie mich aus ihr durch einen lebhaften Sinneseindruck, der alle diese Hirngespinste verwischt, gewaltsam herausreißt. Ich esse, spiele Tricktrack, unterhalte mich, bin lustig mit meinen Freunden. Wenn ich mich so drei oder vier Stunden vergnügt habe und dann zu jenen Spekulationen zurückkehre, erscheinen sie mir so kalt, überspannt und lächerlich, daß ich mir kein Herz fassen kann, mich weiter auf sie einzulassen ...«[2]

In diesen Sätzen begegnen nicht nur viele Fragen, mit denen sich Hume ein Leben lang befaßt hat, sondern auch viele Züge seiner Persönlichkeit. Seine Freunde schildern ihn als einen lauteren und liebenswerten Menschen, ohne jede Neigung zur Verstiegenheit und Arroganz. In dem Buch, das über die Jahrhunderte hinweg sein bekanntestes geworden ist, sagt er: »Sei ein Philosoph, doch bei all deiner Philosophie sei ein Mensch.«[3] Als Philosoph hat David Hume nie den menschlichen Alltag vergessen, und als Mensch hat er nie das philosophische Fragen verlernt: »Wenn ich des Vergnügens und der Gesellschaft müde bin und mich in meinem Zimmer oder auf einem einsamen Spaziergang an dem Ufer eines Flusses in Träumereien ergangen habe, so fühle ich mich innerlich wieder ganz gesammelt. Ich verspüre wieder eine natürliche Neigung (...) nach der Erkenntnis des Wesens und der Bedingungen des Staates, nach einer Einsicht in die Ursachen der verschiedenen Affekte und Neigungen, die mich bewegen und beherrschen. Es ist mir unbehaglich, zu denken, daß ich eine Sache billige, eine andere mißbillige, ein Ding schön und ein anderes häßlich nenne, über Wahrheit und Unwahrheit, Vernunft und Torheit entscheide, ohne zu wissen, aus welchen Gründen ich den Entscheid fälle. (...) Diese Gedanken kommen mir in der Verfassung, in der ich mich jetzt befinde, von selbst; ich fühle, wenn ich versuchen wollte, mich einer anderen Beschäftigung oder Zerstreuung zuzuwenden und dadurch jene Gedanken zu verbannen, so würde ich eine Einbuße an innerer Befriedigung erleiden. Das ist der Ursprung meiner Philosophie.«[4]

Mit sechzehn Jahren notierte David Hume, er wolle künftig »wie ein

Philosoph reden«. Seine Familie freilich wollte einen Juristen aus ihm machen, und als dem jungen Studenten der trockene Lernstoff nicht zusagte, sollte er nach elterlichem Beschluß Kaufmann werden. Weil ihn aber auch diese Tätigkeit nicht befriedigte, ging er einige Jahre nach Frankreich und schrieb dort in einem abgelegenen Dorf seinen großen »Traktat über die menschliche Natur«. Der erwartete Ruhm blieb vollständig aus. Niemand beachtete das dreibändige Werk, von dem Hume später sagte: »Es fiel totgeboren aus der Presse.«[5]

In den folgenden Jahren veröffentlichte er eine Reihe von Aufsätzen über Moral, Politik und Nationalökonomie – brillant geschriebene Essays, mit denen er einen gewissen Erfolg hatte. Sie brachten ihm aber nicht genug ein, um davon leben zu können. Hume wurde Gesellschafter eines Marquis, danach Sekretär eines Generals und schließlich Bibliothekar an der juristischen Fakultät in Edinburgh. Diese feste, wenn auch schlecht bezahlte Tätigkeit ließ ihm Zeit, eine sechsbändige »Geschichte Britanniens« zu schreiben – und mit einem Schlage wurde sein Name bekannt.

Voltaire rühmte das Werk in Paris, denn diese Art der Geschichtsschreibung entsprach weithin seinen eigenen Zielen und Interessen. Der Historiker Hume war nicht darauf erpicht, sozusagen millimetergetreu die Geröllhalden der Vergangenheit zu vermessen. In seinen Augen mußte Geschichte als *Geschehen* gestaltet und verstanden werden: »Es gibt wohl kaum eine Tätigkeit, die dem menschlichen Geist angemessener wäre, als die entlegensten Epochen der Welt aufzusuchen und zu beobachten, wie die menschliche Gesellschaft in ihrem Kindheitsstadium die ersten zaghaften Versuche unternimmt, Künste und Wissenschaften hervorzubringen; wie sie die politischen Aufgaben des Regierens meistert, allmählich zivilisierte Gesellungsformen und den Geschmack am Schönen bis zur Vollendung entwickelt (. . .), rückblickend das Menschengeschlecht zu sehen, wie es vom Anbeginn der Zeit vorüberzieht. (. . .) Bedenken wir die Kürze des menschlichen Lebens und unser begrenztes Wissen sogar von dem, was in unserer eigenen Zeit geschieht, so werden wir spüren, daß wir nie mehr begreifen würden, als Kinder begreifen, wäre nicht diese Erfindung, die unseren Erfahrungsspielraum auf alle vergangenen Zeiten ausdehnt und uns zu den entferntesten Völkern führt. Ihr Geschick macht uns erfahrener und verständiger, als hätten wir sie unmittelbar beobachtet. Wer die Geschichte kennt, hat gewissermaßen seit Beginn der Welt gelebt und sein Wissen von Jahrhundert zur Jahrhundert vergrößert.«[6]

Hier spricht ein wacher und genauer Beobachter, der mit Gespür und sicheren Sinnen aufzeichnet, was geschehen ist: Hume belehrt seine Leser, indem er sie unterhält. Ermutigt durch den Erfolg seines Geschichtswerkes, kündigt der Bibliothekar die Stellung, geht als Gesandtschaftssekretär nach Paris und ist dort der umschwärmte Mittelpunkt aller Salons. Er genießt seinen Ruhm, hält ihn aber nicht allzu lange aus und schreibt in einem Brief: »Ich bin entschlossen, die feinen Leute zu verlassen, bevor sie mich verlassen.«[7] Wieder im heimatlichen Schottland, zieht er sich aus der Öffentlichkeit zurück, um zu lesen, nachzudenken, zu schreiben und den geselligen Umgang mit seinen Freunden zu pflegen. 1776 stirbt er »in völliger Ruhe des Geistes«, wie einer seiner engsten Vertrauten berichtet.

Dieser Vertraute und Freund ist übrigens der große Nationalökonom *Adam Smith,* der nach dem Tode Humes dessen Buch »Dialoge über natürliche Religion« herausgibt. Zu Lebzeiten hätte dem Autor die Veröffentlichung dieser Schrift den Hals gebrochen. Hume läßt dort die heikle Frage, ob es möglich sei, einen geistbegabten Urheber der Welt zu beweisen, durch drei Gesprächspartner erörtern, von denen jeder eine andere Position vertritt. Das Überraschende und Anstößige dieser Vorgehensweise liegt darin, daß bis zum Schluß völlig offen bleibt, welche der vorgetragenen Ansichten Hume übernimmt. Er identifiziert sich mit keinem der drei Streithähne, weder mit dem orthodoxen, der einen Schöpfer der Welt für beweisbar hält, noch mit dem skeptischen, der diese Beweisbarkeit in Zweifel zieht, noch mit dem dritten, der keine dieser beiden Positionen teilt. Denn Hume ist offensichtlich daran interessiert, seine Zeitgenossen in ein schwebendes Verfahren einzubeziehen. Er legt ihnen den Gedanken nahe, daß abstrakte Vernunftüberlegungen zu nichts führen, solange ihnen die Bestätigung durch Erfahrungstatsachen fehlt.

Ähnlich behandelt er die moralische oder ethische Frage nach Gut und Böse. Statt von der Geltung allgemeiner und abstrakt vorgegebener Moralprinzipien auszugehen, nach denen die Menschen sich zu richten hätten, beginnt er mit der Beobachtung ihres tatsächlichen Verhaltens. Schließlich muß er feststellen: die Menschen richten sich in Wirklichkeit nicht zuerst nach dem, was ihnen Vernunft oder Verstand vorschreiben, sondern sie folgen – trotz bestehender Verhaltensvorschriften – zuerst ihren Gefühlen. Sie tun, was ihnen sympathisch ist, und unterlassen, was ihnen unsympathisch ist. Dann erst, im nachhinein, werden Wertmaßstäbe zur Beurteilung eingesetzt.

Auch im Bereich des Wissens und Erkennens verfährt er genau umgekehrt wie die bislang vorherrschende Wissenschaft. Statt das Denken des Menschen durch vorausgesetzte Prinzipien bestimmen zu lassen, macht er den Versuch, von bestimmten Erfahrungstatsachen zu allgemein gültigen Regeln und Gesetzen zu kommen. Hume will nach dem Vorbild von *Francis Bacon* und *Isaak Newton* die »erfahrungsgemäße Methode« auf den Geist des Menschen anwenden. Nach ihm besteht Denken nur in dem Vermögen, ». . . das durch Sinne und Erfahrung gegebene Material zu verbinden, zu transponieren, zu vermehren oder zu verringern.«[8] Deshalb kommt die Annahme eines Zusammenhangs zwischen Ursache und Wirkung ausschließlich durch die Erfahrung zustande, »daß gewisse Gegenstände immerdar miteinander verbunden sind«.[9] Die angebliche *Erkenntnis* eines ursächlichen Zusammenhangs zwischen einer rollenden Billardkugel, die eine zweite anstößt und in Bewegung setzt, stammt nach Hume nur aus unserer Gewohnheit. Wir haben so und so oft *gesehen,* daß die zweite Kugel *nach* der ersten rollt; die angenommene Kraftübertragung jedoch – das »Band« zwischen beiden – hat kein Mensch je zu Gesicht bekommen: »Die Wirkung ist nämlich von der Ursache gänzlich verschieden und kann folglich niemals in ihr entdeckt werden.«[10]

Da nur das Nach- und Nebeneinander, niemals aber die seinsmäßige Verknüpfung zu beobachten ist, entspringt die bislang geltende Annahme eines Kausalnexus lediglich der Erfahrung, mag sie auch noch so häufig bestätigt werden. Jeder kann sich an diese Erfahrungsregel halten und hält sich auch daran. Niemand aber kann nachweisen, daß – und wenn ja – was ihr jenseits der »Eindrücke«, die der menschliche Geist zu »Vorstellungen« verarbeitet, an Wirklichkeit entspricht. Nur dieses Insgesamt von »Perzeptionen« im eigenen Inneren bekommt der erkennende Mensch zu fassen, sonst nichts.

Hume gelangt mit dem Vorhaben, die »Leistungsfähigkeit des menschlichen Erkenntnisvermögens«[11] zu erforschen, zu der Überzeugung, daß die bisherige Philosophie – genauer gesagt: das deduzierende

Begriffsdenken der rationalistischen Metaphysik – von falschen Voraussetzungen ausgeht und uneinlösbare Behauptungen erhebt; denn da wird der Bereich des Erfahrbaren, des Empirischen, nicht nur vorzeitig verlassen, sondern sozusagen nicht einmal ernsthaft betreten. Nichtempirische Gegebenheiten sind Hume zufolge weder auf seiten der zu erkennenden Gegenstände noch auf seiten des erkennenden Geistes nachweisbar. Damit verflüchtigen sich Aussagen, die bisher als unumstößliche Prinzipien galten, zu bloßen »Hypothesen« und »Fiktionen«. Was über Eindrücke und Vorstellungen hinausgeht, erklärt Hume für schlechterdings unerkennbar. Damit gewinnt der menschliche Geist die Einsicht, daß sein Spielraum auf den undurchlässigen Bereich ganz und gar »inwendiger«, ständig wechselnder Vorstellungsverknüpfungen eingeengt bleibt, ähnlich einem Gefangenen, dem jeder Ausweg abgeschnitten ist: »Man richte seine Aufmerksamkeit so intensiv als möglich auf die Welt außerhalb seiner selbst, man dringe mit seiner Einbildungskraft bis zum Himmel oder bis an die äußersten Grenzen des Weltalls; man gelangt doch niemals einen Schritt weit über sich selbst hinaus, nie vermag man mit seiner Vorstellung eine Art der Existenz zu erfassen, die hinausginge über das Dasein der Perzeptionen, welche in dieser engen Sphäre [des eigenen Bewußtseins] aufgetreten sind.«[12]

Man gelangt keinen Schritt weit über sich selbst hinaus, solange das Erkennen nicht nur der erste, sondern der einzige Gegenstand des Erkennens bleibt, das heißt solange man dabei bleibt, den Menschen als ein Lebewesen zu betrachten, das verläßliche Wirklichkeit gleichsam nur von innen bezieht. Ein solches Lebewesen aber *ist* der Mensch nicht, und zum Glück – so Hume – sind außer einigen weltfremden Philosophen, die sich einbilden, der Mensch *wäre* so, alle anderen Menschen völlig unangefochten von solchen melancholischen Grübeleien. Die meisten Menschen verlassen sich unmittelbar, von Zweifeln frei, denkend und handelnd auf ihren gesunden Menschenverstand. Denn eine Gesellschaft von Zweiflern, die sich dauernd mit dem Problem herumschlüge, was irrtumslos erkennbar ist und was nicht, würde sehr bald zugrunde gehen. Die Lebenspraxis des Alltags, in der die konkreten Gegebenheiten und Bedürfnisse der menschlichen »Natur« ihr Recht einfordern, gefühls- und gewohnheitsmäßig zu urteilen und zu handeln, führt jeden Menschen dazu, von den ungelösten und unlösbaren Problemen abzusehen. Auch der skeptischste Philosoph muß, solange er nicht philosophiert, die Frage nach Existenz und »Wesen« der Dinge ebenso auf sich beruhen lassen wie die Frage nach Existenz und »Wesen« des menschlichen Geistes.

Allerdings wird damit die reflexiv gewonnene Einsicht in die Unerkennbarkeit von Welt und Geist nicht hinfällig. Im Gegenteil, sie bleibt in ihrer ganzen Härte gültig, und der Widerstreit zwischen gründlichen Überlegungen und unbedachten Gewohnheiten erweist sich nun erst als das, was er ist: als unschlichtbarer Konflikt zwischen zwei verschiedenen, aber mit gleicher Wucht sich aufdrängenden Erfahrungen. Wofür soll man sich da entscheiden? Wofür entscheidet sich Hume angesichts dieses offenbar definitiven Entweder-Oder? Entscheidet er sich für das vernünftige Denken allein, so verrät er das gewöhnliche Leben und damit eine »Seite« jener menschlichen Natur, deren Prinzipien er ergründen will. Entscheidet er sich für das gewöhnliche Leben allein, so verrät er die Vernunft und damit die andere »Seite« der menschlichen Natur. Wofür also entscheidet er sich? Statt die Tatsache zweier sich widerstreitender Orientierungsmodelle zu leugnen, statt einem von ihnen auf Kosten des anderen ausschließliche Gültigkeit zuzusprechen, hat er im klaren Bewußtsein des bleibenden Konflikts dazu aufgefordert, die unleugbar bestehende Spannung zwischen philosophischem Problemdenken und Alltagsverstand auszuhalten.

Hume ist vor allem deswegen groß, weil er die bestehende Gegenstrebigkeit gelten läßt, statt sich diesem beständigen »Kampf und Gegensatz«[13] zu entziehen. Er läßt sich weder von den Bedürfnissen des Alltagsverstandes noch von den uneinlösbaren Forderungen der Reflexion zum Denkverzicht verleiten. Statt die eine »Instanz« auf Kosten der anderen preiszugeben, erkennt und anerkennt er ihre Grenzen. Hume bleibt unterwegs zwischen diesen Grenzen. Dieses Verfahren hat etwas Gewaltloses, weil es dem denkenden und handelnden Menschen die Freiheit läßt, auf der Suche zu bleiben nach dem, was sein Leben in Wirklichkeit ausmacht. Darum ist Hume, anders als die meisten Philosophen vor ihm und nach ihm, jederzeit bereit, seine eigenen Schlußfolgerungen zu korrigieren und sogar über den Haufen zu werfen, wenn die Wirklichkeit der menschlichen oder außermenschlichen Natur dagegen spricht. Er, der sich selbst als gemäßigten Skeptiker bezeichnet, will aus seiner Art zu denken keine lückenlose Theorie und keine geschlossene Position machen: »Ein richtiger Skeptiker wird seinen philosophischen Zweifeln ebenso sehr mißtrauen wie seiner philosophischen Überzeugung.«[14]

David Hume ist sicher der bedeutendste britische Philosoph der Neuzeit. Dennoch haben die Briten knapp zwei Jahrhunderte lang nichts Rechtes mit ihm anzufangen gewußt. Und in Deutschland hat man diesen überragenden Denker zum bloßen Stichwortgeber für *Immanuel Kant* verzwergt, der zwar ausdrücklich bekennt, er sei von Hume aus seinem »dogmatischen Schlummer« erweckt worden, der ihm aber wenige Zeilen später unterstellt, daß er »sein Schiff, um es in Sicherheit zu bringen, auf den Strand (des Scepticism) setzte, da es denn liegen und verfaulen mag ...«[15] Humes Grundhaltung der Offenheit für ungelöste und vielleicht für immer unlösbare Fragen hatte hierzulande noch nie einen hohen Kurswert. Erst in jüngster Zeit haben einige Deutsche damit angefangen, sein Denken ebenso ernst zu nehmen wie die eigene – kontinentale – Geistestradition.

Bertrand Russell entwirft in einer seiner Kurzgeschichten, zusammengefaßt unter dem Titel »Alpträume hervorragender Personen«, die Vision von einer Abteilung in der Hölle, deren Insassen mit ausgeklügelten Qualen bedacht werden. Der Raum ist jenen Philosophen vorbehalten, die Humes Denken verworfen haben – und Russell bemerkt mit hintergründiger Ironie: »Diese Philosophen sind zwar in der Hölle, aber hinzugelernt haben sie nichts.«[16]

[1] *O. Marquard:* Exile der Heiterkeit, in: *W. Preisendanz u. R. Warning (Hrsg.):* Das Komische. München 1976, S. 133. – [2] *D. Hume:* Ein Traktat über die menschliche Natur. Buch I–III. Hamburg 1973 (Buch I), S. 341f., 346f. – [3] *D. Hume:* Eine Untersuchung über den menschlichen Verstand. Stuttgart 1967, S. 21 (Übersetzung vom Verfasser abgewandelt). – [4] *D. Hume:* Ein Traktat, a.a.O., (Buch I), S. 349. – [5] So schreibt Hume in seinem autobiographischen Abriß »My Own Life« vom 18. 4. 1776, veröffentlicht in: *D. Hume:* The Philosophical Works. Ed. by Th. H. Green and Th. H. Grose in IV. Vol.s, London 1882 (Reprint Aalen 1964). Vol. III, p. 2. – [6] Ebd., Vol. IV, p. 398f. (Übersetzung vom Verfasser). – [7] Zitiert nach *R. Metz:* David Hume. Leben und Philosophie. Stuttgart 1929 (Reprint 1968), S. 63. – [8] *D. Hume:* Eine Untersuchung, a.a.O., S. 33. – [9] Ebd., S. 43. – [10] Ebd., S. 46. – [11] Ebd., S. 3. – [12] *D. Hume:* Ein Traktat, a. a. O., Buch I, S. 92. – [13] Ebd., S. 283. – [14] Ebd., S. 352. – [15] *I. Kant:* Prolegomena zu einer jeden künftigen Metaphysik, die als Wissenschaft wird auftreten können, in: Akademie-Ausgabe. Bd IV. Berlin 1903 (Reprint 1968), S. 260, 262. – [16] Zitiert nach *E. C. Mossner:* The Enlightment of David Hume, in: Rivista critica di storia della filosofia XXII (1967). S 390.

Spürsinn und Begeisterung: Denis Diderot

** 15.10.1713, † 31.7.1784*

Er kommt nie zur Ruhe, es liegt ihm nicht, diesem Irrwisch, den alles begeistert, was ihn rührt, und den alles rührt, was ihn begeistert. Empfindungen werden bei ihm zu Gedanken, Wünsche zu Utopien, Ängste zu Anklagen, Verbote zu Ausschweifungen. *Denis Diderot*, der Schriftsteller mit dem vierzehnstündigen Arbeitstag, schreibt, was er genießt, und genießt, was er schreibt. Als Genießer ist der Mann ursprünglich: ein Anarchist der Leidenschaften, schöpfend aus ureigener Quelle. Sein leiblicher Vater ist Messerschmied, ein solider Handwerker, umsichtig und geradlinig. Sein philosophischer Vater ist *John Locke,* ein scharfer Analytiker und Europas Vorkämpfer für Toleranz. Sein literarischer Vater ist *Lawrence Sterne,* der Vollblut-Erzähler des »Tristram Shandy«. Dreierlei Väter – dreierlei Mitgift.

Unersättlich im Verzehren, unermüdlich im Verschenken seines Erbes, ist dieser Mensch ein Genie der Vermittlung – der teilnehmenden und teilgebenden Vermittlung. Geboren in Langres auf den östlichen Hängen der Champagne, schreibt er von seiner Heimat und von sich: »Die Bewohner dieses Landes haben viel Geist, viel Impulsivität und eine wetterwendische Unbeständigkeit; das hängt, denke ich, mit den besonderen Witterungsverhältnissen zusammen, die in vierundzwanzig Stunden von Kälte in Hitze umschlagen, von Ruhe in Gewitter, von heiterem Himmel in Regen. (. . .) Mit einer verblüffenden Beweglichkeit in ihren Empfindungen, ihren Wünschen, Plänen, Träumen und Gedanken sprechen sie dabei langsam. Was mich betrifft, so gehöre ich zu diesem Land; nur haben mein Aufenthalt in Paris und die ständige Kontrolle meiner selbst manches gebessert.«[1]

Der Vater tobt, als der heranwachsende Sohn weder Priester noch Jurist werden will und fest erklärt, nie einen bestimmten Beruf wählen zu

wollen, nur so könne er seinem Drang nach möglichst allseitigem Wissen folgen. Diderot gibt Unterricht, übernimmt schriftliche Auftragsarbeiten, lebt zehn Jahre lang teils zurückgezogen, teils in mittelmäßiger bis schlechter Gesellschaft, übersetzt dickleibige Nachschlagewerke aus dem Englischen, lebt immer von der Hand in den Mund, aber ungebunden. Er ist Anfang dreißig, als er mit eigenen Arbeiten beginnt, darunter »Die indiskreten Kleinode«, eine frivole Erzählung mit vielfältig eingestreuten Theoriesplittern über Roman und Theater, zündender Funke für Lessings »Hamburgische Dramaturgie«. Das 32. Kapitel schildert eine Traumreise ins Reich der Hypothesen, also ins Reich der spekulativen Hirngespinste, in den Palast der luftigen Denkkonstruktionen, die zum Einsturz gebracht werden durch die kraftvolle Größe der sinnlichen Erfahrung.
Hier kann man sehen, was Diderot als Literat von John Locke, dem Philosophen, gelernt hat und was er daraus macht: »Wir waren schon lange unterwegs, als ich im grenzenlosen Raum ein Gebäude gewahrte, das wie von Zauberkraft gehalten schien. Es war weitläufig. An seinen Grundfesten ließ sich nichts aussetzen – denn es hatte keine. (...) Indessen, ermuntert durch die Zahl der Einwohner und die bemerkenswerte Sicherheit im Ausdruck ihrer Gesichter, (...) mische [ich] mich unter die Menge (...) und gelange zu einer Tribüne, der ein großes Spinnennetz als Baldachin diente. (...) Sie schien mir gleichsam auf einer Nadelspitze zu ruhen und so sich im Gleichgewicht zu halten. Ich zitterte heftig um die Gestalt, die auf ihr stand. Es war ein langbärtiger Greis. (...) ›Wer seid Ihr? Wo bin ich? Und wer sind alle diese Leute?‹, fragte ich ohne Umschweife. – ›Ich bin Plato‹, antwortete er. ›Ihr befindet Euch im Reich der Hypothesen, und alle diese Leute sind Systematiker‹. (...) ›In der Nähe dieser Säulenhalle besitze ich ein kleines Heiligtum, dorthin führe ich die von den Systemen Enttäuschten‹ (...)
[Da] sah ich in der Ferne ein Kind auftauchen, das gemessenen, aber sicheren Schritts auf uns zukam. Es besaß einen kleinen Kopf, einen schmächtigen Körper, dünne Arme und kurze Beine; aber während es sich näherte, nahmen alle seine Gliedmaßen an Umfang und Länge zu. Bei diesem schrittweisen Wachstum erschien es mir in hunderterlei Gestalt; ich sah es ein langes Teleskop gen Himmel richten, mit einem Pendel den Fall der Körper abschätzen, mit einem Röhrchen voll

Quecksilber die Schwere der Luft feststellen und mit dem Prisma in der Hand das Licht zerlegen. Mittlerweile war es ein gewaltiger Koloß geworden; sein Kopf stieß an den Himmel, seine Füße verloren sich im Abgrund, und seine Arme breiteten sich von Pol zu Pol. Es schwang in der Rechten eine Fackel, deren Licht weithin die Lüfte erleuchtete, die Tiefen der Wasser erhellte und die Eingeweide der Erde durchdrang.
›Wer ist diese Riesengestalt, die sich auf uns zubewegt?‹, fragte ich Plato. – ›Die Erfahrung‹, erwiderte er. Kaum hatte er diese knappe Antwort gegeben, als ich sah, wie die Erfahrung näher trat und die Säulen der Hypothesen-Halle zu schwanken und die Gewölbe einzustürzen begannen, während der Boden sich unter unseren Füßen öffnete. ›Fliehen wir‹, sagte Plato noch, ›fliehen wir; denn dieses Gebäude dauert keine Sekunde länger.‹ Bei diesen Worten enteilt er; ich folge ihm. Der Koloß ist da, er schlägt auf die Halle, die unter fürchterlichem Getöse in Trümmer fällt, und ich erwache.«[2]
Schon bald wird der überaus produktive Diderot – die jüngste Edition seiner Werke ist auf dreißig Bände angelegt –, der Frechdachs mit der scharfen und immer eleganten Feder, als gottloser Mensch denunziert, der gefährliche Bücher schreibe, und dafür büßt Diderot mit hundert Tagen Gefängnishaft. Kritisiert doch dieser federfuchsige »Pinscher«, dem nichts heilig scheint, den blinden Glaubensgehorsam und will selbst denken, aufklären sogar im Tabubereich der Religion: »In einem riesigen Wald nachts verirrt, besitze ich zur Orientierung nur eine kleine Kerze; kommt ein Unbekannter vorbei und sagt zur mir: ›Lieber Freund, lösch doch deine Kerze aus, damit du den Weg besser findest!‹ Dieser Unbekannte ist ein Theologe. – Wenn Gott, dem wir die Vernunft verdanken, das Opfer dieser Vernunft verlangt, dann ist er ein Taschenspieler, der wieder verschwinden läßt, was er gegeben hat.«[3]
Ab 1745 erscheinen die ersten Bände der großen Französischen Enzyklopädie. Mehr als zwanzig Jahre ist Diderot zusammen mit *d' Alembert* Herausgeber dieses gigantischen Unternehmens. Er selbst liefert mehr als tausend(!) Artikel, darunter beispielsweise den zum Stichwort »Genie«, das er auf charakteristische Weise sehr persönlich abhandelt. Dieses Kabinettstück liest sich wie ein Stück seiner intellektuellen Autobiographie: »Geistige Weite, Einbildungskraft und seelische Regsamkeit: all das zusammen bedeutet Genie (. . .) Genial ist der Mensch, dessen Seele die größte Weite hat, also von allen Dingen Empfindun-

gen erfährt, Anteil an allem nimmt, was in der Natur existiert, und deshalb keine Idee empfängt, ohne daß in der Seele ein Gefühl geweckt wird. (. . .) Ist das Genie von Gegenständen umgeben, mit denen es sich beschäftigt, so erinnert es sich nicht, sondern schaut; doch beschränkt es sich nicht auf das Schauen, sondern wird dadurch bewegt.«[4]
Diderot, der Herausgeber, ist immer unter dem Druck, die Mitarbeiter zusammenzuhalten, zu ermuntern, zu mahnen, ausscheidende Autoren durch neue zu ersetzen; seine Last wird geradezu handgreiflich spürbar in einem Brief an Voltaire: »Ob ich Ihre Artikel möchte, sehr geehrter Herr und verehrter Meister!, kann es darüber einen Zweifel geben? Und müßte man nicht nach Genf reisen und Sie auf Knien darum bitten, wenn man sie anders nicht bekommen könnte? Wählen Sie selbst. Schreiben Sie. Schicken Sie, und schicken Sie uns oft etwas.«[5]
Doch weitaus zermürbender ist der Druck, ständig denunziert, attakkiert, verfolgt und verboten zu werden, womit er allerdings rechnen mußte, denn die ganze Enzyklopädie, dieses einzigartige Wörterbuch, gleicht einem riesigen Warenlager, das nicht nur gesteckt voll ist mit Kisten und Kästen von Wissen, sondern auch mit sorgfältig eingeschmuggelten Waffen, den Waffen umstürzlerischer Ideen. Der »Trick« besteht darin, daß man sich in den anstößigen Artikeln rechtgläubig gibt und politisch konform, während an ganz anderen Stellen, wo niemand es vermutet, die Kritik versteckt ist, zumindest zwischen den Zeilen.
1762 wird Diderot von der russischen *Kaiserin Katharina* eingeladen, das Werk in St. Petersburg zu vollenden. »Man bietet mir volle Freiheit, Schutz, Ehre, Geld, glänzende Stellung. Was sagt Ihr dazu? In Frankreich, im Lande der Bildung, der Wissenschaft, der Kunst, des guten Geschmacks, der Philosophie verfolgt man uns; und dort in den barbarischen und eisigen Feldern des Nordens reicht man uns die Hand zu freundlicher Aufnahme!«[6] So schreibt Diderot seiner Freundin *Sophie Volland*. Er muß zwar ablehnen, weil er an den Buchhändler und Eigentümer der Enzyklopädie vertraglich gebunden ist, doch als der Kaiserin zu Ohren kommt, daß Diderot seine Bibliothek verkaufen will, um seiner Tochter eine Mitgift zu sichern, findet sie einen anderen Weg, den hochgeschätzten Mann zu honorieren. Sie kauft seine Bibliothek unter der Bedingung, daß er sie auf Lebenszeit behält und für ein jährliches Gehalt verwaltet. Zwei Jahre später läßt sie ihm dieses

Bibliothekarsgehalt auf fünfzig Jahre im voraus bezahlen, was Diderot die Bemerkung entlockt: »Nun bin ich bei meiner Ehre verpflichtet, noch fünfzig Jahre zu leben.«[7] Katharina lädt Diderot immer wieder an ihren Hof, und 1767 willigt er ein. Überwältigt von seinem Zauber schreibt die Kaiserin an *Voltaire*: »Ich sehe ihn (...) sehr oft. Unsere Unterhaltungen nehmen kein Ende; Diderot hat eine unerschöpfliche Phantasie, ich halte ihn für einen der außerordentlichsten Menschen, die je gelebt haben.«[8]

Alle seine Erzählungen und Romane, die meisten postum erschienen, sind dialogisch angelegt: im Pro und Contra von Gegensätzen, wie Verstand und Gefühl, Verstellung und Wahrhaftigkeit, aber auch im Wechselspiel zwischen einsam und gemeinsam – so in der Erzählung »Die Nonne« – oder zwischen Herr und Knecht, wie in dem Roman »Jacques der Fatalist«. Die Handlungsfäden sind dünn, die hin und her schießenden Gesprächs- und Argumentationsketten dafür um so stärker. Die deutschen Dialogiker und Dialektiker *Lessing, Herder, Wieland, Hamann, Hegel* und *Marx* haben das bald bemerkt und ihrem Anreger gedankt: jenem Diderot, der seinerseits geradezu seismographisch sensibel war für fremde Anregungen und zurückblieb hinter denen, die er angeregt hat. »Ich lernte beim Lehren, und aus einigen habe ich gute Schüler gemacht«[9], heißt es in seinem Roman »Rameaus Neffe«, den *Goethe* ins Deutsche übersetzte.

Auch dieser Roman ist ein langer Dialog, ein Caféhausgespräch zwischen Diderot und einem heruntergekommenen Musiker, in dem freilich viel von Diderots »Zweitem Ich« zum Vorschein kommt. Es ist ohnehin zu vermuten, daß Diderots literarisch-dichterische Arbeiten – an denen er übrigens Jahre bis Jahrzehnte schreibt, während anderes oft eruptiv in wenigen Tagen und Nächten entsteht –, daß dieser Teil seiner Produktion in erster Linie persönlichen Absichten dient, daß die »versuchte Nähe« zum sonst Verdeckten und Versteckten dabei das eigentliche Schreibmotiv abgibt. Leichtfüßig und ungezwungen beginnt »Rameaus Neffe« mit den Zeilen: »Ob schönes, ob garstiges Wetter – ich bin's gewohnt, gegen fünf Uhr abends im Palais Royal spazierenzugehen. Stets allein, in Gedanken versunken, sieht man mich auf der Bank von Argenson. Hier unterhalte ich mich mit mir selbst: über Politik, Liebe, Geschmack oder Philosophie. Ich überlasse meinen Geist seiner ganzen Leichtfertigkeit; er mag der erstbesten Idee, die sich einstellt, sei sie klug oder närrisch, folgen, wie unsre lockeren Jünglinge in der Allée de Foy einer Kurtisane mit kesser Miene, lachendem Gesicht, lockenden Blicken und stupsiger Nase nachsteigen, diese wieder verlassen, um einer anderen zu folgen, mit jener anbändeln und sich an keine binden. Meine Gedanken sind meine Dirnen.«[10]

Denis Diderot wirkt manchmal schal, weil er unablässig interessant sein will. Er ist aber schon deshalb ein seltener Mensch, weil es ihm gelingt, seine überschäumende Lebendigkeit bis zur Neige auszukosten – und sich auch noch dabei zuzusehen.

[1] Zitiert nach *R. Minder:* Diderot, ein stürmischer Freund der Menschen, in: *ders.:* Dichter in der Gesellschaft. Erfahrungen mit deutscher und französischer Literatur. Frankfurt 1966, S. 35f. – [2] *D. Diderot:* Sämtliche Romane und Erzählungen in zwei Bänden. Bd I. München 1979, S. 134–137. – [3] Zitiert nach *G. Funke (Hrsg.):* Die Aufklärung. In ausgewählten Texten dargestellt und eingeleitet. Stuttgart 1963, S. 327. – [4] *D. Diderot:* Enzyklopädie. Philosophische und politische Texte aus der »Encyclopédie« sowie Prospekt und Ankündigung der letzten Bände. München 1969, S. 175f. – [5] *Voltaire:* Korrespondenz aus den Jahren 1749 bis 1760. Leipzig 1978, S. 214. – [6] Zitiert nach *H. Hettner:* Literaturgeschichte des achtzehnten Jahrhunderts. Zweiter Teil: Die französische Literatur im achtzehnten Jahrhundert. Braunschweig ^{5}1894, S. 292. – [7] Ebd. – [8] Ebd., S. 292f. – [9] *D. Diderot:* Sämtliche Romane und Erzählungen, a.a.O., Bd II, S. 29. – [10] Ebd., S. 7.

Die Fackel der Vernunft: Jean le Rond d'Alembert

** 16.11.1717, † 29.10.1783*

Wie schafft man sich ein unwillkommenes Kind vom Hals? *Madame de Tencin,* strahlender Mittelpunkt eines Pariser Salons, und der Ingenieur-Offizier *Destouches* wußten Rat. Sie wählten einen weder besonders originellen noch gerade edlen Ausweg und kamen überein, ihren außerehelichen Sohn auszusetzen. Der Säugling wurde auf den Treppen einer Kapelle, unweit von Notre Dame, deponiert. St. Jean le Rond hieß die Kapelle – ein Baptisterium, das schon lange nicht mehr steht –, und nach diesem Fundort wurde das Kind benannt. *Jean le Rond d'Alembert*, wie er sich später nannte, 1717 in Paris geboren, zu schwach fürs Findelhaus und von einer Glasersfrau liebevoll erzogen, wurde, zehnjährig, von einem seiner Lehrer mit dem Bescheid entlassen, daß er bei ihm nichts mehr lernen könne. Der Junge studierte Theologie, verwarf sie und warf sich auf die Zahlen. Der Jüngling mauserte sich zum Rechengenie. Mit Abhandlungen über Fragen der Mathematik und der Physik, die bis dahin keiner lösen konnte, löste der Zweiundzwanzigjährige sein Entreebillett, vorderste Reihe, im Theater der wissenschaftlichen Welt. Es folgten Arbeiten zur Geschichte, zur Literatur, zur Musik, zur Religion, zur Philosophie.

Ist da jemand, der gegen seinen Willen zum »Aussteiger« gemacht wurde, zum willfährigen »Einsteiger« geworden, zum flinken Vielschreiber und talentierten Tausendsassa? Auf den ersten Blick sieht es so aus. Daß jedoch eine überlegte und überlegene Konzeption dahinterstand, spiegelt sich weniger in dem überaus honorigen Vorschlag der russischen *Kaiserin Katharina,* er möge für eine Jahresrente von 100000 Livres ihren Sohn erziehen. Dem solchermaßen eingeladenen Sohn der adligen Madame de Tencin, der das Licht der Welt als Findelkind kennenlernte, muß dieses glänzende Anerbieten grotesk erschienen sein. D'Alembert lehnte ab. Vielleicht nur aus Liebe zu seiner Stiefmutter, in deren kleiner Wohnung er nach wie vor lebte, obwohl ihm die Enge auf die Nerven ging. So beginnt einer seiner Briefe an *Voltaire,* dessen Haus in Lausanne direkt am Genfer See lag, mit dem Satz: »Sie schreiben mir, mein verehrter und großer Philosoph, von Ihrem Bett aus, von wo Sie den See über zehn Meilen sehen, und ich aus meinem armseligen Loch, wo ich ein Stück Himmel sehe, das drei Ellen mißt.«[1]

Vielleicht war es aber auch so, daß der Gedanke an eine hochbezahlte Hauslehrerstelle im fernen Petersburg etwas Beengendes für ihn hatte – ohne Aussicht auf öffentliche Anerkennung, ohne eine Chance für sein Land, für seine Zeit, für den Geist seines Jahrhunderts. D'Alembert war nicht eitel, aber zielsicher. Er wußte schon früh, was er wollte, und er wollte mit dem, was er wußte, seinen Zeitgenossen die Augen öffnen für ein neues Licht, das schon glimmte, aber noch nicht leuchtete; für einen neuen Strom, der schon angeschwollen, aber noch kein Bett gefunden hatte: »Sobald man das Jahrhundert, in dessen Mitte wir stehen, aufmerksam betrachtet, sobald man sich die Ereignisse, die sich vor uns abspielen (...), vergegenwärtigt, so wird man ohne Mühe gewahr, daß sich in allen unseren Ideen ein bemerkenswerter Wandel vollzogen hat: ein Wandel, der durch seine Schnelligkeit noch eine weit größere Umwälzung für die Zukunft verspricht. (...) Diese Gärung, die nach allen Seiten hin wirkt, hat alles, was sich ihr darbot, mit Heftigkeit ergriffen, gleich einem Strom, der seine Dämme durchbricht. (...) Neues Licht, das über viele Gegenstände verbreitet wurde; neue Dunkelheiten entstanden, waren die Frucht dieser allgemeinen Gärung der Geister: wie die Wirkung von Ebbe und Flut darin besteht, manches Neue ans Ufer zu spülen und wieder anderes von ihm loszureißen.«[2]

Von den britischen Inseln waren der Strom und das Licht selbständigen Denkens über den Kanal gedrungen. »Aufklärung« hieß das neue Licht, und der es aus eigener Kraft zum Leuchten brachte, der neue »Vater der Lichter«, wohnte nicht mehr im Himmel, sondern auf Erden. Sein Name lautete »Mensch«, und der Stein, aus dem er Funken schlug, hieß »Vernunft«. Die tausendfach aufflammende Fackel des vernünftigen Denkens aber, in England entzündet, entfaltete im Frankreich des 18. Jahrhunderts ihre größte Leuchtkraft in einem einzigartigen Sammelwerk, in der »Enzyklopädie«. Von *Diderot* und d'Alembert herausgegeben, lautet der volle Titel dieses fünfunddreißigbändigen Mammutunternehmens »Enzyklopädie oder vernünftiges Wörterbuch der Künste, Wissenschaften und Gewerbe«.

Entstanden in einer ähnlich lexikonbesessenen Zeit wie der unseren, hatte auch dieses Lexikon seine Vorläufer, und zwar einen indirekten französischen in dem 1695–97 erschienenen Wörterbuch des *Pierre Bayle*, und einen direkten englischen in der 1727 erschienenen »Cyclopaedia« von *William* und *Robert Chambers*. Doch abgesehen von deren weitaus geringeren Umfängen reichte keines der beiden Nachschlagewerke an die Konzeption und an den riesigen Mitarbeiterstab der »Enzyklopädie« heran. In einem Artikel zum Stichwort »Enzyklopädie« schreibt Denis Diderot: »Tatsächlich zielt eine Enzyklopädie darauf ab, die auf der Erdoberfläche verstreuten Kenntnisse zu sammeln, das allgemeine System dieser Kenntnisse den Menschen darzulegen, mit denen wir zusammenleben, und es den nach uns kommenden Menschen zu überliefern, damit die Arbeit der vergangenen Jahrhunderte nicht nutzlos gewesen sei; damit unsere Enkel nicht nur gebildeter, sondern gleichzeitig auch tugendhafter und glücklicher werden, und damit wir nicht sterben, ohne uns um die Menschheit verdient gemacht zu haben.«[3]

Wissen um seiner selbst willen war also nicht gefragt. Es gab wohl nie ein Unternehmen, das sich anspruchsvollere Ziele gesetzt und, allen äußeren wie inneren Schwierigkeiten zum Trotz, diese Ziele mit beispielloser Durchhaltekraft im wesentlichen auch realisiert hat. 1751 erschien der erste Band mit dem »Discours préliminaire«, der berühmten Einleitung d'Alemberts, die den Erfolg des ganzen Unternehmens begründete: »Das Werk, dessen ersten Band wir hiermit vorlegen, verfolgt zwei Ziele. Als *Enzyklopädie* soll es, soweit dies möglich ist, die Ordnung und die Verknüpfung der menschlichen Kenntnisse darlegen. Als *methodisches Sachwörterbuch der Wissenschaften, Künste und Gewerbe* soll es von allen Wissenschaften und allen Künsten – den freien wie den mechanischen – die allgemeinen Prinzipien, auf denen sie beruhen, sowie die wichtigsten Einzelheiten, die ihre Hauptsache und Substanz bilden, enthalten.«[4]

Das alphabetisch angeordnete Werk wollte nicht nur belehren, sondern unterhaltsam zu lesen sein. Deshalb sind die meisten Artikel in ansprechendem Stil und nicht selten sogar spannend geschrieben. Die »Enzyklopädie« wollte aber vor allem, über die plausible und im Endeffekt humanisierende Vermittlung von Kenntnissen hinaus, ein Forum der Auseinandersetzung sein. Gründe und Gegengründe hatten das Wort: Vernunft gegen Aberglauben, Toleranz gegen Unterdrückung. Den angemaßten Autoritäten des Ancien Régime, den geistlichen wie den weltlichen, den philosophischen wie den politischen Willkürmaßnahmen sollte der Prozeß gemacht werden. Denn sie waren es, die den stetigen Fortschritt des menschlichen Geistes behinderten: »So zwang der Mißbrauch der geistlichen Autorität im Bunde mit der weltlichen die Vernunft zum Schweigen, und es fehlte wenig, daß man dem Menschengeschlecht das Denken verboten hätte.«[5]

Doch obwohl dieser Mann die alten Bevormundungen abschütteln wollte und sein Freiheitspathos ernstzunehmen ist; obwohl die »Encyclopédie« der Französischen Revolution den Boden bereitet hat, wäre es falsch, in d'Alembert einen Revolutionär zu sehen. Weniger deshalb, weil er von sich selbst gesteht: »Wie glücklich sind doch diejenigen, denen der Mut zustatten kommt; ich, ich habe keinen«[6], sondern weil *sein* Anteil in einer Art von Gerechtigkeit zu liegen scheint, jedenfalls nicht in gewaltsam herbeigeführten Machtverschiebungen. Vielleicht sind es gerade die Handwerker, meint er, »bei denen man die bewunderungswürdigsten Beweise für den Scharfsinn des Geistes, für seine Beharrlichkeit und seine Hilfsmittel zu suchen hat (...), warum erfreuen sich diejenigen, denen wir die Spindel, die Hemmung und das Schlagwerk der Uhren verdanken, nicht ebenso großer Achtung wie diejenigen, die an der allmählichen Vervollkommnung der Algebra gearbeitet haben?«[7]

Noch dümmer wäre es freilich, d'Alembert als Materialisten und Atheisten einzustufen. Wenn unbedingt ein Etikett herhalten soll, um seine Geisteshaltung zu charakterisieren, dann müßte man ihn trotz seines Vertrauens in die aufklärende Kraft der Vernunft am ehesten als Agnostiker bezeichnen, das heißt als einen, der jede Wirklichkeit in ihrem Innersten für unerkennbar hält: »Die Natur des Menschen (...) ist für den Menschen selbst (...) ein undurchdringliches Geheimnis. Die größten Geister bringen es durch angestrengtes Nachdenken über diesen so wichtigen Gegenstand häufig nur dahin, daß sie noch etwas weniger davon verstehen als die übrigen Menschen. Man kann das auch

von unserer gegenwärtigen und zukünftigen Existenz sagen, von dem Wesen, dem wir sie verdanken, und von der Art der Verehrung, welche dieses Wesen von uns fordert.«[8]
Tatsächlich sahen d'Alembert und seine Mitarbeiter die Religion sehr viel differenzierter und komplizierter, und zwar aus zwei Gründen. Erstens ist jedes Denken, das auch nur einigermaßen gründlich vorgeht, das Gegenteil von Schwarzweißmalerei, und zweitens ist solches Denken nie eine marktgängige Ware. Darum erklärt der Literatursoziologe *Lucien Goldmann* zu Recht: »Was allerdings die religiösen Ideen der Enzyklopädisten betrifft, so muß man zwischen dem ›offiziellen‹, in der Enzyklopädie eingenommenen Standpunkt und ihrem wirklichen Denken (...) unterscheiden. Die Enzyklopädie war einerseits ein bedeutendes kämpferisches Unternehmen gegen die Vorurteile, das Unwissen und das ›ancien régime‹, andererseits aber auch ein den Behörden verdächtiges, bedeutendes ökonomisches Unternehmen. (...) Daher wird in vielen Artikeln der Enzyklopädie die Wahrheit der christlichen Religion und der positive Charakter der französischen Monarchie (...) betont. Das verhinderte keineswegs, daß der eigentliche Inhalt der Artikel dazu geeignet war, bei konsequent denkenden Lesern gerade solche Behauptungen fraglich werden zu lassen und die gegenteiligen Überzeugungen zu erwekken.«[9]
D'Alembert hatte also nach außen, vor den Behörden, einen höchst riskanten Kurs zu steuern, und er hatte außerdem nach innen eine Vielzahl höchst gegensätzlicher Mitarbeiter mit ihren höchst gegensätzlichen Artikeln zu koordinieren. Deshalb ist sein der Encyclopédie vorangeschickter Aufruf zu wechselseitigem Respekt der verschiedenen Begabungen im Reich der Geister vielleicht nur vordergründig den Lesern und in Wirklichkeit den Autoren zugedacht: »Der Dichter und der Philosoph behandeln sich gegenseitig als Verrückte, die sich an Hirngespinsten weiden. Beide betrachten den Gelehrten als eine Art Geizhals, der, ohne zu genießen, nur ans Anhäufen denkt und die wohlfeilsten wie die kostbarsten Metalle wahllos zusammenrafft. Der Gelehrte, der überall dort, wo er nichts von Tatsachen liest, nur Worte sieht, verachtet den Dichter und den Philosophen. (...) Die Schriftsteller würden ihre Interessen besser wahrnehmen, wenn sie sich nicht voneinander zu isolieren suchten,

sondern zu der Erkenntnis kämen, daß sie mit ihren Arbeiten aufeinander angewiesen sind und sich gegenseitig unterstützen können.«[10]
Nichts gibt einen so genauen und lebendigen Einblick in die Werkstatt des Herausgebers d'Alembert wie sein Briefwechsel mit Voltaire in den fünfziger Jahren des 18. Jahrhunderts. Eine Handvoll herausgerissener Zitate muß hier genügen. Voltaire versichert d'Alembert: »Sie und Herr Diderot arbeiten an einem Werk, das Frankreichs Ruhm sein wird und die Schmach derer, welche Sie verfolgt haben. Paris ist voll von Schreiberlingen, doch an Philosophen, die zu schreiben verstehen, kenne ich nur Sie und ihn (...) Euer Frankreich ist voll von Ungeheuern aller Art. Warum muß es nur so sein, daß sich die Fanatiker gegenseitig helfen, und die Philosophen sind uneinig und zersplittert? (...) Einigen Sie, so sehr Sie nur können, die Philosophen gegen die Fanatiker (...) Die Philosophen müssen immer zwei oder drei Mauselöcher haben, wenn die Hunde kommen, die sie aufspüren wollen (...), ich möchte den Rest meines Lebens darauf verwenden, Ihr Enzyklopädie-Gehilfe zu sein.«[11]
Damals schrieb man noch Briefe und wußte sie zu schreiben. Zweimal geriet die Enzyklopädie in Gefahr, endgültig verboten zu werden. Dazu d'Alembert an Voltaire: »Ich weiß nicht, ob die Enzyklopädie fortgeführt werden wird. Was feststeht, ist, daß sie es dann nicht von mir wird (...) Ich bin am Ende meiner Kraft angesichts der Beschimpfungen und Schikanen aller Art, die das Unternehmen einem einbringt (...) Es ist besser, die Enzyklopädie existiert nicht, als daß sie eine Sammlung billiger Moralpredigten ist.«[12]
Auch nachdem d'Alembert 1759 als Herausgeber zurückgetreten war, schrieb er weiterhin für verschiedene Bände eine Vielzahl von Artikeln und veröffentlichte darüber hinaus eine Fülle von historischen, literarischen und philosophischen Arbeiten. Im Gedächtnis geblieben ist freilich weniger der Autor als der Herausgeber eines Werkes, das Epoche gemacht hat. Die Folgegeschichte dieses Genres zeitigt eine zunehmende Verarmung. Auf das sogenannte »Conversationslexicon«, das ein paar Jahrzehnte später die Szene beherrschte und dem kauffreudigen Unterhaltungsbedürfnis gebildeter Stände zu dienen hatte, folgten unsere ein- bis zwanzigbändigen, mit sämtlichen Allerleiwaren wahllos vollgestopften Stichwortbehälter. Ihr Inhalt? Zählbare Fakten. Ihr Zweck? Rasche Information. Ihr Zusammenhang? Da und dort ein Pfeil. Ihre Lesbarkeit? Gleich null.

[1] *Voltaire:* Korrespondenz aus den Jahren 1749 bis 1760. Hrsg. *von R. Noack.* Leipzig 1978, S. 182. – [2] Zitiert nach *E. Cassirer:* Die Philosophie der Aufklärung. Tübingen 1932, S. 1–3. – [3] *D. Diderot:* Enzyklopädie. Philosophische und politische Texte aus der »Encyclopédie« sowie Prospekt und Ankündigung der letzten Bände. München 1969, S. 79. – [4] *Jean le Rond d'Alembert:* Einleitende Abhandlung zur Enzyklopädie (1751). Berlin 1958, S. 9. – [5] Ebd., S. 91. – [6] Zitiert nach *H. Hettner:* Literaturgeschichte des achtzehnten Jahrhunderts. Zweiter Teil: Die französische Literatur im achtzehnten Jahrhundert. Braunschweig [5]1894, S. 346. – [7] *d'Alembert,* a.a.O., S. 52. – [8] Ebd., S. 31. – [9] *L. Goldmann:* Der christliche Bürger und die Aufklärung. Neuwied und Berlin 1968, S. 44f. – [10] *d'Alembert,* a.a.O., S. 69f. – [11] *Voltaire,* a.a.O., S. 36, 132, 134, 251, 128. – [12] Ebd., S. 170, 175.

Grenzen machen frei: Immanuel Kant

** 22.4.1724, † 12.2.1804*

Kant blieb zeitlebens im engeren Umkreis von Königsberg. Dort kam er 1724 zur Welt, dort begann der Siebzehnjährige – nach einer ebenso gründlichen wie strengen Schulerziehung – sein Universitätsstudium und hörte neben Philosophie und Mathematik naturwissenschaftliche Fächer. Sein Entschluß, akademischer Lehrer zu werden, stand bald fest, doch fehlten ihm die Mittel. Nach Beendigung des Studiums schlug er sich knapp zehn Jahre als Hauslehrer durch. 1755 gab er diesen demütigenden Brotverdienst auf, erwarb die akademische Lehrerlaubnis und wurde Privatdozent für Philosophie an der heimatlichen Universität. Das war eine schlecht bezahlte Tätigkeit, ebenso schlecht bezahlt wie die Stelle eines Unterbibliothekars an der Königlichen Schloßbibliothek, die ihm – noch einmal zehn Jahre später – zugesprochen wurde. Erst 1770, Kant war damals 46, erhielt er eine Ordentliche Professur. – Seitdem war sein Tageslauf genau eingeteilt. Jeden Morgen Punkt fünf Uhr ließ er sich von seinem Diener, einem ausgedienten Soldaten, wecken mit dem knappen Zuruf: »Es ist Zeit!« Sein Frühstück bestand aus zwei Tassen Tee und einer Pfeife Tabak. Anschließend bereitete er sich auf seine Vorlesungen vor, hielt sie vor etwa 80 Studenten und schrieb dann bis Punkt ein Uhr.

Das Mittagessen blieb ausschließlich der Erholung vorbehalten, obwohl die Zahl der geladenen Gäste wiederum nicht zufällig war: nie weniger als drei – gemäß den drei Grazien –, nie mehr als neun – gemäß den neun Musen. Man plauderte über Tagesneuigkeiten, ungezwungen und in heiterem Ton, diskutierte auch die aktuellen politischen Entwicklungen, insbesondere während der Französischen Revolution. Ein Thema freilich war tabu: wer philosophische Probleme ansprach, wurde nicht wieder eingeladen. Nach dem Mittagessen las Kant oder

besuchte seinen Freund, den Kaufmann *Green,* den er oft schlummernd in seinem Gartenhaus antraf. Kant zog sich einen Lehnstuhl heran und schlief ebenfalls. Ein später hinzukommender Freund, der Bankdirektor *Ruffmann,* tat es den beiden gleich. *Motherby,* Greens Schwager, weckte schließlich die schlummernde Gesellschaft, und man unterhielt sich bis sieben Uhr. Regelmäßig zu dieser Stunde begann Kant seinen Abendspaziergang, so daß – wie ein zeitgenössischer Biograph berichtet – von den Bewohnern der Straße öfter zu hören war: sieben könne es noch nicht sein, denn der Professor wäre noch nicht vorbeigezogen.
Pünktlich um zehn Uhr lag Kant im Bett, schlief sieben Stunden, stand morgens um fünf Uhr auf, und so jeden Tag. Der einzige Schmuck seines Studierzimmers war ein Bildnis von *Jean Jacques Rousseau,* der ihn ein einziges Mal seinen festen Zeitrhythmus unterbrechen ließ. Als Rousseaus »Émile« erschien, war er von der Lektüre so gefesselt, daß er seinen Abendspaziergang versäumte. Das Höchstmaß an innerer Anspannung, das er sich auferlegte, war nur mit einem Maximum äußerer Regelmäßigkeit durchzuhalten. Daher seine ans Schrullige grenzenden Gewohnheiten. Wenn am Spätnachmittag die Dämmerung hereinbrach, sah Kant gern zwischendurch aus dem Fenster und richtete seinen Blick auf einen Kirchturm, um die Augen auszuruhn. Als einige Pappeln so hoch wuchsen, daß sie ihm diesen Ausblick verstellten, gab er nicht eher Ruhe, bis der Nachbar, sein späterer Verleger *Nicolovius,* die Spitzen kappen ließ. Ein andermal störte ihn ein Hahn. Kant wechselte die Wohnung, als der Besitzer das krähfreudige Tier nicht verkaufen wollte.
Wer in seinem Lebensstil derart pedantisch und überdies kein bißchen in der Welt herumgekommen ist, wird leicht verdächtigt, auch in seinen Ansichten und Einsichten ein engstirniger Patron zu sein. Doch das war Kant gerade nicht. Er wollte herausfinden, was den Menschen zum Menschen macht: ein umfassendes Vorhaben, bei dem Kant vor allem zwei Grundfähigkeiten des Menschen unter die Lupe genommen hat, ohne die keiner leben kann: das Wissen und das Tun, genauer gesagt: die Reichweite unserer *Erkenntnis* und die Eigenart unserer *Freiheit.* Das Erkenntnisproblem untersuchte er vor allem in seinem ersten Hauptwerk, der »Kritik der reinen Vernunft«, das Freiheitsproblem in seinem zweiten Hauptwerk, der »Kritik der praktischen Vernunft«. Aber wieso »Kritik«? Kritisch sein hieß für ihn: unterscheiden und

prüfen. Was war in punkto Erkenntnis und in punkto Freiheit zu prüfen?

Bei der ersten Frage: »Was kann ich wissen?« kommt es darauf an, daß der menschliche Geist seine Fähigkeiten überprüft und das, was er kann, von dem unterscheidet, was er *nicht* kann. Dabei ergibt sich, daß der Mensch ohne die Erfahrungen seiner Sinne nichts zu erkennen bekommt, daß er aber diese Sinneserfahrungen selbständig verarbeiten muß, und zwar mit seinem Verstand. Anders gesagt: durch die Sinne kommt das Erfahrungs-*Material* herein, der Stoff, den dann der Verstand zu Erkenntnissen verarbeitet: »Daß alle unsere Erkenntnis mit der Erfahrung anfange, daran ist gar kein Zweifel; denn wodurch sollte das Erkenntnisvermögen sonst zur Ausübung erweckt werden, geschähe es nicht durch Gegenstände, die unsere Sinne rühren. (...) Wenn aber gleich alle unsere Erkenntnis mit der Erfahrung anhebt, so entspringt sie darum doch nicht eben alle aus der Erfahrung. (...) Wollen wir die *Rezeptivität* unseres Gemüts, Vorstellungen zu empfangen, (...) *Sinnlichkeit* nennen, so ist dagegen (...) die *Spontaneität* des Erkenntnisses der *Verstand*.«[1]

Kant verdankt *Hume* die Einsicht in einen Irrtum, den er selbst bis über sein vierzigstes Lebensjahr hinaus geteilt hat. Er verdankt ihm den Hinweis, daß das ausschließliche Vertrauen in die Vernunft ungerechtfertigt oder zumindest höchst fragwürdig ist, und zwar insofern, als sicheres Wissen nie ohne die Wahrnehmungen der Sinne zustande kommt. Wie Hume wendet sich Kant gegen den »rationalistischen« Allmachtsanspruch, das Licht der Vernunft reiche aus, die Welt des Geistes und der Dinge vollständig zu durchdringen. Er verwirft also jene Überzeugung, die man – grob vereinfacht – in den Satz fassen könnte: Was sich denken läßt, muß auch wirklich sein – und was nicht wirklich sein kann, muß sich als Widerspruch im Denken zeigen. Kants Vertrauen in die Allmacht des Denkens war durch die methodische Ausgangsposition Humes erschüttert worden, nach der alle Erkenntnis *allein* aus *sinnlicher* Wahrnehmung zustande kommt. Diese Annahme Humes hält Kant jedoch für ebenso einseitig und in ihrer Ausschließlichkeit für ebenso ungerechtfertigt wie die »rationalistische« Annahme, alle Erkenntnis entspringe *allein* der *Vernunft*. Er durchschaute die Verkürzung des neuen Verfahrens, das – in seinen Augen – die Rettung der Sinne mit der Preisgabe des Denkens bezahlt. Das bloße

Kopieren von Sinneseindrücken zu Vorstellungen, die lediglich allerlei Verknüpfungen erlauben, genügt ihm nicht. Kant ist davon überzeugt, daß nach dem rezeptiven Aufnehmen der Sinneserfahrungen der Geist des Menschen »spontan« werden und von sich aus zugreifen muß, um den eingebrachten Stoff zu formen.

So sprechen wir noch heute von Wahr-*nehmungen,* um die eher passiv entgegennehmende Rolle der Sinne zu bezeichnen, und vom Be-*greifen,* um die eher aktiv zugreifende Rolle des Verstandes auszudrükken. Beide Fähigkeiten müssen aber zusammenspielen, meint Kant, und keine kann die Rolle der anderen übernehmen: »Unsere Natur bringt es so mit sich, daß die *Anschauung* niemals anders als *sinnlich* sein kann. (...) Dagegen ist das Vermögen, den Gegenstand sinnlicher Anschauung zu *denken,* der *Verstand.* Keine dieser Eigenschaften ist der anderen vorzuziehen. Ohne Sinnlichkeit würde uns kein Gegenstand gegeben und ohne Verstand keiner gedacht werden. Gedanken ohne Inhalt sind leer, Anschauungen ohne Begriffe sind blind. Daher ist es ebenso notwendig, seine Begriffe sinnlich zu machen (...) als seine Anschauungen sich verständlich zu machen. (...) Beide Vermögen oder Fähigkeiten können auch ihre Funktionen nicht vertauschen. Der Verstand vermag nichts anzuschauen und die Sinne nichts zu denken. Nur daraus, daß sie sich vereinigen, kann Erkenntnis entspringen.«[2]

Nun heißt sein erstes Hauptwerk »Kritik der reinen Vernunft«: welche Rolle spielt die *Vernunft* in diesem Erkenntnisvorgang, der bei den aufnehmenden Sinnen anfängt und den der zugreifende Verstand fortsetzt? Kant schreibt: »Alle unsere Erkenntnis hebt bei den Sinnen an, geht von da zum Verstande und endigt bei der Vernunft ...«[3] Genaugenommen endet unsere Erkenntnis *vor* der Vernunft. Denn nach Kant bekommt die Vernunft des Menschen nichts mehr zu erkennen, weil sie keine Sinnesanschauungen zu fassen bekommt.

Wie die Dinge »an sich« sind, als solche im innersten Kern und in Wirklichkeit – dieses Wissen entzieht sich dem Menschen. Doch die Vernunft bleibt unbefriedigt, solange sie davon nichts weiß. Sie sucht, um das Ganze der Wirklichkeit dennoch einigermaßen deuten zu können, nach übergreifenden Einheitsprinzipien und kommt dabei auf die drei großen »Ideen«: Seele, Welt und Gott. Das sind aber nun gerade keine faßbaren Wirklichkeiten, wie Kant mit äußerstem Nachdruck betont, sondern »Größen«, die zu groß sind für die Fassungskraft und Reichweite unseres Erkenntnisvermögens. Seele – Welt – Gott: niemand weiß, was das in Wirklichkeit ist, obwohl keiner ohne diese »Ideen« auskommen kann. Wir brauchen sie, sagt Kant, um uns im »Gefühl« der sichtbaren Erscheinungen zu orientieren. Diese »Ideen« sind eben nicht durch Anschauen und Denken gebildet, sondern Hilfskonstruktionen. Sie sind sozusagen Wegweiser, die auf unerreichbare Ziele deuten.

So hat der menschliche Geist das kritische Geschäft seiner Selbstprüfung mit der Einsicht in seine unabänderliche Begrenztheit zum Abschluß gebracht: »Es ist demütigend für die menschliche Vernunft, daß sie in ihrem reinen Gebrauche nichts ausrichtet und sogar noch einer Disziplin bedarf, um ihre Ausschweifungen zu bändigen, und die Blendwerke, die ihr daher kommen, zu verhüten.«[4] An einem Satz wie diesem zeigt sich, daß der – schon auf seine Zeitgenossen – »dunkel« wirkende Kant auch sehr einleuchtend formulieren kann. Man darf nicht vergessen, daß er – anders als damals üblich – seine Vorlesungen nicht aus Büchern »vorlas«, sondern von Texten ausgehend seine eigenen Gedanken in lebhaftem und anregendem Vortrag vermittelte. Übrigens »las« er auf diese Weise – neben Philosophie, Mathematik, Physik und Geographie – auch Pädagogik, die für ihn zu selbständigem Handeln verhelfen soll: »Sich selbst besser machen, sich selbst cultivieren und, wenn er böse ist, Moralität bei sich hervorbringen, das soll der Mensch. Wenn man das aber reiflich überdenkt, so findet man, daß dieses sehr schwer sei. Daher ist die Erziehung das größte Problem, und das schwerste, was dem Menschen kann aufgegeben werden.«[5]

Diese Moralität hervorzubringen, also sittlich verantwortbar leben zu lernen, ist Vermögen und Aufgabe der Vernunft in ihrem »praktischen Gebrauch«. Kants zweite »Kritik« untersucht den Menschen nicht als erkennendes, sondern als handelndes Lebewesen – als einen, der Gutes und Böses tun und sich für eines von beiden entscheiden kann. Auf seine Verantwortung in Freiheit kommt es an. Aber wem oder was ist er verantwortlich? Allein dem »Sittengesetz« der Vernunft, das jedem Menschen innewohnt und ihm »die Gesetze vorschreibt«, nach denen er sich richten soll. Das innere Sittengesetz – ein schwacher Abglanz des christlichen Gewissens – ist das absolute Richtmaß, nach dem sich jeder in seinem sittlichen Leben richten soll. Hier findet der Mensch das

Unbedingte, das Wesentliche und »an sich« Gültige, das er im Bereich des Erkennens nicht zu finden vermag. In diesem praktischen Vermögen der Vernunft wurzelt die sittliche *Freiheit* des Menschen. Seine Freiheit entstammt weder der sinnlichen Erfahrung noch der rationalen Erkenntnis. Sie ist, weil sie allem theoretischen Denken und Entwerfen unzugänglich bleibt, vollständig unverfügbar. Eben diese Unverfügbarkeit macht Freiheit aus. »Ich kann also«, schreibt Kant, »Freiheit (...) zum Behuf des notwendigen praktischen Gebrauchs meiner Vernunft nicht einmal *annehmen*, wenn ich nicht der spekulativen Vernunft zugleich ihre Anmaßung überschwenglicher Einsichten benehme ...«[6]

Kant will mit seinem eigenständigen Freiheitsbegriff die »Freiheit eines jeden« und damit auch »die Freiheit anderer« retten.[7] Darum erklärt er, der Mensch existiere »nicht bloß als Mittel«, sondern als »Zweck an sich selbst«, und er habe keinen »Marktpreis«, sondern »Würde«.[8] Kant versteht die von ihm so genannte »moralische Welt« als eine bloße »Idee«, aber doch – wie er sofort hinzufügt – als eine »praktische Idee, die wirklich ihren Einfluß auf die Sinnenwelt haben kann und soll, um sie dieser Idee soviel als möglich gemäß zu machen«.[9] Weil Kant den Erkenntnisoptimismus der Aufklärung nicht teilen kann, sieht er sich außerstande, die konkreten Inhalte einer vollkommenen Zukunftsgesellschaft zu entwerfen. Für ihn ist der »weltbürgerliche Zustand«, in dem die Menschen aller Völker gleichberechtigt in Freiheit koexistieren, eine »Idee« und als solche ein »Leitfaden«[10]; das heißt nicht etwa ein Hirngespinst, sondern eine Richtschnur, nach der sich jede Gesellschaft in jeder geschichtlichen Epoche richten kann und soll.

Ob man heute noch die vielfach belastete Bezeichnung »Idee« beibehält, ist von untergeordneter Bedeutung. Aber die zielbewußte Orientierung an einem Inbegriff umfassender und unverdorbener Freiheit bildet noch immer das einzige, letztlich angemessene Kriterium zur Beurteilung partikularer und zweifelhafter Freiheiten. Bisher jedenfalls gibt es keinen »Leitfaden« menschlichen Miteinanderlebens, der überzeugender wäre. Wer alle Erkenntnis auf sinnlich ermöglichte Verstandeserkenntnis reduziert, aus der nun einmal keine »unbedingten«, ethisch verbindlichen Prinzipien abzuleiten sind; wer deshalb über die normativen Inhalte der Freiheit schweigen muß; wer dennoch an der unverfügbaren »Sache« (wie man heute sagt) der Freiheit festhält, entzieht sich keineswegs den Auseinandersetzungen um das, was im konkreten Fall zu tun ist. Wie wenig verbraucht diese Einstellung ist, zeigt sich beispielsweise daran, daß Kant den pharisäischen Wahlspruch: »Es ist besser, daß *ein* Mensch sterbe, als daß das ganze Volk verderbe« unmißverständlich verwirft, »denn wenn die Gerechtigkeit untergeht, so hat es keinen Wert mehr, daß Menschen auf Erden leben«.[11]

Kant hält die praktische Vernunft jedes Menschen für fähig, dem ihr innewohnenden Richtungssinn idealer Freiheit zu folgen. Es ist, so paradox es klingt, die Unwissenheit in Sachen Freiheit, die seinem Freiheitsbegriff die Verbindlichkeit einer Idee gibt, an der gegenwärtige und künftige, vorstellbare und herstellbare Freiheit zu messen bleibt. Dieses Freiheitsideal ist gleich weit entfernt von der uneinlösbaren Forderung einer ausschließlich rational gesteuerten Lebensführung wie von den Scheinlösungen eines bloßen Alltagskonformismus. Ein Verhalten, das dem Richtungssinn unbedingter Freiheit folgt, kann zwar keine sofort umsetzbaren praktisch-konkreten Lösungen aus dem Boden stampfen. Doch weil es weder angepaßt ist noch verstiegen, kann es beispielsweise im Streit um konkrete Freiheitsforderungen darauf aufmerksam machen und darauf bestehen, daß die Freiheit, die einer hat, verdächtig wird, wenn andere sie nicht haben: »Handle so, daß du die Menschheit, sowohl in deiner Person als in der Person eines jeden andern, jederzeit zugleich als [Selbst-]Zweck, niemals bloß als Mittel brauchst.«[12] Bloßes »Mittel« ist der Mensch überall dort, wo er verheizt, verkauft, vermarktet wird. Kants vielgeschmähte Pflicht-Ethik hat keinen anderen Sinn, als mit der unbedingten Geltung des Sittengesetzes den Menschen als »Selbstzweck« zu retten und damit eine Gesellschaft von freien, selbständigen Individuen zu ermöglichen: »Was einen Preis hat, an dessen Stelle kann auch etwas anderes als *Äquivalent* gesetzt werden; was dagegen über allen Preis erhaben ist, das hat eine Würde.«[13]

Ausnahmslos jeder Mensch ist nach seiner *Würde* einzuschätzen, und diese Würde wurzelt allein in seinem Freiheitsvermögen, nicht in seinem »Marktpreis« und auch nicht in seiner Erkenntnisausstattung. Freiheit ist weder eine Ware noch ein Wissensstoff. Sie ist kein Fertigprodukt, das von irgendwoher zu beziehen oder von irgendwem zu übernehmen wäre. Das muß jedem klar sein, meint Kant, zumal in dieser Zeit, in der so viel von Aufklärung geredet wird. Aber von etwas

reden und etwas tun ist zweierlei: »Wenn denn nun gefragt wird: Leben wir jetzt in einem *aufgeklärten* Zeitalter? so ist die Antwort: Nein, aber wohl in einem Zeitalter der Aufklärung.«[14]
So steht es in einem Aufsatz, der 1784 erschienen ist. Kant war damals sechzig und ein europaweit bekannter Mann, nachdem er drei Jahre zuvor seine umwälzende »Kritik der reinen Vernunft« veröffentlicht hatte. Umwälzend war dieses Werk schon deshalb, weil darin weniger die Größe als die *Grenzen* menschlicher Erkenntnis aufgewiesen wurden. Kant hatte gründlich aufgeklärt – über die *Grenzen* der Aufklärung. Er gehörte nicht zu jenen flachköpfigen Optimisten unter seinen Zeitgenossen, die der menschlichen Vernunft unbegrenzt vertrauten. Sie hätten aus seinem populär gehaltenen Aufsätzchen am liebsten das gemacht, was blauäugige Aufklärer noch heute gerne daraus machen würden: einen jederzeit zitierbaren Freibrief für die unbeschränkte Reichweite menschlicher Erkenntniskraft.
Kant selbst war davon weit entfernt. Er verstand seine Schrift als Appell an die Öffentlichkeit, als Weckruf an alle: *aufwachen* sollt ihr und *klar* sehen, statt vor euch hinzudämmern; den Mund auftun sollt ihr, statt euch dreinreden zu lassen! *So* ist der berühmt gewordene Anfang seines Aufsatzes zu verstehen: »*Aufklärung ist der Ausgang des Menschen aus seiner selbstverschuldeten Unmündigkeit. Unmündigkeit* ist das Unvermögen, sich seines Verstandes ohne Leitung eines anderen zu bedienen. *Selbstverschuldet* ist diese Unmündigkeit, wenn die Ursache derselben nicht am Mangel des Verstandes, sondern der Entschließung und des Muthes liegt, sich seiner ohne Leitung eines andern zu bedienen. Sapere aude! Habe Mut, dich deines *eigenen* Verstandes zu bedienen!, ist also der Wahlspruch der Aufklärung.«[15]
Wie straff und frisch ein solcher Stil noch heute wirkt! Und er ist außerdem kein bißchen zimperlich. Klipp und klar erklärt Kant seinen Zeitgenossen, woran es liegt, daß sie lieber die Augen geschlossen halten und den Mund: »Faulheit und Feigheit sind die Ursachen, warum ein so großer Teil der Menschen, nachdem sie die Natur längst von fremder Leitung freigesprochen (...), dennoch gerne zeitlebens unmündig bleiben; und warum es Anderen so leicht wird, sich zu deren Vormündern aufzuwerfen. Es ist so bequem, unmündig zu sein. Habe ich ein Buch, das für mich Verstand hat, einen Seelsorger, der für mich Gewissen hat, einen Arzt, der für mich die Diät beurtheilt, usw., so

brauche ich mich ja nicht selbst zu bemühen. Ich habe nicht nöthig zu denken, wenn ich nur bezahlen kann; andere werden das verdrießliche Geschäft schon für mich übernehmen.«[16] Wir lassen uns gar zu gerne gängeln, wie kleine Kinder, statt endlich gehen zu lernen als frei bewegliche Menschen und »Weltbürger« – nicht als Rädchen einer »Maschine«, sondern unserer »Würde gemäß«.[17] Maschinen sind niemals aufgeklärt.

Inzwischen sind 200 Jahre vergangen, und was Aufklärung ursprünglich wollte, ist ins Gegenteil umgeschlagen.[18] Aus dem Befreiungsappell, der den Menschen als »Selbstzweck« sah, wurde ein Werkzeug zu seiner »Verdinglichung«, ein Instrument, das ihn zum bloßen »Mittel« macht; rationale Selbstverwirklichung wird zu irrationaler Selbstzerstörung, und *Marcuse* erklärt zu Recht: ». . . die Technik ist zum großen Vehikel der *Verdinglichung* geworden – der Verdinglichung in ihrer ausgebildeten und wirksamsten Form. Die gesellschaftliche Stellung des Individuums und seine Beziehung zu anderen (. . .) erscheinen als berechenbare Manifestationen [wissenschaftlicher] Rationalität. Die Welt tendiert dazu, zum Stoff totaler Verwaltung zu werden, die sogar die Verwalter verschlingt. Das Gewebe der Herrschaft ist zum Gewebe der Vernunft selbst geworden, und diese Gesellschaft ist verhängnisvoll darein verstrickt.«[19]

Zu Beginn des »kritischen Weges«, den Kant einzuschlagen entschlossen war, steht der programmatische Satz: »Unser Zeitalter ist das eigentliche Zeitalter der Kritik, der sich alles unterwerfen muß.« Kant hat die Grenzen und die Reichweite der Vernunft mit großer Lauterkeit geprüft, indem er einen »Gerichtshof« einsetzte, der freilich kein anderer sein konnte »als die Kritik der reinen Vernunft selbst«.[20] Mit anderen Worten, die Vernunft war sowohl »Angeklagter« als auch »Richter« in einem Verfahren, dessen vorläufiger Abschluß in dem »Urteilsspruch« gipfelte: »Der größte und vielleicht einzige Nutzen aller Philosophie der reinen Vernunft ist also wohl nur negativ; da sie nämlich nicht, als Organon, zur Erweiterung, sondern, als Disziplin, zur Grenzbestimmung dient und, anstatt Wahrheit zu entdecken, nur das stille Verdienst hat, Irrtümer zu verhüten. (. . .) Vermutlich wird auf dem einzigen Wege, der ihr noch übrig ist, nämlich dem des praktischen Gebrauchs, besseres Glück für sie zu erhoffen sein.«[21] Es hat sich gezeigt, daß diese Hoffnung, gegen Ende der ersten Kritik ausgesprochen, nur im »Reich der Freiheit« einzulösen ist.

Damit wird das treibende Interesse des nachmittelalterlichen Menschen, sich denkend und handelnd seiner Welt zu bemächtigen, noch einmal gebändigt. Dem immer stärker aufbrechenden Verlangen der Vernunft, ihre Bindungen zu zerreißen, werden – gleichsam von eigener Hand – Zügel angelegt. Indem die theoretische Vernunft über ihre eher bescheidene Reichweite aufgeklärt und die praktische Vernunft ans Richtmaß idealer Freiheit gebunden wird, kommt das kritisch gewordene neuzeitliche Subjekt zum Bewußtsein seiner unübersteigbaren Grenzen. Kants Grenzbewußtsein konnte sich allerdings nicht durchsetzen. Es wurde überrannt vom »Entgrenzungspathos« eines blinden Wissenschafts- und Fortschrittglaubens. Die Erkenntniskritik und die Aufklärungsabsicht des Königsberger Philosophen waren auf Befreiung aus, nicht auf neue Unterwerfung.

Kant hat seine Geburtsstadt nie verlassen und ist 1804 dort gestorben. Aber er wußte mehr von der Welt des Menschen als mancher Weltreisende und mehr als die naturwissenschaftlich-technische Weltbewältigung zu wissen vorgibt. »Wenn denn nun gefragt wird: Leben wir jetzt in einem *aufgeklärten* Zeitalter?, so ist die Antwort: Nein, aber wohl in einem Zeitalter der *Aufklärung*.«[22] Was Kant auf seine selbstgestellte Frage zur Antwort gab, gilt nach wie vor, allerdings mit dem Zusatz: wir leben in einem Zeitalter, das nichts dringender braucht als Aufklärung über seine lebensgefährlichen Verblendungen.

[1] *I. Kant:* Kritik der reinen Vernunft. Riga [2]1787, B 1, B 75 (Das den Seitenzahlen vorangestellte »B« bezieht sich auf diese 2. Auflage der »Kritik der reinen Vernunft« [= KrV]; die übliche Zählung wird hier übernommen, weil sie das Auffinden der Zitate in den verschiedenen alten und neuen Ausgaben der KrV erleichtert). – [2] KrV, B 75. – [3] KrV, B 355. – [4] KrV, B 823f. – [5] *I. Kant:* Vorlesung über »Pädagogik«. Hrsg. von *F. Th. Rink*, Königsberg 1803, in: Kants gesammelte Schriften. Hrsg. von der Königlich Preußischen Akademie der Wissenschaften. Berlin 1910ff. (Reprint der Bände I–IX dieser »Akademie-Ausgabe« [= A.-A.] Berlin 1968), A.-A. IX, S. 446. – [6] KrV, B XXX. – [7] Vgl. im Zusammenhang *I. Kant:* Die Religion innerhalb der Grenzen der bloßen Vernunft. A.-A. VI, S. 98, und *ders.:* Über den Gemeinspruch: Das mag in der Theorie richtig sein, taugt aber nicht für die Praxis, A.-A. VIII, S. 289. – [8] *I. Kant:* Grundlegung zur Metaphysik der Sitten. A.-A. IV, S. 428, 434f. – [9] KrV, B 836. – [10] Vgl. im Zusammenhang *I. Kant:* Idee zu einer allgemeinen Geschichte in weltbürgerlicher Absicht. A.-A. VIII, S. 16–31. – [11] *I. Kant:* Die Metaphysik der Sitten. A.-A. VI, S. 331f. – [12] *I. Kant:* Grundlegung zur Metaphysik der Sitten. A.-A. IV, S. 429. – [13] Ebd., S. 434. – [14] *I. Kant:* Beantwortung der Frage: Was ist Aufklärung? A.-A. VIII, S. 40. – [15] Ebd., S. 35. – [16] Ebd. – [17] Ebd., S. 42. – [18] Vgl.

M. Horkheimer u. *Th. W. Adorno:* Dialektik der Aufklärung. Philosophische Fragmente. Frankfurt 1969. – [19] *H. Marcuse:* Der eindimensionale Mensch. Studien zur Ideologie der fortgeschrittenen Industriegesellschaft. Neuwied und Berlin [9]1977, S. 183. – [20] KrV, 1. Aufl. 1781, A XII. – [21] KrV, B 823f. – [22] Vgl. Anm. 14.

Wozu Toleranz?: Moses Mendelssohn

** 6. 9. 1729, † 4. 1. 1786*

Der Mann, der da durch die Straßen geht, wirkt anders als die anderen. Liegt es daran, daß er einen Buckel hat? Die Leute drehen sich nach ihm um, obwohl er dasselbe tut wie sie um diese Stunde. Der Mann geht mit seiner Frau und seinen Kindern ein bißchen frische Luft schnappen. Das ist alles. Seit zwanzig Jahren lebt er nun schon hier in Berlin, als Untertan *Friedrichs II.*, des aufgeklärten Monarchen. Doch sein Spaziergang durch die Straßen wird ihm einmal mehr zum Spießrutenlauf: »Allhier in diesem sogenannten duldsamen Lande lebe ich gleichwohl so eingeengt, durch wahre Intoleranz so von allen Seiten beschränkt, daß ich meinen Kindern zu Liebe mich den ganzen Tag in einer Seidenfabrik einsperren muß. Ich ergehe mich zuweilen des Abends mit meiner Familie. Papa, ruft die liebe Unschuld, was ruft uns jener Bursche dort nach? Warum werfen sie mit Steinen hinter uns her? Was haben wir ihnen gethan? Ja, lieber Papa, spricht ein anderes Kind, sie verfolgen uns immer in den Straßen und schimpfen: Juden! Juden! Ist das denn so ein Schimpf bei den Leuten, ein Jude zu sein? Ach, ich schlage die Augen nieder und seufze mit mir selber: Menschen, Menschen! Wohin habt Ihr es endlich kommen lassen? Doch weg mit diesen Betrachtungen, sie machen mich zu unmächtig!«[1]

Der diese Klage an einen Benediktiner schreibt, ist der erste deutsche Schriftsteller und Popularphilosoph, der nicht in christlicher Überlieferung groß geworden ist. *Moses Mendelssohn*, am 6. September 1729 geboren, wächst im Getto von Dessau auf, jenseits der Stadtmauer im engsten und ungesündesten Winkel, den damals 125 Familien bewohnen. Morgen für Morgen, in aller Herrgottsfrühe, paukt sein Vater ihm und anderen Jungen die jüdischen Rechtsregeln ein. Lesen und denken lernt er dabei nicht. Die Welt jenseits der Mauer bleibt dem jungen

Moses unzugänglich, und das heißt auch: die geistige Welt europäischer Kultur und Literatur. Weil er die Sprache der Bibel nur durch Auswendiglernen kennt, kann er nicht einmal die Thora, die fünf Bücher Mose, lesen. Erst Anfang dreizehn – er hat sich die Grundlagen des Hebräischen inzwischen selbst beigebracht – stößt er bei *David Fränkel,* dem Oberrabbiner der Stadt, auf ein Buch, das ihn aus drückender Enge befreit und das ihn nachhaltig beeinflussen wird. Es ist der »Führer der Unschlüssigen« aus dem 12. Jahrhundert, geschrieben von einem Juden, der zwei verschiedene Überlieferungen miteinander verschmelzen will: jüdischen Glauben und aristotelische Philosophie. Sein Verfasser heißt *Maimonides.* Er wendet sich an religiöse Menschen, die Philosophie studiert haben und durch auftauchende Widersprüche irritiert sind, an »Unschlüssige« also zwischen Denken und Glauben. Der junge Moses liest Abend für Abend in dem dickleibigen Werk, verschlingt die Seiten beim Schein einer Öllampe ungeachtet seiner schwächlichen Konstitution und schreibt später: »Maimon verdanke ich meinen Buckel, doch auch heute noch bin ich vernarrt in ihn wegen der vielen Stunden der Niedergeschlagenheit, die er in Begeisterung verwandelte. (...) Er schwächte meinen Körper, aber er kräftigte meine Seele.«[2]
Als sein Lehrer David Fränkel nach Berlin übersiedelt, zieht Moses ihm nach, gelangt nach tagelangem Fußmarsch ans Rosentaler Tor, wo er den »Leibzoll« bezahlt, der für den Einlaß von Juden und für die Einfuhr von Vieh vorgeschrieben ist. Rabbi Fränkel verschafft ihm eine unentgeltliche Dachstube und beauftragt ihn mit Kopierarbeiten – ein kümmerliches Leben. Wie er lange Zeit danach seiner Familie erzählt, teilt er den wöchentlichen Laib Brot, um an keinem Tage hungern zu müssen, durch Striche in sieben Portionen ein. Sein Wissensdurst treibt ihn, zunächst Deutsch und Latein, später Englisch und Französisch zu lernen. Er tut es mit unsäglicher Mühe, schlägt alle Worte, die er nicht versteht – und das sind die meisten – im Lexikon nach, bis es ihm gelingt, die englischen, lateinischen, griechischen und deutschen Philosophen teils in Übersetzung, teils im Original zu lesen und zu verstehen. Auf dieser Lesereise kommt er von *Locke* zu *Shaftesbury* und *Hutcheson,* von *Cicero* zu *Platon* und *Aristoteles,* von *Wolff* zu *Leibniz* und *Spinoza.* Dabei muß man sich vor Augen halten, daß Mendelssohn durch seine Studien von vornherein zwischen zwei Fron-

ten gerät: er durchbricht die Bildungsschranken, die das christliche Bürgertum gegen die Juden aufgerichtet hat – und er verletzt seine Glaubensgenossen, deren starre Orthodoxie jede Berührung mit nichtjüdischem Gedankengut verbietet.
1750 nimmt ihn ein wohlhabender jüdischer Seidenfabrikant anfangs als Hauslehrer in sein Haus, dann als Buchhalter in sein Geschäft. Vier Jahre später lernt er *Lessing* kennen, der in einem Brief von seiner neuen Bekanntschaft mit Mendelssohn berichtet: »Er ist wirklich ein Jude, ein Mensch von etlichen und zwanzig Jahren, welcher ohne alle Anweisung in Sprachen, Mathematik, in der Weltweisheit und in der Poesie eine große Stärke erlangt hat; ich sehe ihn im voraus als die Ehre seiner Nation an.«[3] Lessing nimmt Mendelssohn zum Vorbild für die Titelgestalt seines Versdramas »Nathan der Weise«, und er läßt die erste philosophische Arbeit seines Freundes drucken – das erste deutsche Buch überhaupt, das ein Jude geschrieben hat.
Die bedeutendsten Schriften Mendelssohns können in einem Miniaturbild wie diesem nur erwähnt werden: sein »Phaidon«, worin ein ins 18. Jahrhundert versetzter *Sokrates* die Unsterblichkeit der Seele erweist; seine »Morgenstunden«, die mit Vernunftgründen das Dasein Gottes darlegen; seine »Briefe über die Empfindungen«, deren ästhetisch-psychologische Erörterungen einiges von der Dritten Kritik *Immanuel Kants* vorwegnehmen. Auch von seiner bahnbrechenden Übersetzung des Pentateuch und der Psalmen hier nur soviel, daß sie ihn zehn Jahre kostet, und daß der Buchhalter Mendelssohn während dieser Zeit stets ein Psalterium mit leeren Notizblättern zwischen den Seiten bei sich trägt, um die freien Minuten im Büro mit dem Übersetzen einiger Verse zu nutzen. Aber *ein* Buch des inzwischen berühmten und gefeierten, in alle europäischen Sprachen übersetzten Autors, und zwar das mit der wohl nachhaltigsten Wirkung, läßt sich nicht ganz am Rande abtun. Es ist die Schrift »Jerusalem oder religiöse Macht im Judentum«. Darin fordert Mendelssohn unbedingte Gewissensfreiheit und die bürgerliche Gleichberechtigung der Juden.
Gleich zu Beginn umreißt er das *Gegenbild* von Toleranz in sachlich und stilistisch überzeugender Weise: »Der Despotismus hat den Vorzug, daß er bündig ist. So lästig seine Forderungen auch dem gesunden Menschenverstande sind, so sind sie doch unter sich zusammenhängend und systematisch. Er hat auf jede Frage seine bestimmte Antwort.

Ihr dürft euch weiter um die Grenzen nicht bekümmern, denn wer alles hat, fragt nicht weiter, wie viel?«[4] Gegen Ende des ersten Teils stellt er dann die provozierende Frage: »Geht die Unglücklichen alle durch, die von jeher durch Bann und Verdammnis haben gebessert werden sollen; Leser! welcher äußerlichen Kirche, Synagoge oder Moschee du auch anhängst! untersuche, ob du nicht in dem Haufen der Verbannten mehr wahre Religion antreffen wirst, als in dem ungleich größeren Haufen ihrer Verbanner?«[5] Mendelssohn ist aber nicht nur ein Mann der Feder. Er interveniert in einigen konkreten Streitfällen mit Erfolg, darin Voltaire ähnlich, dessen bissige Ironie er allerdings nicht mag. 1755 verbieten die einzigen beiden Schweizer Städte, die Juden Aufenthalt gewähren, diesen Juden, zu heiraten. Mendelssohn schaltet sich ein, und das Verbot wird aufgehoben. 1781 sollen alle Juden in Dresden – und *nur* die Juden –, die ihre ausstehenden Steuern nicht unverzüglich bezahlen können, der Stadt verwiesen werden. Wieder erbittet man die Hilfe Mendelssohns, der auch diesmal Erfolg hat: der Kurfürst nimmt die Verfügung zurück.

Dieser Jude widersetzt sich der jahrhundertelangen Unterdrückung der Juden. Der gern als friedfertig und sanftmütig geschilderte Gesprächspartner findet unmißverständliche Worte für das Ansinnen des *Johann Caspar Lavater,* eines Pfarrers und Schriftstellers aus Zürich, ein Mann von solcher Klugheit und Scharfsicht wie Mendelssohn möge nun endlich den letzten Schritt tun und sich zum christlichen Glauben bekehren. Lavaters Gewährsmann ist ein Genfer Professor namens *Charles Bonnet.* An die Adresse dieses Herrn, der vorgibt, die unwiderlegbare Wahrheit des christlichen Glaubens bewiesen zu haben, sind die folgenden Sätze gerichtet; jeder vernünftige Mensch, konzediert Mendelssohn, wird zwar nur das als Überzeugung gelten lassen, was ihm als unbestreitbar gewiß einleuchtet – »Aber er muß nie aus der Acht lassen, daß dieses nur *seine* Überzeugung sei, und daß andere vernünftige Geschöpfe, die von einem andern Punkte ausgegangen, und einem andern Leitfaden gefolgt sind, mit eben der Überzeugung ganz entgegengesetzte Meinungen hegen können.«[6] Diesem Appell liegen leidvolle Erfahrungen zugrunde: »Wo die liebreichste Toleranz herrscht, da wird sie in Ansehung unserer am wenigsten ausgeübt. Wo Künste und Wissenschaften blühen, müssen wir in Barbarei zurückbleiben. Man sucht die Staaten zu bevölkern, und wir allein werden eingeschränkt, damit wir uns nicht vermehren. Man thut alles mögliche, um uns zu unnützen Bürgern zu machen, und man wirft uns vor, daß wir nicht nützlich genug sind.«[7]

Neben dieser im weitesten Sinne politischen Dimension hat das Werk eine nicht minder herausfordernde religionsphilosophische und religionspraktische Pointe. Für Mendelssohn ist das Judentum keine Offenbarung von Lehrsätzen, sondern eine Anleitung zum Handeln. Die immer gültigen *Wahrheiten* über Gott und die Welt erkenne der Mensch kraft seiner Vernunft, in die freilich kein unbegrenztes Vertrauen zu setzen sei. Die Gebote und Regeln der richtigen *Lebenspraxis* hingegen verdanken die Juden allein den göttlichen Schriften: »Das Judentum rühmt sich keiner ausschließenden Offenbarung ewiger Wahrheiten, die zur Seligkeit unentbehrlich sind. (. . .) Unter allen Vorschriften und Verordnungen des mosaischen Gesetzes lautet kein einziges: *Du sollst glauben, oder nicht glauben,* sondern alle heißen: *Du sollst thun oder nicht thun.*«[8] Mit einer solchen Maxime taugt man selbstverständlich nicht zum Missionar: »Nach den Grundsätzen meiner Religion soll ich niemand, der nicht nach unserem Gesetze geboren ist, zu bekehren suchen. Dieser Geist der Bekehrung, dessen Ursprung einige so gern der jüdischen Religion aufbürden möchten, ist derselben gleichwohl schnurstracks zuwider. (. . .) Unsere Rabbinen sind so weit von aller Bekehrungssucht entfernt, daß sie uns sogar vorschreiben, einen jeden, der sich von selbst anbietet, durch ernsthafte Gegenvorstellungen von seinem Vorsatze abzuführen.«[9]

So wird verständlich, warum Mendelssohn den Versuch kritisiert, die getrennten Glaubensgemeinschaften der Welt zu einer Art Einheitsreligion zu verschmelzen und auf ein allgemeingültiges Bekenntnis festzulegen: ». . . gesetzt, man vereinige sich über die Glaubensformel, die man einzuführen und festzusetzen gedenkt: man bringe Symbole zustande, wider welche keine von den jetzt in Europa herrschenden Religionsparteien etwas einzuwenden findet: was ist dadurch ausgerichtet? Etwa, daß ihr alle über Religionswahrheiten dasselbe denkt? – Wer von der Natur des menschlichen Geistes einigen Begriff hat, kann sich dieses nicht beikommen lassen. Also bloß in den Worten, in der Formel läge die Übereinstimmung. (. . .) O wenn diese allgemeine Gleißnerei überall einen Endzweck haben soll, so fürchte ich, man will den freigewordenen Geist der Menschen nur vorerst wieder in Schranken eingesperrt haben. (...) Um eurer und unserer aller Glückseligkeit willen, *Glaubensvereinigung ist nicht Toleranz,* ist der wahren Duldung gerade entgegen!«[10]

Mendelssohn sieht deutlich die Gefahren einer solchen undifferenzierten und geschlossenen Glaubensdoktrin. Er sieht nicht nur, daß damit die weiter bestehenden Unterschiede wegformuliert würden, sondern auch, daß sich die »Mitglieder« einer Einheitsreligion von kirchlicher wie von staatlicher Seite leicht kontrollieren ließen. Seine Befürchtung ist einleuchtend, obwohl seine Begründung unvollständig und insofern unbefriedigend bleibt: die Gewordenheit der verschiedenen Überzeugungen und verfestigten Überlieferungen wird kaum einbezogen. Er verzichtet auf das Argument, daß sich Traditionen, die über lange Zeit selbständig gewachsen sind, nicht über einen Kamm scheren lassen.

Mit dieser ungeschichtlichen Denkweise, die uns heute so fern liegt, ist er freilich in seinem Jahrhundert nicht allein. Daran liegt es wohl, daß ihm seine zeitgenössischen (und auch viele spätere) Kritiker *dieses* Manko gerade *nicht* vorgeworfen haben. Sie haben ihn als Popularphilosophen geschmäht, der sich mit fremden Federn schmückt. Zwar nennt ihn noch Kant »gründlich« und dabei »elegant«, *Goethe* bescheinigt ihm eine »deutliche« und »faßliche« Sprache. Vielleicht sind sie darin Lessing gefolgt, der von seinem Freund gesagt hat, er habe einen ebenso gründlichen Kopf wie ihm ein schöner Geist zu eigen sei. In einer Buchbesprechung wirft Lessing die bittere Frage auf: »Ist der Deutsche, wenn er ein gründlicher Kopf ist, so gar düster und aller Grazien feind; oder ist der Deutsche, wenn er ein schöner Geist ist, so gar seicht, daß jener nicht will, und dieser nicht kann? Unglück alsdenn für den, der beides zugleich, ein gründlicher Kopf und schöner Geist ist! Er wird sich teilen müssen, um immer von seinen kompetenten Richtern gelesen zu werden. Er wird es, wenn er denken will, vergessen müssen, daß er schön schreiben kann; und wenn er schön schreiben will, vergessen müssen, daß er denken kann.«[11]

Den großen Denkern des 19. Jahrhunderts, die an spekulativer Kraft einem Mendelssohn zweifellos überlegen waren, fehlte jedenfalls das Gespür für dessen Doppelbegabung. Erst *Fichte,* dann *Hegel* und – darin mit Hegel einig – *Karl Marx,* der Mendelssohn den »Urtyp eines Seichbeutels« nannte, haben dafür gesorgt, daß dieser mutige und zugleich gewaltlose Denker, dieser freimütige und immer wieder gedemütigte Mann aus dem Kulturbewußtsein der Deutschen nahezu verschwunden ist. Dabei hat der »deutsche Platon«, wie man ihn seinerzeit nannte, nie ein Hehl daraus gemacht, was er anderen verdankte – sachlich und nicht minder sprachlich verdankte, etwa den englischen Philosophen, die er als erste las und die einfach besser schreiben konnten als die teutonischen Weltweisen diesseits des Kanals. Er hat auch genau gesehen, daß er die umwälzende Vernunftkritik Immanuel Kants, den er den »alles zermalmenden« nannte, nicht mehr mitvollziehen konnte: »Ich weiß, daß meine Philosophie nicht mehr die Philosophie der Zeiten ist. Die meinige hat noch allzusehr den Geruch jener Schule, in welcher ich mich gebildet habe, und die in der ersten Hälfte des Jahrhunderts vielleicht allzu eigenmächtig herrschen wollte.«[12]

Mendelssohn verdankt, kurz gesagt, Maimonides sein Harmoniestreben; Locke und Shaftesbury seinen Stil und sein ästhetisches Gespür; Leibniz und Wolff sein begriffliches Instrumentar; dem Judentum schließlich – oder besser: anfänglich – die Überzeugung, daß Leben und Taten wichtiger sind als Lehrmeinungen und Worte. Er will nichts anderes als seinen Glaubensbrüdern und seinen Zeitgenossen ebenso gründlich in der Sache wie verständlich in der Form Orientierungen vermitteln, von denen er meint, daß sie für ein menschenwürdiges Leben im damaligen Europa unverzichtbar sind. Doch zumindest für den deutschen Bildungsphilister kommt bei Mendelssohn wohl allzuviel Störendes in einer Person zusammen: er ist Eklektiker, also ohne eigenes wohlgeordnetes Denksystem; er ist Popularphilosoph, folglich ohne Tiefe, denn wer sich so ausdrücken kann, daß man ihn gern liest, gilt hierzulande noch immer als flach; er gehört keiner bestimmten Schule oder »Richtung« an; und schließlich ist er eben doch ein Jude.

[1] Zitiert nach *H. Hettner:* Literaturgeschichte des achtzehnten Jahrhunderts. Dritter Teil: Die deutsche Literatur im achtzehnten Jahrhundert. Braunschweig ^{4}1893, S. 218. – [2] Zitiert nach *H. Kupferberg:* Die Mendelssohns. Tübingen/Stuttgart 1972, S. 19. – [3] *M. Mendelssohn:* Schriften zur Philosophie, Aesthetik und Apologetik. Mit Einleitungen, Anmerkungen und einer biographisch-historischen Charakteristik Mendelssohns. Hrsg. von *M. Brasch.* Bd I: Schriften zur Metaphysik, Ethik sowie zur Religionsphilosophie; Bd II: Schriften zur Psychologie, Aesthetik sowie zur Apologetik des Judentums. Leipzig 1880 (Reprint: Hildesheim 1968). Hier: Bd I, S. XVI. – [4] *M. Mendelssohn:* Schriften, a.a.O., Bd II, S. 365f. – [5] Ebd., S. 505. – [6] Ebd., S. 594. – [7] Ebd., S. 600. – [8] Ebd., S. 427, 430. – [9] Ebd., S. 507. – [10] Ebd., S. 469f. – [11] *G. E. Lessing:* Werke in drei Bänden. Bd II: Kritische Schriften. Philosophische Schriften. München 1969, S. 998. – [12] *M. Mendelssohn:* Schriften, a.a.O., Bd I, S. 300.

Denken heißt selber denken: Georg Christoph Lichtenberg

** 1.7.1742, † 24.2.1799*

Am 1. Juli 1742 nachmittags um fünf Uhr wurde dem Pfarrer *Johann Conrad Lichtenberg* und seiner Frau *Henriette Catharina* das siebzehnte Kind geboren, ein Junge, der den Namen *Georg Christoph* erhielt. Sein Vater schrieb ins Kirchenbuch: »Söhnlein sogleich wegen Schwachheit von mir getauft.«[1] Der Junge litt seit früher Jugend an einer Verkrümmung des Rückgrats, die zum Buckel wurde, und als aus dem Jungen ein Mann geworden war, notierte er: »Sobald einer ein Gebrechen hat, so hat er seine eigne Meinung.«[2]

Georg Christoph Lichtenberg ist einer der gescheitesten, sensibelsten und eindringlichsten Beobachter nicht nur der außermenschlichen Natur, sondern der Größe und des Elends unserer Rasse. Darum trifft ihn weder die vornehme Herablassung des großen *Goethe,* der die fragmentarisch gebliebenen Ansichten und Einsichten seines Zeitgenossen an der Vollendung eines wohlgerundeten Ganzen maß, noch erreicht ihn das dreiste Kichern derer, die ihn für einen Witzbold halten, für einen en-detail-Lieferanten geistvoller Bonmots und Pointen, für einen literaturfähigen Hanswurst, der in die Humorecke gehört. Er war und ist keines von beidem: weder ein Möchtegern-Goethe, der es nicht geschafft hat, noch ein Possenreißer für höhere Ansprüche. Solche Verzeichnungen liegen freilich nahe bei einer genialen, in allen Farben funkelnden Mehrfachbegabung.

Lichtenberg, als Forscher und Entdecker auf den Gebieten der Experimentalphysik und der Astronomie seinerzeit von europäischem Ruf, war als Philosoph ein »Selbstdenker« (so nannte ihn der strenge *Schopenhauer*) und ein Sprachschöpfer, wie ihn – *Lessing* und *Novalis* ausgenommen – das achtzehnte Jahrhundert in Deutschland nicht noch einmal hervorgebracht hat. Ansonsten war Lichtenberg ein »Genie in der Kleinstadt« – das hat sein Leben wie sein Nachleben eingeschnürt: er studierte in Göttingen, und zwar Astronomie, Mathematik und Naturgeschichte; er lehrte in Göttingen – die physikalischen Kollegs des Professors waren stets gut besucht bis überfüllt; er schrieb in Göttingen für die Öffentlichkeit im »Göttinger Taschenkalender«, und als zurückgezogenes Privatsubjekt in seine »Sudelbücher«; er starb auch in Göttingen, bis ans Lebensende zehrend von zwei kurzen Englandreisen, die ihm die Sinne geöffnet haben für das Klima der modernen großstädtischen Welt.

Wie beobachten zwei wache Augen das Straßenleben von London, Cheapside und Fleet Street, abends kurz vor acht Uhr? »Auf beiden Seiten hohe Häuser mit Fenstern von Spiegelglas. Die unteren Etagen bestehen aus Boutiquen und scheinen ganz von Glas zu sein; viele Tausende von Lichtern erleuchten da Silberläden, Kupferstichläden, Bücherläden, Uhren, Glas, Zinn, Gemälde, Frauenzimmer-Putz und Unputz, Gold, Edelgesteine, Stahl-Arbeit, Kaffeezimmer und Lottery Offices ohne Ende (...). Dem ungewöhnten Auge scheint dieses alles ein Zauber; desto mehr Vorsicht ist nötig, alles gehörig zu betrachten; denn kaum stehen Sie still, bums! läuft ein Gepäckträger wider Sie an und ruft ›By your leave!‹, wenn Sie schon auf der Erde liegen. In der Mitte der Straße rollt Chaise hinter Chaise, Wagen hinter Wagen, Karrn hinter Karrn. Durch dieses Getöse und das Sumsen und Geräusch von Tausenden von Zungen und Füßen hören Sie das Geläute von Kirchtürmen, die Glocken der Postbedienten, die Orgeln, Geigen, Leiern und Tamburinen englischer Savoyarden und das Heulen derer, die an den Ecken der Gasse unter freiem Himmel Kaltes und Warmes feilhaben.«[3]

Liest man Lichtenbergs Leben und seine Leistungen nach, so beschleicht einen das Gefühl, er sei dazu verurteilt, immer an zweiter oder dritter Stelle genannt zu werden: als Erfinder des Freiluftballons und des Blitzableiters, als Entschlüsseler der Träume und des Unbewußten im Menschen, als skeptischer und agnostischer Religionsphilosoph, als Essayist und Satiriker. Worin er der Erste war, ist eigentlich erst den Späteren klar geworden, die ein Gespür fürs Verlorengegangene hatten. Sie sind schwierige Leute, Grenzgänger, schwer oder gar nicht einzuordnen. *Egon Friedell,* auch so einer, schreibt: »Von Kant hat Goethe gesagt, wenn er ihn lese, so sei ihm zumute, als träte er in ein helles Zimmer. Auf wenige deutsche Schriftsteller könnte dieses Bild mit ebensolcher Berechtigung angewendet werden wie auf Lichtenberg; nur besitzt dieses Zimmer noch allerlei halbdunkle Winkel, Erker und Gänge, die in die absonderlichsten Polterkammern führen. (...) Der Mensch in seiner Besonderheit, in dem, worin er *anders* ist, in seinen tausend Heimlichkeiten und Abstrusitäten, Zacken und Zinken wird in Lichtenbergs Aufzeichnungen lebendig. (...) Der echte Philosoph ist dem Künstler viel verwandter, als gemeinhin angenommen wird. Das Leben gilt ihm ebenso wie diesem als Spiel und er sucht die Spielregeln zu ergründen; nicht mehr. Auch er erfindet und gestaltet, aber während der Künstler möglichst viele und vielfältige Individuen abzubilden sucht, zeichnet der Denker immer nur einen einzigen Menschen: *sich selbst,* den aber in seiner ganzen Vielgestaltigkeit. Jede tiefempfundene Philosophie ist nichts anderes als ein autobiographischer Roman.«[4]

Aus diesem Blickwinkel muß man Lichtenberg lesen wie *Michel de Montaigne,* der gleich zu Beginn seiner »Essais« den warnenden Hinweis gibt: »So also, lieber Leser, bin ich selber der Gegenstand meines Buches.«[5] Wie Montaigne macht Lichtenberg seine Beobachtungen und Überlegungen selbst; er schöpft sie, auch darin den französischen Moralisten verwandt, aus einer Fülle, der der Mangel eingeschrieben ist. Doch fehlt ihm ihre gelöste Heiterkeit und ihr Gleichmut. Wo Lichtenberg betroffen und verletzt ist, macht er betroffen und wirkt verletzend. Er spürt falsche Etiketten und fadenscheinige Ersatzbildungen auf, trifft in der Zeichnung und Überzeichnung mit nachtwandlerischer Sicherheit den wunden Punkt. Er notiert das Abbröckeln des ehemals intakten Lebens- und Daseinsgefühls mit seismographischer, manchmal unheimlicher Präzision – ein Mensch, dem seine und seiner Mitmenschen Bruchstellen geläufig sind: die Natur ein Irrgarten, Gott unbegreiflich, der Mensch ein Monster wie für *Pascal,* bei dem es heißt: »Der Mensch ist nicht Engel, nicht Tier. Das Unglück will, daß, wer den Engel spielt, zum Tier wird.«[6] Lichtenberg schreibt, als wär es ein Kommentar: »So wird uns der Vetter Engel und der Vetter Affe auslachen.«[7]

Bemerkungen wie diese stehen in seinen Kladden oder Schmierheften, die er dreieinhalb Jahrzehnte lang geführt und nach einem Ausdruck aus der damaligen Kaufmannssprache »Sudelbücher« genannt hat: »Die

Kaufleute haben ihr Waste book (Sudelbuch, Klitterbuch glaube ich im Deutschen), darin tragen sie von Tag zu Tag alles ein was sie verkaufen und kaufen, alles durch einander ohne Ordnung. (. . .) Dieses verdient von den Gelehrten nachgeahmt zu werden.«[8] Ob man seine Notizen, die zwischen einer Zeile und mehreren Seiten lang sind, »Aphorismen« nennt, ist weniger wichtig als ihr Wortlaut. Wenn irgendwo Form und Inhalt untrennbar sind, dann bei diesem Schriftsteller. Er dachte mit der Feder in der Hand, und zwar nur dann, wenn ihm irgendwelche äußeren oder inneren Umstände die Feder in die Hand gaben. Wird man so zum gescheiterten Systematiker? Oder zum Witzbold? Lichtenberg vor Verzeichnungen retten wollen, heißt zitieren, was er aufgezeichnet hat. Deshalb und um Appetit am Selberlesen zu wecken, binde ich nun einige dieser unscheinbaren und doch so verfänglichen Schlingen zu einer Kette.

»Wenn er seinen Verstand gebrauchen sollte, so war es ihm als wenn jemand, der beständig seine rechte Hand gebraucht hat, etwas mit der linken tun soll.«[9] Lichtenberg, der die gesamte Farbskala oder Klaviatur menschlicher Verhaltensweisen und Reaktionsmöglichkeiten beherrscht, ist ein Meister der Zwischentöne: »Es gibt eine gewisse Art von Büchern, (. . .) die nicht vom Lesen abschrecken, nicht plötzlich einschläfern, oder mürrisch machen, aber in der Zeit von einer Stunde den Geist in eine gewisse Mattigkeit versetzen, die zu allen Zeiten einige Ähnlichkeit mit derjenigen hat, die man einige Stunden vor einem Gewitter verspürt.«[10] Und warum, hochverehrte Herren Kollegen, geraten Ihre Bücher so ermattend? Weil Sie zu ängstlich oder zu faul sind, die Augen aufzusperren: »Eine genaue Betrachtung der äußeren Dinge führt leicht auf den betrachtenden Punkt, uns selbst, zurück und umgekehrt, wer sich selbst einmal erst recht gewahr wird, gerät leicht auf die Betrachtung der Dinge um ihn. Sei aufmerksam, empfinde nichts umsonst, messe und vergleiche; dieses ist das ganze Gesetz der Philosophie.«[11]

So einfach ist das? Nein, es fällt unendlich schwer: »Es gibt etwas in uns, das beinah so schwer abzulegen ist als der alte Adam, das uns immer zum Künstlichen und dem dem Künstlichen so nahe verwandten Schlechten treibt, und was ist das? Antwort: wir werden nicht angehalten individua im Denken zu werden.«[12] Und wie macht man das? »Du mußt bedenken, daß, hätte ich 50 Schritte weiter hinunter, um die Ecke herum, gewohnt, ich so wenig der Mensch wäre, der ich jetzt bin, als wenn ich hundert Meilen mehr mittäglich wäre empfangen worden.«[13] Jede veränderte Situation verändert dich, aber du bist den Einflüssen von außen nicht wehrlos ausgeliefert: »Ich warf allerlei Gedanken im Kopf herum bis endlich folgender obenhin zu liegen kam.«[14] Dieses Im-Kopf-Herumwerfen war für Lichtenberg ein Vorgang, in dem Experiment, Erfahrung und Reflexion gleicherweise zum Zug kamen: »Bei mir liegt das Herz dem Kopf wenigstens um einen ganzen Schuh näher als bei den übrigen Menschen . . .«[15] Doch um Kopf und Herz zusammenzubringen, muß man bei sich sein, statt aushäusig; so erwidert jemand, der irgendwo eingeladen war, auf die Frage: »Wie hat es Ihnen in dieser Gesellschaft gefallen? Antwort Sehr wohl, beinah so sehr als auf meiner Kammer.«[16]

Hatte *Pascal* nicht gesagt, das ganze Unglück der Menschen rührt daher, daß sie außerstande sind, ruhig in ihrem Zimmer zu bleiben, das heißt, bei sich zu sein? Nun, sogar im eigenen Oberstübchen kann man sich davor drücken, meint Lichtenberg: »Mit größerer Majestät hat noch nie ein Verstand still gestanden.«[17] Solche Geistesruhe hat einen bestimmten Klang: »Wenn ein Buch und ein Kopf zusammenstoßen und es klingt hohl, ist das allemal im Buch?«[18] Derlei Leergut füllt sich nicht von selbst. Wie sind Schlafmützen aufzurütteln? »Er war sonst ein Mensch wie wir, nur mußte er stärker gedrückt werden um zu schreien. Er mußte zweimal sehen was er bemerken, zweimal hören was er behalten sollte, und was andere nach einer einzigen Ohrfeige unterlassen, unterließ er erst nach der zwoten.«[19] Andere hingegen wollen um jeden Preis beweglich sein, selbst denken, selbst handeln – und um sicher zu gehen, daß sie niemanden imitieren, tun sie das Gegenteil von dem, was die anderen tun; aber so geht es auch nicht: »Grade das Gegenteil tun heißt auch nachahmen, es heißt nämlich das Gegenteil nachahmen.«[20]

Muß man denn, um das Richtige zu erkennen, ein großer Gelehrter sein? »Ich weiß gar nicht was ihr Leute wollt. Ich bin gar nicht einmal willens ein großer Mann zu werden, und das hättet ihr mich wenigstens einmal vor der Hand fragen müssen. (. . .) Man braucht kein großer Mann zu sein um jemand die Wahrheit zu sagen und ein Glück für uns, daß auch der arme Teufel Wahrheiten sagen kann.«[21] Dasselbe umgedreht mit einem kräftigen Biß: »Der Mann hatte so viel Verstand, daß er fast zu nichts mehr in der Welt zu gebrauchen war.«[22] Gilt das nur für den weltfremd-vertrottelten Büchermenschen von anno dazumal? Keineswegs, es gilt für den weltoffenen, agilen, flexiblen, mit allen Wassern gewaschenen Vielschreiber von heute noch genauso; schlagend, ja schlagartig modern gerät plötzlich dieser Lichtenberg: »In Deutschland haben wir eine Menge Gelehrte die sich, wie man zu sagen pflegt, geschwinde in ein Fach hineinwerfen können, diese Leute wundern sich heimlich über sich selbst, daß sie so bald im Stande sind über eine Materie zu schreiben. Sie werden Polygraphen, ehe sie sich dessen versehen. Sie bekommen einen Ruhm, allein fast immer werden sie mehr von Unwissenden und Halberfahrnen angestaunt, der eigentliche Mann des Fachs lächelt bei ihren Arbeiten, die der Wissenschaft selbst nicht einen Pfennig eintragen. Sie gegenteils sind blödsinnig genug diesen ihnen versagten Beifall des Kenners für Neid zu halten. Unsere meisten Schriftsteller sind von der Art, man darf es kühn behaupten.«[23] Unter die Lupe genommen und genau betrachtet, sieht der großmächtige Sachbuchautor und Wissenschaftspublizist vielleicht etwas anders aus: »Man könnte ihn den Zaunkönig der Schriftsteller nennen.«[24]

Wirkliches Denken ist nicht im Handumdrehen präsentiert und auch nicht auf Anhieb verfügbar: »Ich habe eine Menge kleiner Gedanken und Entwürfe zusammengeschrieben, sie erwarten aber nicht sowohl noch die letzte Hand, als vielmehr noch einige Sonnenblicke, die sie zum Aufgehen bringen.«[25] Außerdem muß man sich fragen und fragen lassen: »Ist es besser wenig und das deutlich zu wissen, oder viel und undeutlich?«[26] Die Frage wäre eindeutig zugunsten der Deutlichkeit zu beantworten, verginge darüber nicht Zeit, sehr viel Zeit – und verginge sie nicht zu schnell: »Die glücklichen Zeiten des Lebens, da man noch nicht denkt, wie alt man ist, noch kein Buch hält über die Haushaltung des Lebens.«[27] Der Abstand zu diesen Anfängen wird einem mit der Zeit immer deutlicher, und die mathematisch faßbare Bilanz schlägt um in Melancholie. Zahlenbündel, zusammengebunden, wandeln sich zum welken Strauß: »Ein paar Dutzend Millionen Minuten machen ein Leben von 45 Jahren und etwas darüber.«[28] Diese lichte Trauer ist wie ein Vorhang, hinter dem die Umrisse des Todes auszumachen sind: »Unser Leben kann man mit einem Wintertag vergleichen, wir werden zwischen 12 und 1 des Nachts geboren, es wird acht Uhr ehe es Tag wird, und vor 4 des Nachmittages wird es wieder dunkel, und um 12 sterben.«[29]

Die angedrillte, pietistische Frömmigkeit hat Lichtenberg säkularisiert, ins Weltliche übersetzt, ins Ironische, ins blasphemisch Scheinende sogar, doch das Wurzelwerk blieb unausgerottet: »Ein Vater schloß einen Brief an seinen Sohn: ›Wenn du nicht gleich nach Hause kommst, soll dich der Henker holen: Gott befohlen‹.«[30] Noch die boshafteste Anklage kann den alten Wundherd nicht heilen: »Das Bekehren der Missetäter vor ihrer Hinrichtung läßt sich mit einer Art von Mästung vergleichen, man macht sie geistlich fett, und schneidet ihnen hernach die Kehle ab, damit sie nicht wieder abfallen.«[31] Doch zugleich die zärtliche Sehnsucht nach Nähe: »Ich wünschte sehr ein wohlgetroffenes Porträt von Christo zu haben. Hätte man doch Münzen von ihm.«[32] Noch tiefer zurück in die Vergangenheit, diesmal distanziert ironisch: »Einer unserer Voreltern muß in einem verbotenen Buch gelesen haben.«[33] Und weit nach vorn in die Zukunft, voller Bangigkeit: »Unsere Welt wird noch so fein werden, daß es so lächerlich sein wird einen Gott zu glauben als heutzutage Gespenster.«[34]

Lichtenberg war weder buchstabengläubiger Christ noch überzeugter Gottesleugner, weder Verstandesmensch noch Gefühlsapostel. Er beherbergte diese Gegensätze und Widersprüche, schlug sich durch ihr Dickicht, suchte Öffnungen, fand vorläufige Auswege, kam nicht weit, fing anderswo an, blieb stecken, probierte eine neue Schneise, gab sie auf, kehrte zu einem früheren Vorstoß zurück – und so hundertmal, tausendmal, immer wieder von vorn: das sind die »Sudelbücher«. Dieser deutsche Moralist hat nirgendwo abgeguckt, war niemandes Schüler und hat keine Schule gemacht. Als Selbstdenker, dem der Gedanke des Selbsthenkers zeitlebens nahe war, ist er eine fragmentarische Existenz geblieben, und das heißt ja wohl eine exemplarische Existenz: fragmentarisch und darin exemplarisch.

[1] Zitiert nach *W. Promies:* Georg Christoph Lichtenberg in Selbstzeugnissen und Bilddokumenten. Reinbek bei Hamburg 1964, S. 7. – [2] Zitiert nach *P. Requadt:* Lichtenberg. Stuttgart 1964, S. 12. – [3] Zitiert nach *W. Promies*, a.a.O., S. 43–45. – [4] *E. Friedell:* Kulturgeschichte der Neuzeit. Die Krisis der europäischen Seele von der Schwarzen Pest bis zum Ersten Weltkrieg. München 1979, S. 687–692. – [5] *M. de Montaigne:* Die Essais. Ausgewählt, übertragen u. eingeleitet v. *A. Franz*. Leipzig 1953, S. 4. – [6] *B. Pascal:* Eine Auswahl aus seinen Schriften v. *W. Warnach*. Düsseldorf 1947, S. 54. – [7] *G. Ch. Lichtenberg:* Schriften

und Briefe. Hrsg. von *W. Promies*. Erster Band. München [3]1980, S. 296. – [8] Ebd., S. 352. – [9] Ebda., S. 47. – [10] Ebd., S. 49. – [11]Ebd., S. 36. – [12]Ebd., S. 72. – [13] Ebd., S. 111. – [14] Ebd., S. 146. – [15] Ebd., S. 159. – [16] Ebd., S. 115. – [17] Ebd., S. 160. – [18] Ebd., S. 291. – [19] Ebd., S. 317. – [20] Ebd., S. 321. – [21] Ebd., S. 293 f. – [22]Ebd., S. 299. – [23] Ebd., S. 306. – [24] Ebd., S. 212. – [25]Ebd., S. 123. – [26] Ebd., S. 203. – [27] Ebd., S. 863. – [28] Ebd., S. 315. – [29] Ebd., S. 393. – [30] Ebd., S. 187. – [31] Ebd., S. 197. – [32] Ebd., S. 294. – [33]Ebd., S. 283. – [34] Ebd., S. 282.

Das Wahre ist das Ganze: Georg Wilhelm Friedrich Hegel

** 27.8.1770, † 14.11.1831*

Als *Bertolt Brecht* nach Dänemark emigriert war, klebte er auf die Balken seines Arbeitszimmers den Spruch »Die Wahrheit ist stets konkret«. Dieser Satz von *Lenin* geht über *Marx* zurück auf *Hegel*, der nicht müde wird zu betonen: ». . . alles Wahrhaftige des Geistes sowohl als der Natur ist in sich konkret. (. . .) Nur das Konkrete ist das Wirkliche.«[1]

Das klingt überraschend, hört man doch immer wieder: Hegel denke »abstrakt« – also gerade nicht »konkret« – und sei deshalb so schwer zu verstehen. Diese Einschätzung hat zur Hälfte Recht. Hegel *ist* schwer zu verstehen, aber keineswegs deshalb, weil er abstrakt dächte. Nicht *er* denkt abstrakt, sondern *wir* denken abstrakt. So jedenfalls sieht es Hegel, in dessen Blick jede einseitige Betrachtungsweise etwas Abstraktes hat. Wir sagen zwar oft »jedes Ding hat zwei Seiten«, halten uns aber nicht daran. Hegel hält sich immer daran, und deshalb ist es kein Ausrutscher, wenn Bertolt Brecht in seinen »Flüchtlingsgespräche« bemerkt: »Hegel hat das Zeug zu einem der größten Humoristen unter den Philosophen gehabt. (. . .) Er hat einen solchen Humor gehabt, daß er sich so etwas wie Ordnung z. B. gar nicht hat denken können ohne Unordnung. Er war sich klar, daß sich unmittelbar in der Nähe der größten Ordnung die größte Unordnung aufhält, er ist soweit gegangen, daß er sogar gesagt hat: an ein und demselben Platz!«[2]

Davon geht Hegel aus, dahin zielt sein Denken: daß jedes Ding *zwei* Seiten hat, die einander entgegengesetzt sind und gerade deshalb zusammengehören. Wer nur die eine Seite sieht und die andere unterschlägt, denkt abstrakt. Wer die eine und die andere Seite sieht, denkt konkret.

Das klingt nun eher harmlos, wenn nicht banal, ist es aber nicht. Denn zu diesen »Dingen«, die zwei Seiten haben, gehört beispielsweise die Liebe, die sich nur in der Liebe zum anderen verwirklichen läßt. Dazu gehört auch die Freiheit, die sich nie ohne die Freiheit des anderen verwirklichen läßt. Niemand aber wird behaupten, daß Liebe und Freiheit etwas Harmloses oder gar Banales seien. Hegel ist siebenundzwanzig, als er in seinen »Entwürfen über Religion und Liebe« schreibt: »Der Geliebte ist uns nicht entgegengesetzt, er ist eins mit unserem Wesen; wir sehen nur uns in ihm, und dann ist er doch wieder nicht wir. (...) Wahre Vereinigung, eigentliche Liebe findet nur unter Lebendigen statt, die an Macht sich gleich und also durchaus füreinander Lebendige, von keiner Seite gegeneinander Tote sind. (...) Diese Vereinigung der Liebe ist zwar vollständig, aber sie kann es nur soweit sein, als das Getrennte nur so entgegengesetzt ist, daß das Eine das Liebende, das andere das Geliebte ist, daß also jedes Getrennte ein Organ eines Lebendigen ist....«[3]

Behutsam tastet sich Hegel vor, um dieser einzigartigen Zweierbeziehung auf die Spur zu kommen. Zunächst ist der Eine vom Anderen getrennt. Sobald aber der Eine sich auf den Anderen einläßt, schwindet das Trennende. Es beginnt ein Vorgang, eine Art von wechselseitig vorangetriebenem Prozeß, in dessen Verlauf der Eine zum Anderen findet, ja durch den Anderen überhaupt erst zu sich selbst kommt: »Das wahrhafte Wesen der Liebe besteht darin, das Bewußtsein seiner selbst aufzugeben, sich in einem anderen Selbst zu vergessen, doch in diesem Vergehen und Vergessen sich erst selber zu haben und zu besitzen.« So steht es zwanzig Jahre später faszinierend genau in den »Vorlesungen über die Ästhetik«.[4]

Da dämmert einem, was »konkret denken« für Hegel bedeutet. Es bedeutet: das eine zusammen mit dem anderen denken. Es bedeutet: im Denken nachvollziehen, wie in Wirklichkeit eines zum anderen kommt und dadurch zu sich selbst findet – beispielsweise in der Liebe und auch in der Freiheit, von der noch die Rede sein wird. Allerdings sind diese beiden »Beispiele« für Hegel nicht beliebig, denn sein ganzes Denken wird angetrieben von dem Versuch, das »Vereinigungsmotiv« der christlichen Theologie und das »Befreiungsmotiv« der Französischen Revolution ins Philosophische zu übersetzen. Damit wollte er seine Zeitgenossen zur Verwirklichung der Liebe und der Freiheit anstiften. Er wollte die Welt zur Vernunft bringen, bevor sie an dem erstickt, was er den »Brei des Herzens«[5] nannte. Er wollte sie abbringen von der »bunten Rinde«[6] unvernünftiger und unrealistischer Vorstellungen über Liebe und Freiheit. Das »Band« freilich, das diese beiden »Lebensvollzüge« des Menschen verbindet, ist für Hegel ans Ganze der Wirklichkeit gebunden und heißt – Wahrheit.

Wie sein erster Biograph berichtet, hält er seine Vorlesungen »rücksichtslos gegen die rhetorische Eleganz, sachlich durch und durch«[7] in Beschlag genommen von der Sache des Denkens. Das merken die Studenten. Hegel liest vor überfüllten Hörsälen und gilt bald als *der* Philosoph unter den deutschen Philosophen. Davor liegt freilich ein weiter und schwieriger Weg. In Stuttgart gebürtig, studiert Hegel Philosophie und Theologie an der Universität Tübingen. Er wird in das berühmte Tübinger Stift aufgenommen und bewohnt eine Zeitlang zusammen mit *Schelling* und *Hölderlin* dasselbe Zimmer. Nach dem Studium wird Hegel, wie viele vor ihm und nach ihm Hauslehrer (in Frankfurt) und kommt vier Jahre später durch Vermittung von *Schelling* nach Jena. Seine Dozentur bringt nicht viel ein, er schreibt häufig an den zuständigen Minister in Weimar – das ist *Johann Wolfgang von Goethe* – und bittet ihn um Zuschüsse. 1806, als Preußen in der Schlacht bei Jena vernichtend geschlagen wird und die Franzosen einmarschieren, verläßt der brotlos gewordene Hegel die Stadt und übernimmt die Redaktion der »Bamberger Zeitung«, geht freilich bald darauf als Gymnasialrektor nach Nürnberg. Mit sechsundvierzig wird Hegel Professor, zunächst in Heidelberg, dann, als Nachfolger *Fichtes*, in Berlin. Dort stirbt er 1831 unerwartet an der Cholera.

Als ihn einmal, so wird erzählt, eine neugierige Dame fragt, was denn von seiner Philosophie eigentlich das Wichtigste sei, soll er geantwortet haben: es steht nicht in meinen Büchern. Gleich ob die Geschichte wahr ist oder gut erfunden: Hegel wollte nicht originell sein, sondern denken. Er wollte keine selbstgebastelten Gedanken drucken lassen, sondern der Wirklichkeit nachgehen, um ihr denkend beizukommen. Ob er das geschafft hat – inwieweit es ihm gelungen ist, die konkrete Wirklichkeit konkret zu denken, darum dreht sich bis heute der Streit. Die erwähnte Geschichte könnte im übrigen durchaus wahr sein, denn Hegel sagt in seiner Differenzschrift, daß sich »das Wesen der Philosophie« keineswegs in »eigentümlichen Ansichten« ausdrückt.[8]

»Wer denkt abstrakt?« lautet die Überschrift eines populär gehaltenen

Aufsatzes von Hegel. Er schildert dort, wie das Publikum einen Mörder eintaxiert, der kurz vor der Hinrichtung steht. »Es wird also ein Mörder zur Richtstätte geführt. Dem gemeinen Volke ist er nichts weiter als ein Mörder. Damen machen vielleicht die Bemerkung, daß er ein kräftiger, schöner, interessanter Mann ist. Jenes Volk findet die Bemerkung entsetzlich: Was, ein Mörder schön? Wie kann [man] so schlecht denkend sein und einen Mörder schön nennen. (...) Ein Menschenkenner (hingegen) sucht den Gang auf, den die Bildung des Verbrechers genommen, findet in seiner Geschichte schlechte Erziehung, schlechte Familienverhältnisse des Vaters und der Mutter, irgendeine ungeheure Härte bei einem leichteren Vergehen dieses Menschen, die ihn gegen die bürgerliche Ordnung erbitterte, eine erste Rückwirkung dagegen, die ihn daraus vertrieb und es ihm jetzt nur durch Verbrechen sich noch zu erhalten möglich machte. – Es kann wohl Leute geben, die, wenn sie solches hören, sagen werden: der will diesen Mörder entschuldigen.(...) Dies heißt abstrakt gedacht, in dem Mörder nichts als dies Abstrakte, daß er ein Mörder ist, zu sehen und durch diese einfache Qualität alles übrige menschliche Wesen an ihm [zu] vertilgen.«[9]
Das Wesentliche dieses Menschen liegt darin, daß er ein menschliches Wesen ist. Der Mörder, um den es hier geht, ist ein konkreter Mensch mit einer konkreten Geschichte und einem konkreten Namen. Sein Kopf, den das Fallbeil vom Rumpf trennt, ist nicht der Kopf einer Abstraktion, dazu machen ihn erst die Gaffer. »Ganz anders hörte ich einst eine gemeine alte Frau, ein Spitalweib, die Abstraktion des Mörders töten und ihn zur Ehre lebendig machen. Das abgeschlagene Haupt war aufs Schafott gelegt, und es war Sonnenschein; wie doch so schön, sagte sie, Gottes Gnadensonne *Binders* Haupt beglänzt! (...) Du bist nicht wert, daß dich die Sonne bescheint, sagt man zu einem Wicht, über den man sich erzürnt. Jene Frau sah, daß der Mörderkopf von der Sonne beschienen wurde und es also auch noch wert war.«[10]
Als Hegel die letzten Zeilen schrieb, dachte er vielleicht an den biblischen Gott, von dem es heißt, er lasse seine Sonne aufgehen über Gerechte *und* Ungerechte. Dennoch wäre es falsch, dem Autor zu unterstellen – manche tun das –, seine ganze Philosophie sei nichts als verkappte Theologie. Denn Hegel setzte ausschließlich auf die allumgreifende Vernunft, weil er davon überzeugt war: eine von Grund auf vernünftig angelegte Welt, mag sie noch so unvernünftig geworden

sein, sei nur durch Vernunft zu ergründen und wieder zur Vernunft zu bringen. Gleiches wird nur durch Gleiches erkannt, sagten viele alte und mittelalterliche Philosophen; Hegel tritt in ihre Fußstapfen, wenn er erklärt: »Was vernünftig ist, das ist wirklich; und was wirklich ist, das ist vernünftig. (...) Was zwischen der Vernunft als selbstbewußtem Geiste und der Vernunft als vorhandener Wirklichkeit liegt, (...) ist die Fessel irgendeines Abstraktums...«[11] Die ersten beiden Sätze werden gern und bis zum Überdruß zitiert, nicht deren Fortsetzung: darin aber taucht es wieder auf, das abstrakte Denken als selbstverschuldete Behinderung und Verengung des Sehvermögens. Der Blick ist sozusagen fixiert und nimmt einen Teil für das Ganze, sieht im Mörder nur den Mörder. Abstrahieren heißt isolieren, willkürlich einen einzigen Punkt anstarren. Abstrakt denken, heißt vergessen oder nicht wahrhaben wollen, daß alles Lebendige so ist, wie es geworden ist, und daß es werden muß, was es am Ende sein soll. In *diese* Richtung zielt ein ebenfalls zum unverstandenen Gemeinplatz heruntergekommenes Zitat: »Das Wahre ist das Ganze. Das Ganze aber ist nur das durch seine Entwicklung sich vollendende Wesen.«[12]

Was lebt, ist lebendig geworden und bleibt lebendig, indem es sich entwickelt: aus der Knospe wird die Blüte, aus der Blüte die Frucht[13] – und was für die außermenschliche Natur gilt, das gilt nach Hegel auch für die menschliche Geschichte. Wie niemand Kirschen ernten kann, bevor der Baum geblüht hat, so kann auch niemand die Kirschen der Freiheit ernten, bevor der Baum der Freiheit geblüht hat. Ohne Bild gesprochen: Auch das, was wir Freiheit nennen, ist im Gegensatz zur leeren und geschichtslosen Willkür ein lebendiger Prozeß, dessen Endstadium keiner herbeizwingen kann. Die in der Französischen Revolution aufgebrochene Freiheit hörte jedoch auf, ein lebendiger und lebensfähiger Prozeß zu sein, als die Jakobiner sie mit Gewalt zur Vollendung bringen wollten. Ihr leidenschaftliches Interesse, die Freiheit sofort, ein für alle Mal und unumschränkt herbeizuführen, machte sie zu Mördern an denen, die sich diesem Interesse widersetzten.

Die jakobinische Schreckensherrschaft entstand aus dem abstrakten Interesse an einer abstrakten Freiheit. Hegel, der den Gedenktag der Französischen Revolution nie zu feiern vergaß, hat sich mit dem abstrakten Freiheitsinteresse *Robespierres* und der Jakobiner nicht nur in einem berühmten Abschnitt seiner »Phänomenologie des Geistes«

auseinandergesetzt[14], er kam immer wieder darauf zurück – auch dort, wo man es nicht erwartet, wie beispielsweise in seinen »Vorlesungen über die Religion«. Dort liest man: »Unter Robespierre hat in Frankreich der Schrecken regiert, und zwar gegen die, welche nicht in der Gesinnung der Freiheit waren ...«[15] – das heißt gegen die, welche nicht in dem Interesse einer totalen Sofortverwirklichung der Freiheit befangen waren und darum einem totalitären Terror zum Opfer fielen.

Die Parallelen zur gegenwärtigen Theorie und Praxis des Terrors sind offenkundig. Auch da soll Freiheit ein für alle Mal als Sofortprogramm verwirklicht werden – und dieser Kurzschluß führt zur Gewalt. Überflüssig zu betonen, daß die Freiheit, die wir hier und jetzt haben, unvollkommen ist. Wer jedoch meint, die vollkommene Freiheit oder auch nur eine weniger unvollkommene Freiheit ließe sich herbeizwingen, denkt abstrakt. Denn mit der Freiheit verhält es sich ebenso wie mit der Liebe und mit der Wahrheit: sie ist konkret oder sie ist nicht.

Darin bleibt Hegel überzeugend trotz aller schwerwiegenden Einwände, die seinem »System« im ganzen und im einzelnen entgegenzuhalten sind. Wenn ein Philosoph unserer Tage erklärt, daß »... die Schwierigkeiten beim Versuch, ein Hegelianer zu sein, nur noch übertroffen werden durch die Schwierigkeiten beim Versuch, *kein* Hegelianer zu sein«[16], so gilt diese Bemerkung jedenfalls zu Recht für die ebenso lautere wie beharrliche Anstrengung Hegels, das Konkrete konkret zu denken.

[1] *G. W. F. Hegel:* Werke in zwanzig Bänden (Theorie Werkausgabe). Frankfurt 1970, Bd XIII, S. 100; Bd XVIII, S. 53. (Die folgenden Belege beziehen sich nach Band- und Seitenzahl auf diese Ausgabe.) – [2] *B. Brecht:* Gesammelte Werke in 20 Bänden. werkausgabe edition suhrkamp. Bd 14. Frankfurt 1967, S. 1460. – [3] I, S. 244–246 passim, 249. – [4] XIV, S. 155. – [5] VII, S. 19. – [6] VII, S. 25. – [7] *K. Rosenkranz:* Georg Wilhelm Friedrich Hegels Leben. Berlin 1844 (Reprint Darmstadt 1969), S. 215. – [8] Vgl. II, S. 17–19. – [9] II, S. 577 f. – [10] II, S. 579. – [11] VII, S. 24, 26. – [12] III, S. 24. – [13] Vgl. III, S. 12. – [14] III, S. 431–440. – [15] XVI, S. 246. – [16] *O. Marquard:* Schwierigkeiten mit der Geschichtsphilosophie. Frankfurt 1973, S. 51.

Verletzter Kopf: Arthur Schopenhauer

** 22. 2. 1788, † 21. 9. 1860*

Arthur Schopenhauer liebte die Kunst und von allen Künsten am meisten die Musik. Er selbst spielte mit nicht erlahmendem Entzücken auf der Flöte alle Kompositionen von *Rossini*, die ihm in Bearbeitungen für dieses Instrument vorlagen. Das paßt so gar nicht ins Schopenhauer-Bild der Deutschen, es paßt nicht zu der Vorstellung von dem schwarzen Pessimisten und polternden Griesgram, der, barsch und verschlossen, nur an seinem Pudel hing. Schopenhauer mit seinem Pudel – so hat ihn *Wilhelm Busch* gezeichnet, dieser volkstümlichste Dichter der Deutschen, und *Odo Marquard* meint: »Busch ist gereimter Schopenhauer, womit ich nicht behaupte, daß Schopenhauer ungereimt ist.«[1]

Gereimt oder ungereimt – dieser störrische Denker soll die Kunst geliebt und gepriesen haben – wieso denn das? Weil sie den Menschen für einige Augenblicke entbindet von seiner undurchschaubaren Welt, an die er gleichwohl gebunden bleibt, und von seinem ebenso undurchschaubaren wie zügellosen Lebenswillen, dem er zeitlebens ausgeliefert ist. Denn die Welt ist, mit den Augen meines Kopfes gesehen (womit denn sonst?) nur das, was ich ihr ansehe – und ich bin, so erfährt es mein Leib (wer denn sonst?), ein Lebewesen, das leben will um jeden Preis. Ausgeliefert an eine undurchsichtige Welt, die *ich* mir zurechtmache; ausgeliefert an einen undurchsichtigen Willen, der *mich* zurechtmacht – dieses Ausgeliefertsein bildet den Ausgangspunkt des Philosophen Arthur Schopenhauer in seinem Hauptwerk »Die Welt als Wille und Vorstellung«.

Und wo bleibt die geistige Überlegenheit unserer Rasse? Sie bleibt schnell auf der Strecke, sagt Schopenhauer, und folgt damit Spuren, die bei Früheren vorgezeichnet sind – etwa im Matthäusevangelium, in

dem es heißt: der Geist ist willig, aber das Fleisch ist schwach, oder bei *Martin Luther*, für den die Vernunft eine Hure ist, die mit dem geht, der am meisten bietet, oder bei *Niccolò Machiavelli*, der unsereinem als elementarstes Interesse den Machtegoismus bescheinigt, oder bei *Thomas Hobbes*, der von den Menschen sagt, einer sei des anderen Wolf, oder bei dem englischen Philosophen *David Hume*, den Schopenhauer so gern ins Deutsche übersetzt hätte und der behauptet: der Verstand sei der Sklave der Leidenschaften. Das sind ernüchternde Feststellungen für jeden, der die Größe und Würde des Menschen im Denken sieht. Seine Vernunft – eine Hure der Gier, sein Geist – ein Sklave dunkler Triebe, seine Rationalität – ein Spielball der Libido: wir wissen das spätestens seit *Sigmund Freud*, den Schopenhauer darin vorweggenommen hat. Wem aber dieses sogenannte »Wissen« wirklich in die Knochen fährt, der kann nicht länger so tun, als ließe es ihn kalt. War Schopenhauer, wie es manche Psychologen gerne hätten, durch sein Lebensschicksal dazu verurteilt, auch im Denken ein Verletzter und ein Verletzender zu sein? Solche simplen Rechnungen gehen selten restlos auf, aber man kann es ja mal versuchen.
Geboren in Danzig als Sohn eines Großkaufmanns, stellt ihn der Vater vor die Wahl: du kannst entweder aufs Gymnasium gehen und studieren, was du ja unbedingt willst, oder du darfst mit mir zwei Jahre durch Europa reisen und die Welt kennenlernen – doch nur unter der Bedingung, daß du anschließend eine Kaufmannslehre machst. Für den Zwölfjährigen eine äußerst harte Alternative, aber er entschließt sich fürs Reisen und beginnt dann mit knirschenden Zähnen bei einem Hamburger Kaufmann die Lehre. Nach dem Tod des Vaters, er stirbt wahrscheinlich durch Selbstmord, zieht die Mutter nach Weimar und macht dort gesellschaftlich Karriere: in ihrem literarischen Salon verkehrt auch *Goethe*, den Arthur später kennenlernen wird. *Johanna Schopenhauer* holt nach langem Überlegen den Sohn ins nahegelegene Gotha; sie zögert, denn Arthur ist rechthaberisch, er könnte ihre Kreise stören, und außerdem verwaltet sie sein Erbe, eine heikle Angelegenheit, über der sich die beiden dann auch bis aufs Blut zerstreiten werden. Aber jetzt soll er erst mal kommen, soll dem verhaßten Kontor in Hamburg den Rücken kehren. Endlich darf Arthur das Gymnasium besuchen, kann anschließend Medizin, Naturwissenschaften und Philosophie studieren, in Göttingen und Berlin. Seine Doktorarbeit »Über

die vierfache Wurzel des Satzes vom Grunde«, ein Meisterstück, findet so gut wie kein Echo, und mit seinem Hauptwerk: »Die Welt als Wille und Vorstellung« geht es ihm jahrzehntelang genauso. Als unbekannter Dozent an der Universität Berlin hält er seine Vorlesungen bewußt zur selben Uhrzeit wie der damals schon tonangebende *Hegel* – eine Unverfrorenheit sondergleichen – und liest vor fünf Hörern. Erst gegen Ende seines Lebens in Frankfurt wird Schopenhauer bekannt. Damen und Herren der feinen Gesellschaft drängen in seine Nähe, ergattern einen Tisch unweit dem seinen im vornehmen »Englischen Hof«, wo der Prominentgewordene zu speisen pflegt, wollen nebenher, wie es so geht, von ihm erfahren, was in seiner Philosophie das Besondere ist.

Was heißt das: die Welt sei nur als Vorstellung zu haben? Was bedeutet das für den Menschen? »Es wird ihm dann deutlich und gewiß, daß er keine Sonne kennt und keine Erde; sondern immer nur ein Auge, das eine Sonne sieht, eine Hand, die eine Erde fühlt; daß die Welt, die ihn umgibt, nur als Vorstellung da ist, d. h. durchweg nur in Beziehung auf ein Anderes, das Vorstellende, welches er selbst ist. (. . .) Alles, was irgend zur Welt gehört und gehören kann, ist unausweichbar mit diesem Bedingtseyn durch das Subjekt behaftet, und ist nur für das Subjekt da. Die Welt ist Vorstellung (. . .) ist nicht etwan das ganze Leben ein Traum? – oder bestimmter: giebt es ein sicheres Kriterium zwischen Traum und Wirklichkeit? zwischen Phantasmen und realen Objekten?«[2]

Wenn ich von der Welt um mich herum nur das zu fassen bekomme, was mir von ihr erscheint, dann bin ich dem bloßen Schein verfallen – wie im Traum, und Schopenhauer nennt anderswo sogar ausdrücklich das Schauspiel des *Calderon de la Barca* »Das Leben ist ein Traum«. Was die Wirklichkeit an sich ist – Steine, Sterne, Bäume, Tiere, Menschen –, jenseits des Schleiers, der sie unserem Blick verhüllt, das wissen wir nicht – es ist nichts für uns. Wer von einem völlig durchsichtigen Gegenstand aus Glas etwas zu sehen bekommen wollte, müßte ihn mit einem Farbfleck anmalen – doch was er dann sähe, wäre nicht der Gegenstand selbst, sondern nur der aufgetragene Fleck, eine künstlich gebaute Beziehungsbrücke, auf der er gehen kann, um sich etwas zugänglich zu machen. Doch sein Weg endet vor jenem verschlossenen Tor, das er selbst installiert hat. Im vorigen Bild: was wir erkennen wollen, müssen wir anmalen, und was wir anmalen, wird

eben dadurch unkenntlich. Schopenhauer, der Bilder liebt, hat dafür ein anderes Gleichnis: »Es wäre (...), als befände ich mich in einer Gesellschaft von lauter mir unbekannten Personen, davon jeder mir den andern als seinen Freund und Vetter präsentirte, ich aber indem ich mich jedesmal über den Präsentirten zu freuen versicherte dabei doch beständig die Frage auf den Lippen hätte: ›aber wie Teufel komme ich denn zu dieser ganzen Gesellschaft?!‹«[3]
Von der ganzen Gesellschaft kenne ich keinen einzigen Menschen. Ich kenne nur ihre Beziehungen, weiß aber nicht, worauf sie sich beziehen. Von der Oberfläche zum Zentrum, von der Haut zur Herzmitte der Welt führt für mich kein Weg – bis auf einen, und der kommt von sich aus auf mich zu, führt mitten durch meinen Leib: es ist der elementare Wille zu leben, der blinde Lebensdrang. Dieses Urbedürfnis erfahre ich unmittelbar. Es setzt sich durch, sozusagen hinter dem Rücken meines Bewußtseins, animalisch und irrational. Aber nicht nur in mir setzt es sich durch, dieses grundlose und unergründliche Etwas, sondern in allem, was lebt und da ist. Für Schopenhauer ist dieser dumpfe Drang zum Dasein, er nennt ihn »Wille«, der Treiber oder die treibende Kraft, die alles antreibt, auch uns Menschen – und wir sind die Getriebenen.
Dieser Wille ist also bewußtlos, er weiß nicht, was er will, und setzt sich trotzdem in meinen sogenannten bewußten Entscheidungen durch: »Spinoza sagt, daß der durch einen Stoß in die Luft fliegende Stein, wenn er Bewußtsein hätte, meinen würde, aus seinem eigenen Willen zu fliegen. Ich setze nur noch hinzu, daß der Stein Recht hätte.«[4] Was dem bewußtlosen Stein innewohnt, ist dasselbe wie das, was dem bewußten Menschen innewohnt – es ist derselbe »Wille«: »Er ist das Innerste, der Kern jedes Einzelnen und eben so des Ganzen: er erscheint in jeder blindwirkenden Naturkraft: er auch erscheint im überlegten Handeln des Menschen. (...) Daher kommt die wunderliche Thatsache, daß Jeder sich a priori für ganz frei, auch in seinen einzelnen Handlungen, hält und meint, er könne jeden Augenblick einen andern Lebensstil anfangen, welches hieße ein Anderer werden. Allein a posteriori, durch die Erfahrung, findet er zu seinem Erstaunen, daß er nicht frei ist, sondern der Nothwendigkeit unterworfen, daß er, aller Vorsätze und Reflexionen ungeachtet, sein Thun nicht ändert, und vom Anfang seines Lebens bis zum Ende den

selben von ihm selbst mißbilligten Charakter durchführen und gleichsam die übernommene Rolle bis zu Ende spielen muß.«[5]
Wie ernüchternd liest sich diese Feststellung – ob sie wohl wahr ist? Denn neu ist sie nicht, nur war sie viel früher ein gequältes Seufzen, ein Schrei: Was ich will, das tu ich nicht – was ich tu, das will ich nicht, sagt der Apostel *Paulus*. als hätte er Schopenhauer gelesen, und schreit: was bin ich für ein unglückseliger Mensch, was bin ich für eine klägliche Figur!
Immerhin – nicht zu vergessen – ist dieser »Wille« nach Schopenhauer das einzige unmittelbar Erfahrbare auf der Welt, er ist eben nicht nur ein Mittel wie die Farbe, mittels derer ich den gläsernen Gegenstand bemale, um ihn *für mich* sichtbar zu machen. Nein, dieses Ding oder Unding namens Wille habe ich ohne ein Mittleres dazwischen, ich habe es un-mittelbar, *an sich*. Aber habe *ich* es – oder hat es *mich*? Es hat mich im Griff, solange ich es nicht in den Griff bekomme. Und dieses In-den-Griff-Bekommen beginnt mit dem Verstehen, sagt Schopenhauer. Es beginnt nicht etwa mit dem Erklären, denn der blinde Wille *ist* nicht zu erklären wie irgendeine Ursache der vorstellbaren Welt. Unergründlich, wie er ist, *hat* er keine Ursache und keinen Grund. Doch wenn ich verstehe, was dieser Wille eigentlich ist und worin seine Bedeutung liegt, dann bin ich ihm nicht mehr gänzlich ausgeliefert. Dann weiß ich zumindest, was los ist. Aber das genügt noch lange nicht, um davon loszukommen. Nach diesem Verstehen, nach diesem bewußten Abrücken von meinem Treiber, muß ich auch von mir selbst abrücken und auf die anderen Kreaturen zugehen.
Wenn ich verstehe, daß nicht nur ich allein es bin, der dieser verschwommenen Vitalität des Willens untersteht und unter ihr zu leiden hat, sondern daß es allen Lebewesen so geht, dann werde ich zu ihnen stehen und mit ihnen leiden: aus solchem Mit-Leiden erwächst mein Mitleid, nur daraus, nicht aus irgendwelchen humanitären Anwandlungen, die ich heute habe und morgen nicht: »Ihm ist kein Leiden mehr fremd. Alle Quaalen Anderer, die er sieht und so selten zu lindern vermag, alle Quaalen, von denen er mittelbar Kunde hat, ja die er nur als möglich erkennt, wirken auf seinen Geist, wie seine eigenen (...), alle wahre und reine Liebe ist Mitleid, und jede Liebe, die nicht Mitleid ist, ist Selbstsucht.«[6]

Geteiltes Leid ist halbes Leid, doch gänzlich aufgehoben ist es damit noch immer nicht – die Selbstsucht des Willens läßt uns nicht los: wer könnte uns erlösen? Jedenfalls kein überirdischer Gott, der für uns die Arbeit tut, aber auch keine Arbeit, die wir selbst tun wie der Hamster in seinem Tretrad, das er dreht und dreht und schließlich nicht mehr dreht. Nein, es gibt nur eines, das uns daraus befreit: »Wahres Heil, Erlösung vom Leben und Leiden, ist ohne gänzliche Verneinung des Willens nicht zu denken.«[7] Das heißt, heraus aus dem Tretrad des Hamsters, um es für immer zu verlassen oder zumindest für einige Zeit zu vergessen.

Ausgestiegen sind die Heiligen, sagt Schopenhauer, ausgeschert sind die Künstler. Beide verneinen den Willen zum Leben, die Heiligen auf Dauer, die Künstler auf Zeit – und auch wir, die wir keine Künstler sind: »Wir wissen, daß diese Augenblicke, wo wir, vom grimmen Willensdrange erlöst, gleichsam aus dem schweren Erdenäther auftauchen, die säligsten sind, welche wir kennen.«[8] Wem das gelingt, der wird nicht länger manipuliert wie eine Marionette: »Ihn kann nichts mehr ängstigen, nichts mehr bewegen: denn alle die tausend Fäden des Wollens, welche uns an die Welt gebunden halten, und als Begierde, Furcht, Neid, Zorn, uns hin- und herreißen, unter beständigem Schmerz, hat er abgeschnitten. Er blickt nun ruhig und lächelnd zurück auf die Gaukelbilder dieser Welt, die einst auch sein Gemüth zu bewegen und zu peinigen vermochten, die aber jetzt so gleichgültig vor ihm stehn, wie die Schachfiguren nach geendigtem Spiel, oder wie am Morgen die abgeworfenen Maskenkleider, deren Gestalten uns in der Faschingsnacht neckten und beunruhigten.«[9]

Jetzt erst ist zu verstehen, was diesem Philosophen, der durchaus kein Heiliger war, die Musik bedeutet: sie erspart ihm kurzfristig jenes Brüllen der Natur, das die Vernunft nicht besänftigen kann. Anders als die Weltverneinung des Heiligen, kann solche Musik den dunklen Willen nicht mundtot machen. Aber sie erlöst ihn mit ihrer Sprache, die eine andere Sprache ist als die seine, löst ihn eine Zeitlang aus seiner Nacht gleich der Morgendämmerung, löst ihn auf in ihrem Glanz wie den Nebel im Sonnenlicht: ». . . Die Melodie (. . .) erzählt folglich die Geschichte des von der Besonnenheit beleuchteten Willens. (. . .) Wie nun das Wesen des Menschen darin besteht, daß sein Wille strebt, befriedigt wird und von Neuem strebt, und so immerfort, (...) so ist, dem entsprechend, das Wesen der Melodie ein stetes Abweichen, Abirren vom Grundton, auf tausend Wegen, nicht nur zu den harmonischen Stufen, zur Terz und Dominante, sondern zu jedem Ton, zur dissonanten Septime und zu den übermäßigen Stufen, aber immer folgt ein endliches Zurückkehren zum Grundton: auf allen jenen Wegen drückt die Melodie das vielgestaltete Streben des Willens aus, aber immer auch, durch das endliche Wiederfinden einer harmonischen Stufe, und noch mehr des Grundtones, die Befriedigung.«[10]

Die Musik läßt die Nichtigkeit und Vergänglichkeit des Daseins für eine Weile verschwinden in ihrem jubelnden Jetzt. Gleich wieder ist Nacht, darum nütze die Zeit: »Jedem Vorgang unsers Lebens gehört nur auf einen Augenblick das Ist; sodann für immer das War. Jeden Abend sind wir um einen Tag ärmer. (...) Auf Betrachtungen, wie die obigen, kann man allerdings die Lehre gründen, daß die Gegenwart zu genießen und Dies zum Zwecke seines Lebens zu machen, die größte Weisheit sei. (...) Unsere Empfindlichkeit für den Schmerz ist fast unendlich, die für den Genuß hat enge Gränzen.«[11] Das ist wahr, und es wirkt ernüchternd. Der Denker mit dem Pudel hat die Deutschen an ihrem empfindlichsten Körperteil verletzt: am Kopf. Das verübeln sie ihm noch immer, jedenfalls die meisten. Sie kennen ihn nicht und wollen ihn nicht kennen.

Wer war Arthur Schopenhauer? »Dunkel im Walde, fremd wie die Zeit«, heißt eine Erzählung des amerikanischen Schriftstellers *Thomas Wolfe*, und darin sagt ein junger Mann auf Europareise: »Er spürte die tragische und unauflösliche Beimischung der Rasse, er wußte um die furchtbare Verbindung von Bestie und Geist, er kannte (...) dieses Gefühl des Ertrinkens im blinden Urwaldentsetzen barbarischer Zeit. Er trug das alles in sich selbst herum, die träge Freßsucht und Gier des unersättlichen Schweins sowohl, als auch die seltsame mächtige Musik der Seele.«[12] Obwohl dieser junge Mann, der außerdem noch erfunden ist, von Schopenhauer keine Ahnung hat, kennt er ihn bis in den letzten Winkel.

[1] *O. Marquard:* Zur Diätetik der Sinnerwartung. Philosophische Bemerkungen, in: *G.B. Achenbach*: Philosophische Praxis. Köln 1984, S. 145. – [2] *A. Schopenhauer:* Die Welt als Wille und Vorstellung. Zürich 1977, S. 29, 44. – [3] Zitiert nach *R. Safranski:* Schopenhauer

und Die wilden Jahre der Philosophie. Eine Biographie. München 1987, S. 244. – [4] *A. Schopenhauer*, a. a. O., S. 173. – [5] Ebd., S. 155, 158f. – [6] Ebd., S. 469, 466. – [7] Ebd., S. 483. – [8] Ebd. – [9] Ebd. – [10] Ebd., S. 326f. – [11] *A. Schopenhauer:* Parerga und Paralipomena. Kleine philosophische Schriften. Zürich 1977, S. 308, 316. – [12] *Th. Wolfe:* Sämtliche Erzählungen. Reinbek bei Hamburg 1967, S. 93.

Der vertauschte Gott: Ludwig Feuerbach

** 28. 7. 1804, † 13. 9. 1872*

Sein Vater, der Rechtsgelehrte *Anselm von Feuerbach*, schrieb die beste zeitgenössische Verteidigung eines Menschen, den seine Zeitgenossen das »Rätsel« ihres Jahrhunderts nannten. Er schrieb über den Findling Kaspar Hauser, der am Pfingstmontag des Jahres 1828 aufgetaucht und, unfähig, mehr als zwei Sätze zu sprechen, den gebildeten Bürgern von Nürnberg in die Hände gefallen war. Diesem unbeschriebenen Blatt und »Naturmenschen«, dem nun Bildung und Gesittung beigebracht werden sollte, fehlte jede Spur eines angeborenen Gottesglaubens. Maßlos enttäuscht und erbost reagierte die ebenso gebildete wie gesittete Geistlichkeit. »Kaspar Hauser – Verbrechen am Seelenleben des Menschen«, nannte Anselm von Feuerbach seine Schrift, und darin heißt es: »In seiner Seele voll kindlicher Güte und Milde (. . .) brachte er (. . .) keine Idee, keine Ahnung von Gott, keinen Schatten eines Glaubens an irgend ein höheres, unsichtbares Dasein aus seinem Kerker mit sich in die Welt des Lichts. (. . .) Was er an Religion mitbrachte, bestand (. . .) lediglich in demjenigen, was ihm dummfromme Bosheit bei seiner Aussetzung zu Nürnberg in die Tasche mitgegeben hatte.«[1]
In derselben Religion evangelisch-lutherischen Glaubens, die man Kaspar Hauser »in die Tasche mitgegeben hatte«, wurde Ludwig Feuerbach, der Sohn dieses Juristen, erzogen. Neunzehnjährig begann er mit dem Studium der protestantischen Theologie. Doch was die Theologen der Universität Heidelberg ihm beibringen wollten, war in seinen Augen zusammenphantasiertes Zeug. In einem Brief an die Eltern schrieb er vom Kolleg des Professor *Paulus*, es sei ein »Spinngewebe von Sophismen, die er mit dem Schleimauswurf seines mißratenen Scharfsinnes zusammenleimt; ein Inquisitionsgericht, wo die Spra-

che unter den Torturen eines spanischen Stiefels in ihrer freien Selbstauslegung gehindert wird.«[2] Der enttäuschte Theologiestudent ging nach Berlin, wo er mit einem neuen Anlauf Theologie *und* Philosophie belegte. In *Hegel*, dem damals führenden deutschen Philosophen, fand er seinen Lehrer: »Ich freue mich unendlich auf Hegels Vorlesungen, wiewohl ich deswegen noch keineswegs gesonnen bin, ein Hegelianer zu werden.«[3]

Ein Hegelianer ist Feuerbach dennoch geworden, wenn auch ein abtrünniger, der das ausgeführte Denkgebäude seines Meisters verworfen hat. Der Dreiundzwanzigjährige verließ Berlin und ging an die Universität Erlangen, wo er promovierte und sich habilitierte. Danach verlief sein äußeres Leben eher schlicht und glücklos. Dem jungen Philosophiedozenten fehlte die Gabe, seine Zuhörer im mündlichen Vortrag zu fesseln. Als er eine Schrift mit Argumenten gegen die persönliche Unsterblichkeit des Menschen veröffentlichte, zog er die Feindschaft der Theologen auf sich und mußte 1832 Erlangen verlassen. Damit war seine akademische Karriere zu Ende. Wiederholte Bewerbungen um einen Lehrstuhl blieben vergeblich. Ludwig Feuerbach zog sich in das abgelegene Bruckberg zurück und schrieb an seinen Büchern. Er streifte gern in den umliegenden Wäldern umher und unterhielt sich abends in der Schloßwirtschaft mit Handwerkern und Bauern. Finanziell lebte dieser Mann, dessen Denken Epoche machen sollte, im wesentlichen von den kargen Erträgen seiner Schriften. Am 13. September 1872 ist er auf dem Rechenberg bei Nürnberg an einer Lungenlähmung gestorben. »Zwei Jahre in Berlin als Student, und 24 Jahre auf einem Dorf als Privatdozent«[4], so umschrieb er 1860 in einem Freundesbriefe das, was er sein »äußerliches Schicksal« nannte.

Hatte Feuerbach seine aufsehenerregenden Vorträge über »Das Wesen der Religion« vergessen, die er 1848/49 auf Einladung von Studenten im Saal des Heidelberger Rathauses hielt? Dort saß zu seinen Füßen ein etwa dreißigjähriger Mann namens *Gottfried Keller*, der wenig später den Protagonisten in seinem Roman »Der grüne Heinrich« davon erzählen läßt: »Auf Heinrich (...) wirkte schon die erste Stunde so, daß er (...) alle seine Verhältnisse vergaß und allein gespannt war auf die zuströmende Erfahrung. (...) Er versäumte nun keine Stunde in dem Hörsaal und nahm begierig ein neues Ganzes in sich auf, welches er vom Anfang bis zum Ende verstand und übersehen konnte.«[5] Wie nachhaltig Feuerbachs Wirkung auf *Gottfried Keller* war, zeigt spätestens das 12. Kapitel »Der gefrorene Christ« im vierten Band des Romans »Der grüne Heinrich«: »Jetzt griff ich zu den eben in der Verbreitung begriffenen Werken des lebenden Philosophen, der nur diese Fragen in seiner klassisch monotonen, aber leidenschaftlichen Sprache, dem allgemeinen Verständnis zugänglich, um und um wendete und gleich einem Zaubervogel, der im einsamen Busche sitzt, den Gott aus der Brust von Tausenden hinwegsang.«[6]

Feuerbach hat den überlieferten Gottesglauben radikal anders verstanden, das ist wahr. Aber er hat Gott nicht weggezaubert, zumindest nicht in der Absicht, ihn der Brust von Tausenden zu entreißen. Im Gegenteil: er wollte seinen Zeitgenossen Gott wiedergeben, den ins Jenseits vertriebenen Gott auf die Erde zurückbringen und ihn dahin heimholen, wo er – davon war Feuerbach überzeugt – seine Heimat hat: in der Brust des Menschen. Er wollte erreichen, was sein Lehrer in jungen Jahren auch erreichen wollte und später preisgegeben hat. Wenn Feuerbach daher schreibt: »Mein Lehrer – also war Hegel, ich sein Schüler, ich leugne es nicht...«[7], dann meint er nicht den Philosophen des ausgeführten Systems, sondern *den* Hegel, der in seinen Jugendschriften »die Verdrängung der heidnischen Religion durch die christliche« untersucht und gefordert hat: »Außer früheren Versuchen blieb es unseren Tagen vorzüglich aufbehalten, die Schätze, die an den Himmel verschleudert worden sind, als Eigentum der Menschen, wenigstens in der Theorie, zu vindizieren, aber welches Zeitalter wird die Kraft haben, dieses Recht geltend zu machen und sich in den Besitz zu setzen?«[8]

Feuerbach *hatte* die Kraft, das an den Himmel verschleuderte Eigentum einzuklagen und zurückzufordern. Er wollte den Menschen wiedergeben, was rechtmäßig *ihnen* zukam. Das wollte zwar schon der junge Hegel, der ja seine Provokation an die eigene Adresse gerichtet hatte. Aber der geniale Lehrer hat sich verstiegen, meinte Feuerbach, und nicht gemerkt, daß seine Philosophie zur verkappten Theologie heruntergekommen ist – also zur Beschwichtigung gerade jener ursprünglichen Provokation, den Menschen ihr rechtmäßiges Eigentum vom Himmel auf die Erde herunterzuholen und ihnen wiederzugeben. Was Hegel mißlang, wollte Feuerbach vollbringen. Er wollte das »Rätsel(s) der christlichen Religion« auflösen und schrieb in seinem Buch »Das

Wesen des Christentums«, »daß der *wahre Sinn* der Theologie die Anthropologie ist, daß (...) zwischen dem göttlichen und menschlichen Subjekt (...) *kein* Unterschied ist, daß sie *identisch* sind (...) meine Schrift ist nichts, als (...) die Selbstenttäuschung (...) der Religion«.[9]

Aller Religion, zumal der christlichen, liegt nach Feuerbach eine richtige Selbsteinschätzung des Menschen zugrunde – ein zutreffendes Selbstbewußtsein, das sich allerdings »nach außen« wirft und damit verkehrt wird. Ebendiese Selbsttäuschung muß durchschaut und entkräftet, sie muß ent-täuscht werden: »Die Religion ist (...) das Bewußtsein des Menschen von *seinem*, und zwar nicht endlichen, beschränkten, sondern *unendlichen* Wesen. (...) Die Religion zieht die Kräfte, Eigenschaften, Wesensbestimmungen des Menschen vom Menschen ab und vergöttert sie als selbständige Wesen – gleichgültig, ob sie nun, wie im Polytheismus, jede einzeln für sich zu einem Wesen macht, oder, wie im Monotheismus, alle in *ein* Wesen zusammenfaßt. (...) Das *absolute* Wesen, der Gott der Menschen, ist sein *eigenes Wesen.*«[10] Das ist also nicht irgendein blöder Atheismus, der erklärt: es gibt keinen Gott und damit Schluß, sondern hier geht es um das ursprüngliche und wirkliche Verhältnis des Menschen zu einer ursprünglichen und wirklichen »Gegebenheit«, die als »Gott« bezeichnet wird. Ist dieser Gott »außerhalb« oder »innerhalb« des Menschen? Um *diese* Frage dreht es sich bei Feuerbach. Es ist die Frage nach dem Gottesverhältnis, diese uralte Frage, mit der sich auch *Angelus Silesius* beschäftigt hat und Gottfried Keller, der diesen schlesischen Mystiker des 17. Jahrhunderts in unmittelbarem Zusammenhang mit Feuerbach zitiert: »Wenn wir uns aber weiter umsehen, so finden wir mit Vergnügen, wie die Extreme sich berühren und im Umwenden eines in das andere umschlagen kann. Glaubt man nicht, unsern Ludwig Feuerbach zu hören, wenn wir die Verse lesen: ›Ich bin so groß als Gott, Er ist als ich so klein, Er kann nicht über mich, ich unter Ihm nicht sein‹? Ferner: ›Ich weiß, daß ohne mich Gott nicht ein Nun kann leben, Werd ich zunicht, Er muß vor Not den Geist aufgeben.‹«[11]

Die Ähnlichkeit wirkt verblüffend, schreibt doch Feuerbach selbst: »*Das Bewußtsein Gottes ist das Selbstbewußtsein des Menschen, die Erkenntnis Gottes die Selbsterkenntnis des Menschen* (...) Gott ist das *offenbare* Innere, das *ausgesprochne* Selbst des Menschen; die Religion die feierliche Enthüllung der verborgenen Schätze des Menschen, das Eingeständnis seiner innersten Gedanken, das *öffentliche Bekenntnis seiner Liebesgeheimnisse*.«[12] Die verborgenen Schätze des Menschen, sein Eigentum, sollen nach Feuerbach (und dem jungen Hegel) nicht länger an den Himmel verschleudert bleiben; denn »*was der Mensch von Gott aussagt,* das sagt er *in Wahrheit von sich selbst aus*«.[13]

Damit scheint die leidige alte Frage gelöst zu sein: der scheinbar außermenschliche weltenthobene Gott der Religionen und auch des Christentums ist in Wirklichkeit nichts als eine Projektion des menschlichen Ich. Doch so plausibel das klingt – schlägt hier nicht hinter dem Menschen eine Tür zu, die nur noch nach innen aufgeht, also eine Falle? Und Gott sitzt draußen, ist endlich ausgesperrt und ausgeschaltet. Da sitzt er nun, seiner Schätze beraubt, die ihm nie gehört haben – eine klägliche Gestalt. Aber was ist das für ein Gott? Ist es der Gott, der Kaspar Hauser eingetrichtert werden sollte, diesem »gottlosen« Kind? Der enteignete Gott, der jetzt »draußen sitzt«, seiner kostbaren Überwürfe ledig, ähnelt sehr einem Gespenst. Was jetzt draußen sitzt, ist eine ihrer Verkleidungen entledigte Ausgeburt der Menschen, die *durchschaute* Projektion. Dieser Gott ist es, den Feuerbach, wohl gegen eigenes Wissen und Wollen, draußen sitzen gelassen hat. Es macht die Größe dieses Religionsphilosophen aus, daß er den ältesten und jüngsten, den geschicktesten und geläufigsten *Mißbrauch* Gottes aufgedeckt hat; Ludwig Feuerbach hat vielen Christen die Augen geöffnet für das, was sie aus diesem Gott gemacht haben, nämlich tatsächlich eine Projektion ihrer Wünsche und Bedürfnisse. Es macht Feuerbachs Grenze aus, daß er diesen Mißbrauch Gottes mit *Gott selbst* verwechselt, das Kind mit dem Bade ausgeschüttet hat.

Gleichviel: bei Feuerbach sitzt Gott jetzt endgültig draußen, der Mensch sitzt endgültig drinnen, im Diesseits. Heißt das nun, der eingesperrte Mensch bliebe für immer mit sich allein? Das heißt es nicht, denn jetzt hat der Mensch die Kraft gewonnen, auszubrechen. Der Ausweg ins Freie führt nun allerdings nicht mehr zu dem fremden, entbehrlichen anderen Gott, sondern zu dem nahen, unentbehrlichen anderen Menschen, dem er in Liebe zugetan ist. Diese offene Tür führt den Menschen zu seinem einzig fruchtbaren, weil einzig wirklichen Gegensatz: »Zwei Menschen gehören zur Erzeugung des Menschen –

des geistigen so gut wie des physischen: die Gemeinschaft des Menschen mit dem Menschen ist das erste Princip und Kriterium der Wahrheit und Allgemeinheit. (...) Je mehr Einer liebt, desto mehr ist er und umgekehrt.«[14] So heißt es in der programmatischen Schrift »Grundsätze der Philosophie der Zukunft« – und hier ist Feuerbach wieder nahe beim jungen Hegel, der in seinen Entwürfen über Religion und Liebe allerdings auch geschrieben hatte: »Das Ideal können wir nicht außer uns setzen, sonst wäre es ein Objekt – nicht in uns allein, sonst wäre es kein Ideal.«[15] Feuerbach geht weiter als Hegel, aber er setzt seine Schritte nicht mit der gleichen Behutsamkeit, so daß man fürchten muß: wo er hintritt, wächst kein Gras mehr. »Die Liebe macht den Menschen zu Gott und Gott zum Menschen. (...) Mensch mit Mensch – die Einheit von Ich und Du ist Gott.«[16]

Ist hier die »Vertikale« des Gottesverhältnisses zur »Horizontalen« der menschlichen Ich-Du-Beziehung umgekippt? Sicher nicht ganz, denn über der Vertikalen liegt ein heiliger Schimmer, ja ein göttliches Licht, von dem man allerdings nicht recht weiß, woher es kommt. »Mensch mit Mensch«: ist »die Einheit von Ich und Du« wirklich Gott? Mit dieser Frage, diesem Dickicht und Drahtverhau einer Frage muß sich – seit Feuerbach – jeder denkende Mensch herumschlagen, für den das Wort »Gott« mehr als eine leere Vokabel ist.

[1] *Anselm Ritter von Feuerbach:* Kaspar Hauser – Verbrechen am Seelenleben des Menschen, in: *J. Hörisch (Hrsg.):* Ich möchte ein solcher werden wie ... Materialien zur Sprachlosigkeit des Kaspar Hauser. Frankfurt 1979, S. 175, 135. – [2] Zitiert nach *K. Löwith:* Feuerbach und der Ausgang der klassischen deutschen Philosophie, in: *E. Thies (Hrsg.):* Ludwig Feuerbach (Wege der Forschung. Bd CDXXXVIII). Darmstadt 1976, S. 39. – [3] Ebd., S. 40. – [4] Ebd., S. 43. – [5] Zitiert nach *B. Breitenbruch:* Gottfried Keller in Selbstzeugnissen und Bilddokumenten. Reinbek bei Hamburg 1968, S. 47. [6] *G. Keller:* Der grüne Heinrich. Dritter und Vierter Band. München 1981, S. 385. – [7] Zitiert nach *K. Löwith,* a. a. O., S. 41. – [8] *G. W. F. Hegel:* Werke in zwanzig Bänden (Theorie-Werkausgabe). Bd I. Frankfurt 1971, S. 209. – [9] *L. Feuerbach:* Das Wesen des Christentums. Stuttgart 1980, S. 23, 29. – [10] Ebd., S. 38, 41, 43. – [11] *G. Keller,* a. a. O., S. 400. – [12] *L. Feuerbach:* a. a. O., S. 53. – [13] Ebd., S. 75. – [14] *L. Feuerbach:* Grundsätze der Philosophie der Zukunft. Frankfurt 1967, S. 96, 91. – [15] *G. W. F. Hegel:* Werke. Bd I, a. a. O., S. 244. – [16] *L. Feuerbach:* a. a. O., S. 99, und *ders.:* Grundsätze der Philosophie der Zukunft, a. a. O., S. 110.

Gerecht sein: Pierre Joseph Proudhon

** 15. 1. 1809, † 19. 1. 1865*

Er mißtraute der Macht und liebte die Gerechtigkeit, ja er liebte nichts mehr als die Gerechtigkeit. »Woher kommt diese meine Leidenschaft für die Gerechtigkeit, die mich quält und reizt und zornig stimmt? Ich habe keine Erklärung dafür. Sie ist mein Gott, meine Religion, mein alles: und wenn ich sie mit philosophischer Vernunft zu rechtfertigen versuche, gelingt es mir nicht.«[1]

Für ihn war die Gerechtigkeit der Keim jeder menschenwürdigen Existenz, der Keim jeder menschenwürdigen Gesellschaft. *Proudhon* verzehrte sein Leben, um diesem Keim zum Durchbruch zu verhelfen und blieb dabei auf der Strecke. Er zählt zu den Unterlegenen. Weniger deshalb, weil sein vieltausendseitiges Werk Fragment geblieben ist – und die Gerechtigkeit sowieso –, sondern weil dieser französische Sozialphilosoph und Sozialist in den Schatten eines überragenden Siegers geriet. Daß Proudhon zu den Unterlegenen zählt, hängt mittelbar und unmittelbar mit *Karl Marx* zusammen. Mittelbar, weil die Geschichtsschreibung, die immer die Geschichte der Sieger schreibt, in Sachen Sozialismus Marx zum Maßstab nimmt, hinter dem die anderen englischen, französischen und deutschen Sozialisten zurücktreten als »uneigentliche« oder »vorläufige« Figuren, als sogenannte »Frühsozialisten«. Solcher Rückstufung ist es ganz gleich, ob die Betroffenen gleichzeitig mit Marx gelebt haben und wie ihre andersartigen Theorie- und Praxiskonzepte aussehen. Daß Proudhon zu den Unterlegenen zählt, liegt aber auch unmittelbar an Marx, der ihn anfangs bewundert, später kritisiert und dann drei Jahrzehnte hindurch ebenso scharfzüngig wie berechnend vor der europäischen Arbeiterbewegung lächerlich gemacht hat.

Die beiden kannten sich persönlich. Sie hatten sich in Paris kennengelernt. Als der neun Jahre jüngere Marx, damals noch ein unbekannter radikaler Journalist, 1844 nach Frankreich emigrierte, war Proudhon dort bereits ein bekannter Mann. Der gelernte Schriftsetzer aus Besançon, Sohn eines Böttchers und einer Dienstmagd, mußte früh die Schule verlassen, um sich sein Brot zu verdienen. Er hat nie studiert. Zeitlebens Autodidakt, trieb er ausgedehnte Studien in weit auseinanderliegenden Wissensgebieten. Latein, Griechisch, Hebräisch lehrte der junge Mann sich selbst. Als Person hielt er sich freilich immer zurück: »Ich habe nichts über mein Privatleben zu sagen, es geht andere nichts an.«[2] Aber schon als Dreißigjähriger erregte er größtes Aufsehen mit seiner Preisarbeit: »Was ist das Eigentum?« Denn in dieser Kampfschrift stand der Satz: »Eigentum ist Diebstahl.«

Eigentum ist Diebstahl, wenn es nicht erarbeitet, sondern aus Kapitalanlagen geflossen ist. Nur wer arbeitet, hat Anspruch auf den Ertrag seiner Arbeit. Wer hingegen Gewinn schöpft aus Zinsen, Renten, Mieten und dergleichen, das heißt, wer aufgrund des bloßen Eigentumstitels über Einkommen ohne Arbeit verfügt, der bestiehlt die Arbeitenden. In diesem unberechtigten Zugriff der Kapitalmächtigen liegt für Proudhon der Grund aller sozialer Ungerechtigkeit und Unfreiheit. Was Proudhon aufheben wollte, war also das Eigentum als Machtfaktor, nicht das Eigentum aus Arbeit – im Gegenteil: als Arbeitseinkommen wird es überhaupt erst im freien, wechselseitigen Austausch zwischen den Produzenten zur Grundlage einer frei und gerecht kooperierenden Gesellschaft.

Proudhon schält hier einen Gegensatz heraus, den er in der Sache selbst angelegt sieht: »Eigentum ist Diebstahl, Eigentum ist Freiheit. Diese beiden Sätze sind auf gleiche Weise bewiesen und bestehen nebeneinander...«[3] Die dem Eigentum innewohnende Gegensätzlichkeit bildet eine Spannung, die zu einem Antriebsmoment des gesellschaftlichen Lebens wird: »Das Eigentum, in der Gesamtheit der sozialen Institutionen betrachtet, hat sozusagen zwei offene Konten: Auf der einen Seite stehen die Vorteile, welche es hervorbringt, und welche direkt aus seinem Wesen folgen; auf der anderen stehen die Nachteile, welche es hervorbringt, die Kosten, welche es verursacht, und welche, ebenso direkt wie die Vorteile, aus seiner Natur sich ergeben. (...) Im Eigentum, wie bei allen ökonomischen Elementen, ist der Nachteil oder der Mißbrauch unzertrennlich von dem Vorteil. (...) Alles, was gegen die Mißbräuche oder Nachteile des Eigentums geschehen kann,

besteht darin, daß man es mit einem entgegengesetzten Element verschmilzt, synthetisiert oder ins Gleichgewicht setzt, wie der Gläubiger gegenüber dem Schuldner...«[4]
Das klingt nach *Hegel* und ist doch nicht Hegel. Das klingt nach Dialektik und ist auch Dialektik, aber es ist Proudhons eigenes dialektisches Verständnis von Gesellschaft. Seine Deutungskategorien heißen: Gegensätze, Widersprüche, Antinomien, Antagonismen. Was versteht er darunter? »Die antinomischen Begriffe lösen sich ebensowenig auf wie die entgegengesetzten Pole eines elektrischen Aggregats sich zerstören. Das Problem besteht darin, nicht ihre Verschmelzung, die ihr Tod wäre, sondern ihr immer unstabiles und nach der Entwicklung der Gesellschaft selber sich veränderndes Gleichgewicht zu finden.«[5]
Nach Proudhon sind die Realitäten der Geschichte von Gegensätzen durchwaltet, von Gegensätzen, die Hegel dadurch vergewaltigt, daß er sie zu Synthesen zwingt und damit in ihrer Eigenständigkeit auslöscht. Die widersprüchlichen Elemente innerhalb einer Gesellschaft sollen gegeneinander und in diesem Widerstreit zugleich miteinander arbeiten – jene Gegensätze und Widersprüche, die in allen Bereichen des Daseins anzutreffen und prinzipiell nicht zu beheben sind, es sei denn um den Preis der gewaltsamen Unterdrückung von Lebendigem. Sie müssen bestehen bleiben oder wiederhergestellt werden: »Alle Menschen sind gleich und frei: die Gesellschaft ist also ihrer Natur und ihrer Bestimmung nach autonom und bedarf keiner Regierung. (...) Wer Hand an mich legt, um mich zu regieren, ist ein Machträuber und Tyrann; ich erkläre ihn für meinen Feind. (...) Die Demokratie ist die Abschaffung aller Gewalten, der geistlichen und weltlichen, der legislativen, exekutiven und richterlichen, und der Gewalt des Eigentums. (...) Wir sind so vernarrt in die Macht, (...) wir lassen uns so gern regieren, daß wir nicht die Möglichkeit begreifen, frei zu leben ...«[6]
Abzudanken hat jede Instanz, die Freiheit außer Kraft setzt und jenes freie Spiel der Gegensätze lähmt, aus dem eine Gesellschaft ihr Leben bezieht, ihr konkretes Leben, das fortschreitend aus Wechselbeziehungen erwächst – und »konkret« heißt ja »zusammengewachsen«. Am Paradebeispiel »Eigentum« verläuft dieser Prozeß des Zusammenwachsens – stichwortartig angedeutet – in folgenden Phasen: *Gegensatz* im Eigentum selbst – *Wechselbeziehung* im Austausch erarbeiteten Eigentums – *Gerechtigkeit* des sozialen Lebens. Was seiner »Natur«

nach gegensätzlich angelegt ist, konkretisiert sich im sozialen Wechselspiel zur Gerechtigkeit. Ist das nun breiiger Hegelianismus oder ein sozialpolitisches Konzept, das sich verwirklichen läßt? »Freier Zusammenschluß (...), begrenzt auf die Erhaltung der Gleichheit bei den Produktionsmitteln und Gleichwertigkeit beim Güteraustausch, ist die einzig mögliche, gerechte und wahre Gesellschaftsform. Politik ist die Wissenschaft von der Freiheit; Herrschaft über den Menschen, ausgeübt von Menschen, mit welchen Namen sie sich auch verkleiden mag, bedeutet Unterdrückung: perfekt ist die Gesellschaft, die Ordnung mit Anarchie verbindet.«[7]

Da kommt es endlich, das Reizwort »Anarchie« – ein altes Wort mit neuer Bedeutung. Proudhon ist der erste, der sich als »Anarchist« bezeichnet, und er ist der letzte, der darunter Chaos versteht: »Soll es ein Verhältnis zwischen den Interessen geben, so müssen die Interessen anwesend sein, für sich selber sprechen, ihre Forderungen vorbringen, sich engagieren, handeln. (...) In letzter Konsequenz verkörpert jeder die Regierung, gibt es also keine Regierung. Das System der Herrschaft folgt mithin aus seiner Definition: Repräsentative Herrschaft heißt Verhältnis zwischen den Interessen; Verhältnis zwischen den Interessen heißt Nichtvorhandensein von Herrschaft.«[8] »Anarchie« heißt für Proudhon Wechselspiel der gesellschaftlichen Gegensätze, ein Wechselspiel, das zur Gegenseitigkeit, eine Gegenseitigkeit, die zur Gerechtigkeit führt – allerdings nur dann, wenn jegliche Machtkonzentration ausgeschaltet ist: »Was garantiert die Wahrung der Gerechtigkeit? Dasselbe Moment, das die Achtung des Kaufmanns vor der Münze garantiert – Vertrauen in die Gegenseitigkeit, das heißt in die Gerechtigkeit selbst. Gerechtigkeit ist für intelligente und freie Geschöpfe das vornehmste Motiv ihrer Entscheidungen. (...) Wer eine Regierung über sich hat, wird beaufsichtigt, kontrolliert, bespitzelt, gelenkt, mit Gesetzen überzogen, reglementiert, zum Gegenstand von Akten gemacht, mit Ideologie geimpft, ständig ermahnt, besteuert, gewogen, zensiert, herumkommandiert, und zwar von Männern, die weder ein Recht, noch das Wissen, noch die moralische Sauberkeit dazu haben. (...) Er wird schließlich unterdrückt, ausgeplündert, verfolgt, eingesperrt, verhöhnt, gefoltert, mit Maschinengewehren niedergemacht, entehrt ...«[9]

An-archie heißt wörtlich übersetzt: Herrschaftlosigkeit. In diesem und

nur in diesem Sinne ist Proudhon »Anarchist«: es darf keine Autorität geben, die die lebenserhaltenden und vorantreibenden Antagonismen der gesellschaftlichen Welt zerstört: keine absolute Idee, keinen Staat, keine Kirche, keinen Gott. Wenn Proudhon sagt, die lebendigen Gegenstrebigkeiten müssen sich aneinander abarbeiten, dann unterstellen ihm daraufhin manche, er wolle die »naturwüchsigen« Kräfte gesellschaftlicher Prozesse so bewahren, wenn auch mit ordnender Hand, wie sie von selbst wachsen. Dies hat zu dem bizarren Vorwurf geführt, Proudhons Denken sei konservatives Ordnungsdenken und folge dem Modell der »prästabilierten Harmonie«.
Aber Proudhon, der *Leibniz* kennt und oft zitiert, wendet sich ausdrücklich gegen dessen Optimismus und besteht auf dem Gedanken, daß sich Ordnung nur als Vielfältigkeit von Ganzheiten konstituiert, das heißt »in den mühsamen Anstrengungen der Menschheit und durch die Antinomien der Gruppen und Klassen hindurch«.[10] Es ist zwar unbestreitbar, daß sich ein solches mehrdimensionales, auf Wahrung *aller* berechtigten Ansprüche gerichtetes Denken Zurückhaltungen auferlegt, die seine Stoßkraft und sein Durchsetzungsvermögen mindern. Andererseits will Proudhon die Antagonismen ja nicht nur feststellen und dann alles beim alten lassen, sondern er will sie dort, wo sie nicht vorhanden sind, herstellen, um Voraussetzungen für mehr Gerechtigkeit zu schaffen und so dafür zu sorgen, daß gerade *nicht* alles beim alten bleibt.
Marx wirft Proudhon vor, er habe mit seiner Dialektik der Gleichgewichtszustände die Gegensätze stillegen wollen. Diesem Einwand entspricht der Einwand Proudhons, Marx vernichte die wechselseitige Spannung der gesellschaftlichen Gruppen durch die isolierte Ermächtigung *einer* Gruppe. Marx sah in Proudhons autoritätslosem Anarchismus eine reaktionäre Haltung, während Proudhon die von Marx angezielte Revolution durch das Proletariat als einseitigen Überwältigungsversuch deutete. Ebenso unvereinbar wie die Wege und Ziele dieser beiden Denker ist ihre Selbsteinschätzung. Während Marx schon beizeiten an seinem Image gearbeitet hat, einem Standbild aus einem Guß, war Proudhon weit davon entfernt, die Widersprüche innerhalb seiner eigenen Person zu verleugnen – im Gegenteil, darin bestätigt er sogar seine Gegner: »Dieser Mensch, sagte man, hat ein hitziges Blut; er muß alles zerstören: Eigentum, Kommunismus, Monarchie und

Demokratie, Gott und Teufel. Er ist nicht einmal mit sich selbst zufrieden! (...) Glücklich, dreimal glücklich diejenigen, welche mit sich selbst zufrieden sein können!«[11]

So etwas wäre Marx nie über die Lippen gekommen. Es ist wahr: beide wollten das soziale Elend der Massen beseitigen. Es ist weiterhin wahr: beide werteten die Arbeit als unverzichtbar für die Menschwerdung des Menschen. Aber damit enden auch schon die wesentlichen Gemeinsamkeiten.

In einem Brief an den russischen Gutsbesitzer *Pawel Wassiljewitsch Annenkow* schrieb Marx: »Herr Proudhon liefert nicht deshalb eine falsche Kritik der politischen Ökonomie, weil er eine lächerliche Philosophie besitzt, sondern er liefert eine lächerliche Philosophie, weil er die gegenwärtigen sozialen Zustände in ihrer Verkettung (...) nicht begriffen hat. (...) Warum treibt er schwächlichen Hegelianismus, um sich als starker Denker aufzuspielen?«[12] So höhnt Marx seit 1846, nachdem sich Proudhon geweigert hatte, für ihn den Verbindungsmann in Paris zu machen. Marx wollte Proudhon in seinen Plan einbeziehen, eine internationale sozialistische Korrespondenz einzurichten, und schreibt ihm am 5. Mai 1846 aus Brüssel: »Das Hauptziel unserer Korrespondenz wird jedoch darin bestehen, die Verbindung der deutschen Sozialisten mit den französischen und englischen herzustellen, die Ausländer über die sozialistischen Bewegungen, die sich in Deutschland entfalten werden, auf dem laufenden zu halten, sowie die Deutschen in Deutschland über den Fortschritt des Sozialismus in Frankreich zu informieren. Auf diese Weise werden die Meinungsverschiedenheiten zutage treten können, und man wird zu einem Gedankenaustausch und zu einer unparteiischen Kritik gelangen. Dies ist jener Schritt, den die soziale Bewegung in ihrer *literarischen* Ausdrucksform machen muß, um sich der *nationalen* Beschränktheit zu entledigen.«[13]

Proudhons Antwort auf diesen herablassend formulierten Brief ist sehr aufschlußreich: »Um Gottes willen, versuchen Sie nicht, nachdem wir alle anderen Dogmatismen zerstört haben, nun unsererseits Dogmen in die Menschen zu pumpen. Verfallen wir nicht in den Widerspruch Ihres Landsmannes *Martin Luther*, der, sofort nachdem er die katholische Theologie gestürzt hatte, sich an die Arbeit begab, unter großem Gebrauch von Exkommunikationen und Bannflüchen eine protestantische Theologie zu schaffen. Machen wir uns nicht, weil wir an der Spitze der Bewegung stehen, zu Chefs einer neuen Intoleranz. Gebärden wir uns nicht als Apostel einer neuen Religion. (...) Betrachten wir eine Frage niemals als erschöpft, und wenn wir unser letztes Argument verbraucht haben, dann fangen wir, wenn es nötig ist, mit Beredsamkeit und mit Selbstironie von vorne an. Unter diesen Bedingungen werde ich mit Vergnügen bei Ihrem Unternehmen mitmachen. Andernfalls, nein.«[14]

Daß Proudhon seine Zusage an Bedingungen knüpfen wollte, um unabhängig zu bleiben und anderen ihre Unabhängigkeit zu lassen, hat Marx ihm nie verziehen. Marx war ohne Zweifel der klarere Kopf, aber seine Behauptung, Proudhon habe zu wenig Grips, um Hegel zu verstehen, war teils ein Mißverständnis, teils ein Vorwand. Ein Mißverständnis, weil Hegels Dialektik für Proudhon nur ein Denkimpuls unter anderen war, und nicht einmal der wichtigste; ein Vorwand, weil Marx diesem französischen »Kleinbürger« verübelte, daß er dem großen deutschen Chefdenker die Gefolgschaft verweigert hat.

Was seine Wirkung angeht, so gehört Proudhon zu den großen Unterlegenen, zu den unterlegenen Großen. Im Jahre 1860, fünf Jahre vor seinem Tod, schrieb dieser Mann: »Die Gemetzel werden kommen, und die Entkräftung, die auf diese Blutbäder folgen wird, wird entsetzlich sein. Wir werden das Werk des neuen Zeitalters nicht sehen, wir werden in der Nacht kämpfen, man muß sich darauf einrichten, dieses Leben ohne allzu viel Traurigkeit zu ertragen, indem wir unsere Pflicht tun. Helfen wir einander, rufen wir einander im Dunkel an, und jedesmal, wo sich die Gelegenheit dazu bietet, üben wir Gerechtigkeit.«[15]

[1] Zitiert nach *J. Joll:* Die Anarchisten. Frankfurt – Berlin – Wien 1971, S. 50. – [2] *P. J. Proudhon:* Bekenntnisse eines Revolutionärs. Hrsg. von *G. Hillmann*. Reinbek bei Hamburg 1969, S. 92. – [3] Ebd., S. 99. – [4] Ebd. – [5] Zitiert nach *G. Gurvitch:* Dialektik und Soziologie. Neuwied und Berlin 1965, S. 122. – [6] *P. J. Proudhon*, a. a. O., S. 18, 22, 128. – [7] Zitiert nach *J. Joll*, a. a. O., S. 50f. – [8] Ebd., S. 53f. – [9] Ebd., S. 55, 57. – [10] *G. Gurvitch*, a. a. O., S. 125. – [11] *P. J. Proudhon*, a. a. O., S. 105. – [12] *K. Marx/F. Engels:* Ausgewählte Werke in sechs Bänden. Bd I. Berlin 1977, S. 607f. – [13] *K. Marx/F. Engels:* Werke. Berlin 1957ff. (MEW). Bd 27, S. 442. – [14] Zitiert nach *E. Thier:* Marx und Proudhon, in: Marxismus-Studien. Zweite Folge. Tübingen 1957, S. 126. – [15] Ebd. S. 141.

Verändern statt erklären: Karl Marx

** 5. 5. 1818, † 14. 3. 1883*

Sein Bart und sein Haar waren schwarz. Sie umwucherten ein Gesicht von dunklem, brünettem Teint. »Schwarzwildchen« nannte ihn *Jenny von Westphalen* in einem zärtlichen Brief, kurz bevor sie seine Frau wurde. »Mohr« nannten ihn die drei Töchter. »Vater Marx« nannten ihn die Mitglieder des Kommunistenbundes. Sie liebten und respektierten ihn. Aber es gab auch andere. »Roter Preuße«, »gemeiner Kerl und unverschämter Jude« hieß er bei denen. Sie haßten und verachteten ihn. In diesen widersprüchlichen Gefühlsreaktionen, die er wachrief, spiegeln sich die Liebe und der Haß eines Menschen, dessen Element der Kampf war.

Karl Marx wurde 1818 in Trier geboren. Seine Eltern stammten aus alten Rabbinerfamilien. Der Vater, ein liberal denkender aufgeklärter Jude, von Beruf Rechtsanwalt, war zum Protestantismus übergetreten, um Schwierigkeiten aus dem Weg zu gehen: er hatte acht Kinder, und das Rheinland gehörte nach dem Sturz *Napoleons* zum protestantischen Preußen. Karl Marx wuchs in Trier auf, machte mit siebzehn sein Abitur und ging dann an die Universität Bonn zum Studium der Rechte. Der Jurastudent schrieb freilich lieber romantische Gedichte, statt über den Büchern zu hocken, und unternahm ausgedehnte Zechtouren mit den Kumpanen aus der Trierer Landsmannschaft. Den Eltern daheim schrieb er äußerst selten, und zum Kummer seines Vaters gab er weit mehr Geld aus, als die Familie aufbringen konnte. Zu allem Überdruß liebte dieser Bursche aus bürgerlichem Hause ein adliges Mädchen: die hinreißend schöne, vielumworbene Jenny von Westphalen. Jenny und Karl kannten sich von klein auf, und bevor sie sich verlobten – er 18, sie 22 –, gab es in beiden Familien Ärger: die Standesunterschiede waren zu groß.

Nach einem Jahr Bonn wechselte der blutjunge Marx auf Wunsch des Vaters nach Berlin, setzte dort sein juristisches Studium fort und kam zum ersten Mal mit den seinerzeit beherrschenden Ideen des großen deutschen Philosophen *Hegel* in Berührung. Hegel selbst hatte in Berlin gelehrt bis zu seinem Tod im Jahre 1831, und es war erst fünf Jahre her, als Marx in die Hauptstadt Preußens kam. Hegels Philosophie spielte auch eine große Rolle in dem sogenannten »Doktorklub«, einem Diskussionskreis äußerst lebhafter, regimekritischer Intellektueller, zu denen bald auch Marx gehörte. Im übrigen blieb er beim Verseschmieden, schickte seiner geliebten Jenny ganze Hefte voller Gedichte und stürzte sich weiter in Schulden: sehr zum Leidwesen seines Vaters, der aber von der außergewöhnlichen Berufung seines Sohnes überzeugt war und überzeugt blieb. 1841 brachte der Dreiundzwanzigjährige seine philosophische Doktorarbeit zum Abschluß, und dann begann ein ziemlich ruheloses Jahr, in dem er sich zum Journalisten mauserte.
Marx schrieb anfangs eine Reihe von Aufsätzen teils zu wirtschaftlichen, teils zu politischen Fragen und übernahm im Oktober 1842 die Leitung der »Rheinischen Zeitung«. Er kritisierte die rückschrittliche Ständeverfassung des rheinischen Staates, machte auf die Not der Weinbauern an der Mosel aufmerksam und schlug sich mit den Zensurbehörden herum, bis das Blatt verboten wurde: es war der Preußischen Regierung zu radikal. Im gleichen Jahre 1843 heiratete Marx seine Jenny. Mit der unbändigen Energie, die ihm zeitlebens eigen war, las er eine Unmenge nationalökonomischer Literatur, darunter die Werke des großen Hegel. Ihm widersprach er aufs schärfste. Nach Hegel wird die Geschichte der Menschen eigentlich nicht von Menschen bestimmt, sondern von einem alles durchwaltenden Geist, den Hegel »Weltgeist« nennt. Marx hingegen erklärte mit aller Entschiedenheit, daß es Menschen sind, die die Geschichte machen, und zwar nicht als einzelne, sondern als Gesellschaft; nicht durch ihren Geist, sondern durch ihre Arbeit. Darum waren für ihn auch Rechtsverhältnisse und Staatsformen nicht aus der allgemeinen Entwicklung des menschlichen Geistes zu begreifen, sondern aus den materiellen Lebensverhältnissen, in denen sie wurzeln. Marx behauptet damit im Gegensatz zu Hegel: nicht geistige, sondern materielle Kräfte bestimmen das Leben der Welt. Das war eine deutliche Sprache und der Keim seines eigenständigen Denkens. Für solche anstößigen Ansichten war Preußen der falsche Ort,

und Marx mußte Deutschland verlassen. Zusammen mit seiner Frau ging er nach Paris, wo er mit den Freunden *Ruge* und *Herwegh* eine neue kritische Zeitschrift gründete: die »Deutsch-Französischen Jahrbücher«. In Paris lernte er *Heinrich Heine* kennen und schätzen. In Paris lernte er auch einen deutschen Kaufmannssohn kennen, der sein engster Freund und sein selbstlosester Förderer werden sollte: *Friedrich Engels*, zwei Jahre jünger als Marx, ältester Sohn eines Tuchfabrikanten aus Wuppertal.

Frankreich war seinerzeit das Sammelbecken und Eldorado umstürzlerischer Bewegungen. Es wimmelte von Sozialisten, Kommunisten und Anarchisten, die allerdings untereinander zersplittert blieben. Für Marx waren die Jahre von 1844 bis 49, die er teils in Paris, teils in Brüssel verbrachte, entscheidend für sein künftiges Programm. Damals wurden die Weichen gestellt. Es war die Zeit der ausschlaggebenden Begegnungen und Auseinandersetzungen – und Begegnungen waren für Marx immer zugleich Auseinandersetzungen. So hielt er es auch mit den zunächst einmal leidenschaftlich bejahten Schriften des Philosophen *Ludwig Feuerbach*, den er persönlich schon in Deutschland kennengelernt hatte. Der Begegnung mit Feuerbach verdankte Marx seine radikale Religionskritik, der Auseinandersetzung mit Feuerbach seine revolutionäre Gesellschaftskritik.

Feuerbach hatte gesagt: nicht Gott hat den Menschen geschaffen, sondern umgekehrt; am Anfang ist der kleine Mensch, der zu seinem höheren Ich finden will, und wenn der Mensch »Gott« sagt, dann meint er in Wirklichkeit sich selbst – er weiß es nur noch nicht. Eben das will Feuerbach den Menschen zu Bewußtsein bringen. »Ich zeige«, so schreibt er, »daß zwischen dem göttlichen und menschlichen Subjekt *kein* Unterschied ist, daß sie identisch sind. (...) Das *absolute Wesen*, der Gott der Menschen, ist *sein eigenes Wesen*. Gott ist das *offenbare* Innere, das *ausgesprochene* Selbst des Menschen.«[1] Feuerbach wollte die einzigartige, ja göttliche Würde der Menschen retten, indem er ihnen ihr Eigentum zurückgab, das ihnen sowieso gehörte, das sie aber an den Himmel verschleudert hatten.

Marx begrüßte diese Zurückerstattung des menschlichen Eigentums, er begrüßte die rückgängig gemachte Selbstentfremdung des Menschen, doch sie ging ihm nicht weit genug. Seiner Auffassung nach war Feuerbach im Bereich des Geistigen und im Bereich des Privaten steckengeblieben, hatte also auf halbem Wege Schluß gemacht. Der ganze Enteignungsvorgang Gottes, diese Wiedervergöttlichung des Menschen, vollzog sich nur im Kopf des einzelnen. Das kritisierte Marx. Denn an den konkreten Lebensverhältnissen der menschlichen Gesellschaft änderte sich dadurch gar nichts. Deshalb seine Auseinandersetzung mit Feuerbach, die in dem vernichtend gemeinten Satz steckt: »Die Philosophen haben die Welt nur verschieden interpretiert, es kömmt darauf an, sie zu verändern.«[2] Er wollte damit sagen: Feuerbach war ein großartiger Philosoph, der einen großangelegten Schwindel aufgedeckt und aufgeklärt hat, den größten Schwindel aller Zeiten – *erklärt* hat und sonst gar nichts; er hat zwar den religiösen Schwindel durchschaut, doch für die nun aufgeklärten Schwindler blieb alles beim alten: die konkreten Existenzbedingungen ihres menschenunwürdigen Lebens hatten sich damit keineswegs geändert. Was nützte es, das vom Menschen erfundene Jenseits aufs Diesseits zurückzubiegen, wenn dieses elende Diesseits dabei genauso elend blieb wie vorher? Das »Opium des Volkes«, dieses falsche, den Menschen sich selbst entfremdende Gift, war zwar aus dem Verkehr gezogen, nicht aber das Suchtmotiv, das die Menschen zu diesem Gifte greifen ließ.

Das Suchtmotiv der Menschen war für Marx immer und zu allen Zeiten das praktische Elend der Menschen, das Elend ihrer praktischen Lebensverhältnisse. Deshalb war es für ihn zu wenig, nur das religiöse Symptom zu kurieren, statt die soziale Krankheit an der Wurzel zu packen und ein für allemal auszurotten. So verwandelte er »die Kritik des Himmels in die Kritik der Erde, die Kritik der Religion in die Kritik des Rechts, die Kritik der Theologie in die Kritik der Politik«.[3] Für Marx war ein radikaler, dauerhaft wirksamer und auch schmerzhafter Eingriff unvermeidlich. Genau darum forderte er nicht, wie Feuerbach, die Menschen zum *Umdenken* auf, das ja auch wieder nur theoretisch und wirkungslos geblieben wäre, sondern zur *Umwälzung*, zur praktisch wirksamen Umwälzung der konkreten Verhältnisse, die sie elend machten: »Das Bewußtsein kann nie etwas anderes sein als das bewußte Sein, und das Sein der Menschen ist ihr wirklicher Lebensprozeß. (...) Nicht das Bewußtsein bestimmt das Leben, sondern das Leben bestimmt das Bewußtsein.«[4]

Wie elend die Lebensverhältnisse der wirtschaftlich Abhängigen, der kinderreichen Lohnarbeiter, der Proletarier um die Mitte des vergangenen Jahrhunderts waren, davon haben wir viele zeitgenössische Berichte und Bilder. Karl Marx selber schrieb: »Die Verwirklichung der Arbeit erscheint so sehr als Entwirklichung, daß der Arbeiter bis zum Hungertod entwirklicht wird. (...) Der Arbeiter fühlt sich erst außer der Arbeit bei sich und in der Arbeit außer sich. Zu Hause ist er, wenn er nicht arbeitet, und wenn er arbeitet, ist er nicht zu Haus.«[5]

Marx schätzte die Bedeutung der Arbeit für den Menschen außerordentlich hoch ein. Es macht den Menschen aus, sein eigener Schöpfer zu sein und sich selbst hervorzubringen, indem er gemeinsam mit seinen Mitmenschen die Außenwelt bearbeitet und verändert. Marx meinte: »Ich« sein oder überhaupt erst im vollen Sinne »Ich« werden kann einer nur, der selbstbestimmt und ganzheitlich arbeitet; durch erzwungene und aufgesplitterte Arbeit kommt er sich abhanden.

Und was war das für ein »Zuhause«, in das der Arbeiter nach der Arbeit kam? Marx wußte, was Friedrich Engels über die feuchten und stinkenden, dunklen und engen Käfige von Wohnungen in den gettoartig abgeriegelten Slums von Manchester berichtet hat, in denen Mitte vergangenen Jahrhunderts die Arbeiter »lebten«. Engels kannte sich aus in Manchester. Sein Vater hatte dort eine große Baumwollspinnerei aufgezogen, und auf Wunsch des Vaters war der Sohn in das Kontor dieser Fabrik eingetreten. Daraus bezog er jene Einkünfte, die es ihm gestatteten, Marx immer wieder zu unterstützen. Das ist ein erregender Widerspruch, einer von vielen Widersprüchen im Leben dieser Männer. Engels hat jahrzehntelang dem, wie er sagte, »hündischen Kommerz« gedient, um seinem Freund jene brotlose Schriftstellerei zu ermöglichen, an deren weltverändernden Sinn sie beide glaubten.

Marx, immer noch in Paris und zwischendurch in Brüssel, suchte Mitarbeiter, Gesinnungsgenossen, Finanziers, Stützpunkte für sein Umwälzungsprogramm, schrieb Artikel, hielt Vorträge, stritt und zerstritt sich mit Sozialisten, Kommunisten, Anarchisten. Im Februar 1848 erschien sein »Manifest der Kommunistischen Partei«. Darin stehen zwei vielzitierte Sätze, der eine gegen Anfang, der andere ganz am Ende. Der erste Satz heißt: »Die Geschichte aller bisherigen Gesellschaft ist die Geschichte von Klassenkämpfen.«[6] Diese These wird dann erläutert und mündet ein in den Appell, jetzt sei es an der Zeit, durch Aufhebung aller Unterdrückungsverhältnisse eine klassenlose Gesellschaft zu schaffen. Der letzte Satz heißt: *»Proletarier aller*

Länder, vereinigt euch!« Kurz davor aber steht die Rechtfertigungsgrundlage für diesen revolutionären Appell, der eigentliche Grund, aus dem Marx den sicheren Sieg der Proletarier herleitete. Seine Gewißheit, daß die Arbeiter die einzig tragende und zukunftsträchtige Klasse der Gesellschaft bilden, lautet nämlich: »Die Proletarier haben nichts (...) zu verlieren als ihre Ketten. Sie haben eine Welt zu gewinnen.«[7] Hier wird eine Nullpunkt-Situation beschworen, in der nichts mehr zu verlieren und darum alles zu gewinnen ist. Wer nichts mehr zu verlieren hat, ist frei – so frei wie niemand sonst auf der Welt. »Etwas Besseres als den Tod finden wir allemal«, sagten die Bremer Stadtmusikanten in der Märchensammlung der Gebrüder Grimm. Marx setzte allerdings auf eine historische Nullpunkt-Situation. Das »Kommunistische Manifest« war gerade veröffentlicht, als die Revolution des Jahres 1848 ausbrach. Marx hoffte auf die ersehnte Umwälzung, doch sie fand nicht statt und wurde in Blut erstickt, wo sie aufkommen wollte.

Karl Marx wurde nun auch aus Frankreich ausgewiesen, wie er zuvor aus Deutschland und Belgien ausgewiesen worden war. Um der Verbannung in ein Sumpfgebiet der Bretagne zu entgehen, floh er 1849 nach England. London war und blieb sein endgültiges Exil in den nächsten drei Jahrzehnten, trotz einiger kurzer Reisen aufs Festland. In London schrieb er sein dreibändiges Werk »Das Kapital«. Er erlebte nur die Veröffentlichung des ersten Bandes, das war 1867; die beiden folgenden Bände hat Friedrich Engels herausgegeben. Marx schrieb und las, las und schrieb – sein Leben in London pendelte sozusagen zwischen zwei Schreibtischen: dem im Lesesaal des Britischen Museums und dem zu Hause in der elenden, mit sperrmüllreifen Möbeln bestückten, viel zu engen Wohnung im Elendsviertel Soho. Da lebte die siebenköpfige Familie in drückendster Armut. Wochenlang gab es kein Fleisch, weil ihnen keiner mehr Kredit gab.

Das Wort »Kredit« kommt aus dem Lateinischen und heißt wörtlich »das Geglaubte« – geglaubt wie ein Gott, wie jener Gott, von dem Ludwig Feuerbach sagt, daß ihm die Menschen ihr Eigenstes überlassen haben? Für Marx ist das Geld ein »Fetisch«, den die Menschen erschaffen haben und anbeten, die »verkehrte Welt«, die »sichtbare Gottheit«, Ersatz für ihr eigenes ungelebtes Leben. So klar sich gezeigt hat, daß Marxsche Überzeugungen wie die von der

Revolution des Proletariats, angeblich erzwungen vom gesetzmäßigen Fortschritt der Geschichte, nicht Wirklichkeit geworden sind, so nüchtern man sehen muß, daß es weiterhin Unterdrücker und Unterdrückte gibt (wobei immer schwieriger auszumachen ist, wer wie mit wem was macht), so plausibel bleibt noch immer seine Deutung der Geld-Magie, die von Menschen erzeugt ist wie der Feuerbachsche Gott: »Was durch das *Geld* für mich ist, was ich zahlen, d. h. was das Geld kaufen kann, das *bin ich*, der Besitzer des Geldes selbst. So groß die Kraft des Geldes, so groß ist meine Kraft. Die Eigenschaften des Geldes sind meine – seines Besitzers – Eigenschaften und Wesenskräfte. Das, was ich bin und vermag, ist also keineswegs durch meine Individualität bestimmt. Ich bin häßlich, aber ich kann mir die schönste Frau kaufen. Also bin ich nicht häßlich, denn die Wirkung der Häßlichkeit, ihre abschrekkende Kraft ist durch das Geld vernichtet (...) ich bin geistlos, aber das Geld ist der wirkliche Geist aller Dinge, wie könnte sein Besitzer geistlos sein? Zudem kann er sich die geistreichen Leute kaufen ...«[8]

Oft konnte Marx die Wohnung nicht verlassen, weil seine Anzüge im Leihhaus waren. Jahrelang litt er an quälenden Krankheiten, darunter an Lungenentzündung. Häufig fehlte Geld, um einen Arzt zu holen. 1881 starb seine Frau an Krebs, 1883 starb Karl Marx fünfundsechzigjährig an einem Lungenabszeß.

War das ganze eine nutzlose Leidenschaft? Was ist geblieben von diesem Leben, von diesem Werk? Die Frage ist umstritten, mit Worten und Waffen umstritten. Der »Mohr« aus Trier wollte alle Verhältnisse umstürzen, in denen der Mensch zum geknechteten und verächtlichen Wesen wird. Er wollte, daß die Menschen aus eigener gesammelter Kraft eine Welt schaffen, in der es weder Herren noch Knechte gibt. Für ihn war die Zeit reif, und er drang darauf, ihr Drängen zu nutzen. Für ihn begann der ewige Schnee zu schmelzen, und sein Plan war, die herabstürzenden Wasser zu vereinigen. Den Fluß der zukünftigen Geschichte sah er als Sammlung aller Rinnsale und Bäche zu einem mächtigen Strom, der unbeirrbar seinem selbstbestimmten Laufe folgt. Was er herbeiführen, ja herbeizwingen wollte, war dieser Strom. Was dann kam, waren Strömungen – Strömungen des Marxismus, Gegenströmungen des Antimarxismus. Sie gehen nicht zu Lasten von Karl

Marx, der mit Recht gesagt hat: »Alles, was ich weiß, ist: daß ich kein Marxist bin.«[9]

[1] *L. Feuerbach:* Das Wesen des Christentums. Stuttgart 1980, S. 29, 43, 53. – [2] *K. Marx/F. Engels:* Studienausgabe in 4 Bänden. Hrsg. von *I. Fetscher*. Frankfurt 1966 ff. (nach dieser Ausgabe wird im folgenden zitiert). Bd I, S. 141. – [3] I, S. 18. – [4] I, S. 91 f. – [5] II, S. 76 f., 79. – [6] III, S. 59. – [7] III, S. 87. – [8] II, S. 127–129. – [9] *K. Marx/F. Engels:* Werke. Berlin 1957 ff. (MEW). Bd XXXV, S. 388.

Etwas geht zu Ende: Friedrich Nietzsche

** 15. 10. 1844, † 25. 8. 1900*

Friedrich Nietzsche ist zeitlebens ein kränkelnder und kranker Mensch. Man könnte die Geschichte seines Lebens beinahe als Krankheitsgeschichte erzählen. Schon der Gymnasiast plagt sich mit heftigen Kopf- und Augenschmerzen, zu denen nach dem Studium Migräneanfälle und Erbrechen hinzukommen. Sie verstärken sich im Lauf der Zeit so sehr, daß er seinen Beruf aufgeben muß. Der Ursprung der Krankheit, die ihn dazu zwingt, ist nach wie vor umstritten. Wahrscheinlich handelt es sich um eine fortschreitende Paralyse. Mit 25 wird Nietzsche als Professor für Altphilologie nach Basel berufen, mit 35 muß er sein Lehramt niederlegen, mit 45 erfolgt der geistige Zusammenbruch. Er selbst freilich sieht seine Krankheit nicht nur negativ. Eine bestimmte Art von Kranksein gehört zum Menschsein, sagt er, denn »der Mensch ist kränker, unsicherer, wechselnder, unfestgestellter als irgendein Tier sonst, daran ist kein Zweifel – er ist *das* kranke Tier: woher kommt das? Sicherlich hat er auch mehr gewagt, geneuert, getrotzt, das Schicksal herausgefordert, als alle übrigen Tiere zusammengenommen: er, der große Experimentator mit sich, der Unbefriedigte, Ungesättigte, der um die letzte Herrschaft mit Tier, Natur und Göttern ringt – er, der immer noch Unbezwungene, der ewig Zukünftige, der vor seiner eigenen, drängenden Kraft keine Ruhe mehr findet, so daß ihm seine Zukunft unerbittlich wie ein Sporn im Fleische jeder Gegenwart wühlt – wie sollte ein solches mutiges und reiches Tier nicht auch das am meisten gefährdete, das am längsten und tiefsten kranke unter allen kranken Tieren sein?«[1]

In solcher Krankheit aber geht nicht nur etwas zu Ende, es fängt auch etwas an. Jede Absage, die ein Mensch erteilt und hinter sich bringt, enthält bereits eine Zustimmung zu dem, was vor ihm liegt: »Sein Nein, das er zum Leben spricht, bringt, wie durch einen Zauber, eine Fülle zarterer Jas ans Licht; ja, wenn er sich *verwundet*, dieser Meister der Zerstörung, Selbstzerstörung – hinterdrein ist es die Wunde selbst, die ihn zwingt *zu leben* . . .«[2] Nietzsche weiß, daß in seinem Leben und im Leben der europäischen Menschheit etwas zu Ende geht. Er weiß es nicht nur, sondern er spürt bis ins Innerste, daß knapp zwei Jahrtausende christlichen Gottesglaubens und christlich infiltrierter Moral zu Ende gehen. Ein Gott, an den niemand mehr glaubt, ist überfällig. Eine Moral, nach der niemand mehr lebt, ist überlebt. Das geht zu Ende, damit ist nichts mehr, und dieses »nichts« – lateinisch »nihil« – steckt in seiner Ansage des »Nihilismus«.

Nietzsche hat den Nihilismus weder als Wort erfunden noch als Zustand hervorgebracht. Er hat ihn erkannt und ausgesprochen. Denn dieser »Ismus« ist keine Theorie, sondern eine Tatsache, Ausdruck eines Verfalls, der tatsächlich längst begonnen hat: »Was ich erzähle, ist die Geschichte der nächsten zwei Jahrhunderte. Ich beschreibe, was kommt, was nicht mehr anders kommen kann: *Die Heraufkunft des Nihilismus*. Diese Geschichte kann jetzt schon erzählt werden: denn die Notwendigkeit selbst ist hier am Werke. Diese Zukunft redet schon in hundert Zeichen, dieses Schicksal kündigt überall sich an; für diese Musik der Zukunft sind alle Ohren bereits gespitzt. Unsre ganze europäische Kultur bewegt sich seit langem schon mit einer Tortur der Spannung, die von Jahrzehnt zu Jahrzehnt wächst, wie auf eine Katastrophe los. (. . .) Der hier das Wort nimmt, hat umgekehrt nichts bisher getan, als *sich zu besinnen:* als ein Philosoph und Einsiedler aus Instinkt, (. . .) als ein Wahrsagevogel-Geist, der zurückblickt, wenn er erzählt, was kommen wird; als der erste vollkommene Nihilist Europas, der aber den Nihilismus selbst schon an sich zu Ende gelebt hat – der ihn hinter sich, unter sich, außer sich hat.«[3]

Die Brücken zur Vergangenheit sind brüchig geworden. Mit dem christlichen Menschenbild und mit der wertenden Moral geht es zu Ende. Nietzsche entwirft die Geschichte der kommenden Jahrhunderte, die Geschichte einer Zeit nach dem endgültigen Tod Gottes: »Was taten wir, als wir diese Erde von ihrer Sonne losketteten? Wohin bewegt sie sich nun? Wohin bewegen wir uns? Fort von allen Sonnen? Stürzen wir nicht fortwährend? Und rückwärts, seitwärts, vorwärts, nach allen Seiten? Gibt es noch ein Oben und ein Unten? Irren wir nicht wie durch ein unendliches Nichts? Haucht uns nicht der leere Raum an? Ist es nicht kälter geworden? Kommt nicht immerfort die Nacht und mehr Nacht? Müssen nicht Laternen am Vormittage angezündet werden? Hören wir noch nichts von dem Lärm der Totengräber, welche Gott begraben? Riechen wir noch nichts von der göttlichen Verwesung? – auch Götter verwesen! Gott ist tot! Gott bleibt tot! Und wir haben ihn getötet!«[4] Dieser berühmt-berüchtigte Abschnitt vom »tollen Menschen« steht noch nicht im »Zarathustra«, sondern in einem der vorangegangenen Aphorismenbücher.

An diesen Büchern mit ihren scharf geschliffenen Gedankensplittern läßt sich übrigens besonders gut erkennen, daß Nietzsche ebenso Denker wie Dichter ist. Und obwohl er manchmal selbst darüber klagt, ist das eine vom anderen nicht zu trennen. Nietzsche lebt sein Leben mit der Feder in der Hand, und was seine Feder niederschreibt, ist Denken und Dichten zugleich. Demselben Aphorismenbuch, der »Fröhlichen Wissenschaft«, entstammt ein Gleichnis, an dem er erläutert, warum es für die Menschwerdung des Menschen notwendig ist, Gott zu töten: »Es gibt einen See, der es sich eines Tages versagte, abzufließen, und dort einen Damm aufwarf, wo er bisher abfloß: seitdem steigt dieser See immer höher. Vielleicht wird gerade jene Entsagung uns auch die Kraft verleihen, mit der die Entsagung selber ertragen werden kann; vielleicht wird der Mensch von da an immer höher steigen, wo er nicht mehr in einen Gott *ausfließt*.«[5]

Höher steigen und zu sich selbst kommen wird der Mensch, wenn sein Leben nicht mehr in jenen Gott ausfließt, der ihm Schuldgefühle aufbürdet, der ihn zum Sünder erniedrigt, bis er unter dieser Last zusammenbricht. Hier liegt für Nietzsche der tiefste Ursprung des schlechten Gewissens. Es vergiftet den Menschen und zerfrißt sein Leben von innen her. Darum will Nietzsche die schuldbedrückte Moderne zurückbinden an die griechische Antike, die in seinen Augen eine Zeit ohne drückendes und erdrückendes Sündenbewußtsein gewesen ist. Diese Anbindung gelingt ihm aber nur in der radikalen Absetzung von allen späteren Schuldzuweisungen, was wiederum in bestimmten Schlüsselworten zu Buche schlägt: »versagen« soll sich der See das Abfließen, »verlassen« muß der Mensch das Land seiner Herkunft. »Als Zarathustra dreißig Jahre alt war, verließ er seine Heimat und den See seiner Heimat und ging in das Gebirge.«[6] So beginnt »Also sprach Zarathustra«, von Nietzsche selbst als »fünftes Evangelium« bezeichnet.

Das dreiteilige Buch besteht aus einer Reihe von Reden, die dem persischen Religionsstifter Zoroaster oder Zarathustra in den Mund gelegt werden, einem weisen Lehrer, der sich nach zehnjähriger Einsamkeit im Gebirge aufmacht, wieder zu den Menschen herabzusteigen und ihnen seine Botschaft zu verkünden. Nach dem roten Faden einer Handlung sucht man vergebens; es kommt alles darauf an, *was* die Reden des Predigers sagen, *wie* sie es sagen, und mit welcher *Stoßrichtung* sie es sagen. Am nachdrücklichsten ist die Aussage vom »Übermenschen« oder vielmehr die *Ansage* des Übermenschen, der geschaffen werden muß. Denn der Mensch in seinem menschenunwürdigen Jenseitswahn, in seiner kopflosen Gottessucht ist etwas, das überwunden werden muß: »Einen neuen Stolz lehrte mich mein Ich, den lehre ich die Menschen: nicht mehr den Kopf in den Sand der himmlischen Dinge zu stecken, sondern frei ihn zu tragen, einen Erden-Kopf, der der Erde Sinn schafft! (...) Vieles krankhafte Volk gab es immer unter denen, welche dichten und gottsüchtig sind; wütend hassen sie den Erkennenden und jene jüngste der Tugenden, welche heißt: Redlichkeit.«[7] Doch nicht Erlöser ist Zarathustra, sondern Anstifter mit dem Anspruch, den Menschen über sich selbst hinauszureißen in den Zenit seiner Vollendung: »Und das ist der große Mittag, da der Mensch auf der Mitte seiner Bahn steht zwischen Tier und Übermensch und seinen Weg zum Abende als seine höchste Hoffnung feiert: denn es ist der Weg zu einem neuen Morgen. – Alsda wird sich der Untergehende selber segnen, daß er ein Hinübergehender sei; und die Sonne seiner Erkenntnis wird ihm im Mittage stehn. – *›Tot sind alle Götter: nun wollen wir, daß der Übermensch lebe‹* – dies sei einst am großen Mittage unser letzter Wille!«[8]

Damit der Zenit dieses »großen Mittags« erreichbare Wirklichkeit wird, muß auf dem Weg dahin untergehen, was nach unten zieht: Mitleid und Furcht, Schuld und Reue. Untergehen muß das Mitleid für alles, was krank und schwach ist. Untergehen muß die Furcht vor der Hölle und die Ehrfurcht vor dem Himmel. Untergehen muß die Schuld in der Unschuld des Werdens. Untergehen muß die Reue im Willen zur Macht. Untergehen muß die Moral, *jede* Moral, und mit ihr die Verantwortung: »Wahrlich, ich sage euch: Gutes und Böses, das unvergänglich wäre – das gibt es nicht! Aus sich selber muß es sich immer wieder überwinden. (...) Und wer ein Schöpfer sein muß im Guten und Bösen: wahrlich, der muß ein Vernichter erst sein und Werte zerbrechen. – Also gehört das höchste Böse zur höchsten Güte: diese aber ist die schöpferische.«[9] Manchmal freilich scheint es so, als mißtraute Zarathustra seinem eigenen Überschwang – doch welche Leidenschaft ist ohne Überschwang? »Fast zu heftig strömst du mir, Quell der Lust! Und oft leerst du den Becher wieder, dadurch, daß du ihn füllen willst! (...) Ein Ungestilltes, Unstillbares ist in mir; das will laut werden. Eine Begierde nach Liebe ist in mir, die redet selber die Sprache der Liebe.«[10]

Ist das ganze mehr als hinreißende Sprache, mehr als Pathos und Rhetorik? Die Dichter lügen zu viel, heißt es ein paar Mal, und Zarathustra sagt selbst, er sei ja nur ein Dichter. Trotzdem: »Wie ertrüge ich es, Mensch zu sein, wenn der Mensch nicht auch Dichter und Rätselrater und der Erlöser des Zufalls wäre! – Die Vergangenen zu erlösen und alles ›Es war‹ umzuschaffen in ein ›So wollte ich es!‹ – das hieße mir erst Erlösung!«[11] Geknebelt ist Friedrich Nietzsche, der Pfarrerssohn, von der unglaubwürdigen Erlösungsreligion seiner Eltern und Voreltern, loswerden muß er ihr Bekenntnis zur unausrottbaren Mittelmäßigkeit des Menschen; gelöst wollen sie sein, die schweren rostigen Ketten, und zwar von eigener Hand.

Dieses »Losketten« und Zerreißen der alten Fesseln ist *das* Thema der 1886 entstandenen Vorrede, die Friedrich Nietzsche der zweiten Auflage von »Menschliches, Allzumenschliches« vorangestellt hat. Der Text »lebt« von zwei Schlüsselworten, und das erste heißt »Loslösung«: »Man darf vermuten, daß ein Geist, in dem der Typus ›freier Geist‹ einmal bis zur Vollkommenheit reif und süß werden soll, sein entscheidendes Ereignis in einer *großen Loslösung* gehabt hat, und daß er vorher um so mehr ein gebundener Geist war und für immer an seine Ecke und Säule gefesselt schien. Was bindet am festesten? Welche Stricke sind beinahe unzerreißbar? Bei Menschen einer hohen und ausgesuchten Art werden es die Pflichten sein: jene Ehrfurcht, wie sie der Jugend eignet, jene Scheu und Zartheit vor allem Altverehrten und Würdigen, jene Dankbarkeit für den Boden, aus dem sie wuchsen, für die Hand, die sie führte, für das Heiligtum, wo sie anbeten lernten – ihre höchsten Augenblicke selbst werden sie am festesten binden, am dauerndsten verpflichten. Die große Loslösung kommt für solchermaßen Gebundene plötzlich, wie ein Erdstoß: die junge Seele wird mit einem Male erschüttert, losgerissen, herausgerissen – sie selbst versteht nicht, was sich begibt (...) ›Lieber sterben, als *hier* leben‹ – so klingt die gebieterische Stimme und Verführung: und dies ›hier‹, dies ›zu Hause‹ ist alles, was sie bis dahin geliebt hatte!«[12]

Nietzsche selbst hat ein Zuhause nach dem anderen verlassen. Sein erstes Zuhause ist das protestantische Pfarrhaus in Sachsen; dort wird er geboren, dort wächst er auf. Sein zweites Zuhause ist die traditionelle Philosophie, die er in Bonn und Leipzig studiert. Sein drittes Zuhause ist sein Lehramt in Basel, sein viertes die Freundschaft zu *Richard Wagner*. Sein fünftes Zuhause ist das Bücherschreiben, aber das ist kein Zuhause. Denn abgesehen davon, daß er nun dauernd unterwegs ist als »herumirrender Flüchtling« zwischen Deutschland, Italien und der Schweiz; abgesehen auch davon, daß seine Bücher fast ohne Echo bleiben, sind es ja gerade seine Bücher, in denen und mit denen er sich »losschreibt« von jedem Zuhause: »... dergleichen Schlimmes und Schmerzliches gehört zur Geschichte der großen Loslösung. Sie ist eine Krankheit zugleich, die den Menschen zerstören kann, dieser erste Ausbruch von Kraft und Willen zur Selbstbestimmung, Selbst-Wertsetzung, dieser Wille zum *freien* Willen ...«[13]

Nach der »großen Loslösung«, die übrigens anklingt an die »große Weigerung« des *Herbert Marcuse* – nach diesem ersten Schlüsselwort der Vorrede fällt nun das zweite, und es heißt »Krankheit«: die Loslösung ist zugleich eine Krankheit, aber nicht irgendeine Krankheit, sondern das durchlittene Übergangsstadium zwischen etwas Altem, das zu Ende geht, und etwas Neuem, das hervorkommt. Das Alte heißt Gefesseltsein, das Neue heißt Freisein: »Dazwischen mögen lange Jahre der Genesung liegen, Jahre voll vielfarbiger, schmerzlich-zauberhafter Wandlung, beherrscht und am Zügel geführt durch einen zähen *Willen zur Gesundheit*, der sich oft schon als Gesundheit zu kleiden und zu verkleiden wagt. Es gibt einen mittleren Zustand darin, dessen ein Mensch solchen Schicksals später nicht ohne Rührung eingedenk ist: ein blasses, feines Licht- und Sonnenglück ist ihm zu eigen, ein Gefühl von Vogel-Freiheit, Vogel-Umblick, Vogel-Übermut, etwas Drittes, in dem sich Neugierde und zarte Verachtung gebunden haben.«[14]

Was für eine hinreißend einfühlsame und zugleich kraftvolle Sprache! Ist es die Sprache eines Gesunden, der vom Kranksein spricht? Ist es die Sprache eines Kranken, der vom Gesundsein spricht? Oder ist die Frage falsch gestellt? *Erich Fromm* sagt in einem Interview kurz vor seinem Tod über die heutige Gesellschaft: »Die Normalsten sind die Kränksten. Und die Kranken sind die Gesündesten. Das klingt geistreich und vielleicht zugespitzt. Aber es ist mir ganz ernst damit (...). Der Mensch, der krank ist, zeigt, daß bei ihm gewisse menschliche Dinge noch nicht (...) unterdrückt sind...«[15]
So ist der sogenannte kranke Nietzsche zu sehen – nur daß seine Diagnose für seine Zeit noch vergleichsweise optimistisch klingt. Denn er spricht von »Genesung«, und für ihn ist ein Genesender nicht mehr krank und noch nicht gesund: »Ein Schritt weiter in der Genesung: und der freie Geist nähert sich wieder dem Leben, langsam freilich, fast widerspenstig, fast mißtrauisch. (...) Wie gut, daß er nicht wie ein zärtlicher dumpfer Eckensteher immer ›zu Hause‹, immer ›bei sich‹ geblieben ist! Er war *außer* sich: es ist kein Zweifel. Jetzt erst sieht er sich selbst – und welche Überraschungen findet er dabei!«[16] »Selbstverwirklichung« heißt dieser Vorgang heute – was für eine schwächliche Vokabel! Ist Nietzsche ein Dichter, nur ein Dichter? Dafür denkt er zuviel. Ist er ein Denker, nur ein Denker? Dafür dichtet er zuviel. Ist er ein Atheist? Dafür hängt er zu sehr an dem Gott, den er haßt. Ist er ein Christ? Dafür haßt er zu sehr den Gott, an dem er hängt. Friedrich Nietzsche hat hundert Gesichter, und jedes dieser Gesichter hat noch einmal ein Gegengesicht. Mancher moderne Mensch erkennt darin seine *eigene* Physiognomie und ist geneigt, den Hundertgesichtigen als Stellvertreter zu sehen, als seine »Stütze«, die ihn tragt. Aber daraus wird nichts: »Ich bin ein Geländer am Strome: fasse mich, wer mich fassen kann! Eine Krücke aber bin ich nicht.«[17]

[1] *F. Nietzsche:* Werke in drei Bänden. Hrsg. von *K. Schlechta*. München 1966. Bd II, S. 862. (Im folgenden werden Band- und Seitenzahlen dieser Ausgabe zitiert.) – [2] Ebd. – [3] III, S. 634. – [4] II, S. 127. – [5] II, S. 167. – [6] II, S. 277. – [7] II, S. 298f. – [8] II, S. 340. – [9] II, S. 372. – [10] II, S. 355, 362. – [11] II, S. 394. – [12] I, S. 439. – [13] I, S. 440. – [14] I, S. 441. – [15] Abgedruckt in: DIE ZEIT vom 21. 3. 1980 – [16] I, S. 441f. – [17] II, S. 305.

Der verlorene Schlüssel: Franz Rosenzweig

** 25. 12. 1886, † 10. 12. 1929*

Wer »Leonce und Lena«, das abgründige Lustspiel von *Georg Büchner*, je auf der Bühne gesehen hat, wird den Valerio nicht vergessen – diesen »Narren«, der tausendmal sympathischer und glaubwürdiger ist als das greisenhafte Gremium von Klugschwätzern bei Hofe. Es ist der schweißbedeckte und fußwunde Valerio, dem unterwegs nach Italien das Bekenntnis entfährt: »Auf Ehre, Prinz, die Welt ist doch ein ungeheuer weitläufiges Gebäude. (...) Ich bin verloren. (...) Das ist ein Land wie eine Zwiebel: nichts als Schalen, oder ineinander gesteckte Schachteln: in der größten sind nichts als Schachteln und in der kleinsten ist – gar nichts.«[1] Die Welt ein ungeheuer weitläufiges Gebäude aus nichts als Schalen oder Schachteln, in denen zumindest Valerio nicht vorgesehen ist. So elementar muß die Erfahrung der Verlorenheit gewesen sein, die den dänischen Religionsphilosophen *Sören Kierkegaard* angesichts des lückenlosen Weltgebäudes überfiel, das ihm sein deutscher Zeitgenosse *Hegel* als Wohnstatt empfehlen wollte. Kierkegaard hielt den Berliner Professor für verblendet; er hielt ihn für einen genialen Schildbürger, der vor lauter Genie das Wichtigste vergessen hatte: »Ein Denker führt ein ungeheures Bauwerk auf, ein System, ein das gesamte Dasein und die gesamte Weltgeschichte usw. umfassendes System – und betrachtet man sein persönliches Leben, so entdeckt man zu seinem Erstaunen das Entsetzliche und Lächerliche, daß er diesen ungeheuren, hoch sich wölbenden Palast nicht persönlich bewohnt, sondern einen Schuppen daneben, oder eine Hundehütte, oder zuhöchst das Pförtnerstübchen.«[2]

Ähnlich dem zwiebelschaligen und in sich verschachtelten Weltgebäude Valerios bietet der weitläufig angelegte Gedanken-Palast Hegels zum Darin-Wohnen keinen Platz. Dem Erbauer bleibt nur der

Schuppen daneben oder die Hundehütte. Ein zufälliges Versehen? Nein, eine grundsätzliche Fehlkonstruktion, erklärte einer gegen Ende des Ersten Weltkriegs. Der deutsche Jude *Franz Rosenzweig* war als Kriegsfreiwilliger an der Balkanfront, als ihn die Einsicht traf, daß der einzelne nichts zählt im Verrechnungssystem der zügellosen Denker und Macher. Es war ein Realitätsschock, der ihn bis ins Mark erschütterte. Er, der einzelne, der nicht Vorgesehene, begann 1917 auf Feldpostbriefen, die er an seine Heimatadresse schickte, sein Hauptwerk zu schreiben, dem er den Titel »Stern der Erlösung« gab. Im Krieg an der Front ein Buch anfangen – wer tut so etwas?
Der damals Einunddreißigjährige, 1886 in Kassel geboren, war nach einigen Medizinsemestern über das Geschichtsstudium auf die Philosophie des Deutschen Idealismus gestoßen. Seine Lehrer rieten ihm, einen akademischen Lehrstuhl anzustreben. Doch Rosenzweig hatte »der ganzen ehrwürdigen Gesellschaft der Philosophen von Jonien bis Jena« den Handschuh hingeworfen[3], weil er zu der Überzeugung gekommen war, daß ihr Denken an einer tödlichen Krankheit litt.
Diese Krankheit diagnostizierte Rosenzweig, der ja ursprünglich Arzt werden wollte, vor allem an drei Symptomen: erstens an der Unterschlagung des einzelnen, zweitens an der Unterschlagung der Zeit und drittens an der Unterschlagung des Todes. Er hatte damit viel von *Martin Heidegger* vorweggenommen, dessen »Sein und Zeit«, erst 1927 erschienen, die Stellung des Menschen in der Welt bestimmt: »Wenn Heidegger je einen Zeitgenossen gehabt hat, der diese Bezeichnung nicht nur im chronologischen Sinne verdient, dann war es dieser deutsche Jude, dessen Hauptwerk sechs Jahre vor ›Sein und Zeit‹ erschien. (...) Ihr Ausgangspunkt ist derselbe: der nackte Mensch in seiner endlichen Existenz, wie er allem Kulturbestande vorausgeht. In ihrem Willen zum Rückgang auf das Ursprüngliche und Wesentliche einer elementaren Erfahrung begegnen sich beide im selben Geiste der Zeit, jener scheidenden und entscheidenden, die durch den ersten Weltkrieg bestimmt war und in der notgedrungen alles Überflüssige wegfiel.«[4]
So schreibt *Karl Löwith* in einem Aufsatz des Jahres 1942, der beiden Denkern gerecht zu werden versucht. Sicher ist, daß Rosenzweig mit seiner Absetzung vom »alten Denken« zugleich das in Gang brachte, was er »das neue Denken« nannte. Er hat seinen neuen Anfang in einer

populär gehaltenen Schrift erläutert, die freilich erst nach seinem Tod erschienen ist. Dieses »Büchlein vom gesunden und kranken Menschenverstand«, 1921 geschrieben, hat der Autor nicht zur Veröffentlichung freigegeben; warum, wissen wir nicht – vielleicht, weil er nach seinem Realitätsschock, der ihn von der idealistisch verzeichneten Wirklichkeit abbrachte, Bücher als »Trennwände« empfand, die den Menschen die Tatsachen verstellen: »Nur im Leben, nicht mehr im Schreiben sehe ich Zukunft vor mir«[5], schrieb er an *Martin Buber*. Rosenzweig wollte nicht mehr mit Theorien über Wirklichkeiten, sondern mit den Wirklichkeiten selbst zu tun bekommen.

Vom menschlichen Leben abgehobene Wahrheiten interessierten ihn nicht mehr. Worauf er hinauswollte, war die Bewährung der Wahrheit, und diese Bewährung der Wahrheit, die der Mensch sich etwas kosten läßt, nannte er ebenso entschieden wie deutlich ein »Nichtmehrbuch«.[6] Die Bücher der Philosophen, so meinte er, zielen über das Ziel hinaus und treffen es darum nicht: Nach »dem ›Wesen‹, dem ›eigentlichen‹ Sein des Gegenstandes fragt der Philosoph. (...) ›Was ist eigentlich?‹ fragt die Frage; das ›eigentliche‹ Wesen, antwortet die Antwort. (...) Im Leben gilt diese Frage so wenig, wie dort die Antwort vorkommt. Auch der Philosoph wird sie im Ernstfall nicht stellen. Er wird nicht fragen, was das Viertelpfund Käse ›eigentlich‹ kostet. Er wird auch seine Erkorene nicht fragen, ob sie ›eigentlich‹ seine Frau werden möchte. (...) Nicht ›eigentlich‹, sondern ›wirklich‹ ist das Wort des Lebens...«[7]

Was aber wirklich lebt, lebt immer in der Zeit, niemals außerhalb der Zeit, irgendwo darüber oder irgendwie dahinter.

Wir Menschen, sagt Rosenzweig, dürfen nicht so tun, als könnten wir den Fluß der Dinge zum Stillstand bringen, um eine aufgestaute und bewegungslos gewordene Welt in Ruhe zu betrachten. Es gilt zwar als vornehm und gebildet, die Welt so anzuschauen, ist aber in Wirklichkeit ebenso starrsinnig und lähmend, wie es starrsinnig und lähmend wäre, die Menschen unterm Bann unseres Blickes stillstehen zu lassen auf einem Fleck außerhalb der Zeit.

Mit anderen Worten: jede in sich ruhende »Weltanschauung«, mag sie noch so großartige und tiefsinnige Aussagen machen, entspringt genauso dem krankgewordenen Verstand wie jedes in sich ruhende »Menschenbild«, mag es noch so großartige und tiefsinnige Aussagen machen. »Was ist der Mensch? Was bin ich? Wieder die letzte Frage, die Wesensfrage: ›Was ist?‹ Nur dieses Mal nicht auf das Es der Welt gerichtet, sondern auf das Ich des Menschen. (...) Euer dreckig Häuflein Leben muß im Mittelpunkt des Alls wohnen, und wenn ihr euch die Nase putzt, soll mindestens eine Sternschnuppe vom Himmel fallen. Prätendenten auf den Weltthron, denen vor lauter Anspruch indes im eigenen Hause der Stuhl vor die Türe gesetzt wird. Recht geschieht euch, warum verachtet ihr den Platz, der euch gewiesen war, und wolltet lieber den Weltherrscher im Exil spielen als euer Haus verwalten?«[8]

Fast dasselbe Bild wie bei Kierkegaard: Der Konstrukteur des großen Weltgebäudes haust nebenan im Schuppen. Statt die Welt in ihrer Andersartigkeit bleiben zu lassen, was sie ist, nämlich einzig und allein Welt – nicht Mensch, nicht Gott –, verdirbt sich der Konstrukteur und Spekulant sein ursprünglich gesundes Verhältnis zur Welt der Dinge um ihn herum, wenn er fragt: Was ist dieses Etwas, worin besteht sein Wesen, was steckt dahinter, was liegt den Erscheinungen eigentlich zugrunde? Wer so denkt, meint Rosenzweig, verdirbt es sich nicht nur mit der Welt, sondern auch mit seinem eigenen Leben: »Seid ihr selbst, seid Mensch, oder verzichtet darauf, es zu sein. (...) Suchen wir nichts hinter uns. Seien wir wir selbst, nichts weiter. (...) Der Mensch wird wachgerufen, zur Geistesgegenwart gezwungen. Er wird in die Gegenwart, seine Gegenwart, und in sein Inneres, in sich selbst, hineingerufen. (...) In jedem Ruf ruft Zukunft. Wer ruft? Das ist das letzte Geheimnis und ist wieder kein Geheimnis mehr. Und ist dem gesunden Menschen nie Geheimnis gewesen.«[9]

Wer immer wieder nach dem geheimen Hintersinn alles Wirklichen fragt, verdirbt sich sein Denken und wird konfus. Der Mensch ist nicht die Welt, die Welt ist nicht der Mensch, und Gott ist nicht eines von beidem, nicht beides, nichts Drittes, nichts Eigentliches. Gott ist Gott, sonst gar nichts.

Aber was heißt das eigentlich? Genau danach dürfen wir nicht fragen, meint Rosenzweig, wenn unser gesunder Menschenverstand gesund bleiben will. Wer nämlich so fragt – und mehr als zwei Jahrtausende lang hat man so gefragt –, macht Gott zwangsläufig zu etwas, was er nicht ist. Er ist nicht Natur, er ist nicht Geist, er ist auch nicht beides zusammen und alles übrige dazu. Wer so mit Gott umgeht, gibt ihm

Frage um Frage einen langsamen Tod: »Ein jeder Gott das Riesengrab der Menschen, die ihn glaubten, der Welt, die sie umgab, mit der sie ihn ringsum schufen. Und diese ganze Gräberhalle ein einziger riesengewölbter Leerraum, ein Grab für Gräber, denn vergessen sind die Toten, die in den Gräbern ruhten, zugedeckt von ihrem Stein, und nur die Steine sind geblieben und nichts ist als dieses leere Grab der toten Götter, nein des in allen toten Göttern toten Gottes – weckt ihn nicht auf.«[10] So könnte es auch in *Nietzsches* »Zarathustra« stehen und, viel früher noch, in den »Nachtwachen des Bonaventura«. »Grab der Gräber«: darin stecken die hohlbleibenden Verschachtelungen des Büchnerschen Valerio. Rosenzweig selbst vergleicht übrigens Welt, Mensch und Gott mit Zwiebeln, die nichts als Schalen hergeben, solange man auch schälen mag. Das heißt: Wer im Innern der Welt, im Innern des Menschen, im Innern Gottes noch etwas anderes, Verborgenes sucht, wird nichts finden, weil nichts da ist. Er wird nur dann etwas finden, wenn er es vorher erfunden hat.

Der so dachte, war weder ein Einfaltspinsel noch ein Schwärmer. Ihm ging es um die Wirklichkeit von Welt, Mensch und Gott – so wie sie wirklich ist –, unverdeckt von den »Leichentüchern«, die seiner Überzeugung nach das falsche alte Denken gewoben und dazwischengeschoben hat: ein Denken, das die unmittelbaren Erfahrungen mit dieser Wirklichkeit verstellt und entstellt. Weil aber »aus Erfahrung gewonnen« im Griechischen »empirisch« heißt, kennzeichnete Rosenzweig sein »neues Denken« als »absoluten Empirismus«, als unmittelbares Erfahrungsdenken, und zwar auch im Hinblick auf diesen Gott, den die späten alten Falschdenker mit den Mitteln des Denkens zum Leben bringen wollten. »Wir wecken ihn nicht auf; wir fänden keinen Toten, keine Leiche, wir fänden Nichts, nichts mehr als Nichts. Daß Gott Etwas sei, dazu darf er so wenig Alles sein wollen, als er Geist oder Natur sein dürfte; in allem war er Nichts. Um etwas zu sein, muß er Etwas sein, auch Gott ein Etwas wie Welt und Mensch.«[11]

Rosenzweig selbst gibt zu, daß der letzte Satz mißverständlich ist. Um ihn besser zu verstehen, muß man wissen, daß er zusammen mit Martin Buber die hebräisch verfaßten Schriften des Alten Testaments ins Deutsche übersetzt hat. Anders als Buber, dem es in erster Linie um die Verständlichkeit und Lesbarkeit des deutschen Textes zu tun war, achtete Rosenzweig streng darauf, daß der ursprüngliche Wortsinn beim Übersetzen nicht verlorenging. Wie ist denn nun die Offenbarung Gottes am Sinai zu übersetzen, wie wird der Name »Gott« verdeutscht? Die Situation ist bekannt: »Gott« erteilt Mose den Auftrag, das Volk der Juden aus Ägypten herauszuführen, und Mose, der sich vor dem Volk legitimieren will, damit es auf ihn hört, bittet den Auftraggeber, seinen Namen zu nennen: »Mosche sprach zu Gott: da komme ich denn zu den Söhnen Israels. Ich spreche zu ihnen: der Gott Eurer Väter schickt mich zu Euch. Sie werden zu mir sprechen: was ists um seinen Namen? Was spreche ich dann zu ihnen? Gott sprach zu Mosche: Ich werde da sein, als der ich da sein werde. Und sprach: So sollst Du zu den Söhnen Israels sprechen: Ich bin da schickt mich zu Euch.«[12]

»Ich bin da« – *das* versteht Rosenzweig unter der Wirklichkeit, die traditionell als »Gott« bezeichnet wird. Doch während man »Gott« einer Denkbehandlung unterwerfen und zum leblosen Konstrukt umbilden kann, will der, der »Ich bin da« sagt, mit dem Adressaten dieses Zurufs ins Gespräch kommen, und zwar nicht in ein »eigentliches«, sondern in ein wirkliches Gespräch. Es kann kein Zufall sein, daß zum Gespräch jene drei Elemente gehören, die Rosenzweig im monologisch auf sich selbst zurückgezogenen alten Denken ausgeschaltet sah. Was ausgeschaltet oder ausgeblendet blieb, war der einzelne, die Zeit und der Tod. Jedes Gespräch wird aber zwischen einzelnen geführt, jedes Gespräch verläuft innerhalb einer bestimmten Zeit, und jedes Gespräch hat ein Ende.

Rosenzweig stammte zwar aus einer jüdischen Familie, wurde aber in einem sehr liberalen Klima erzogen und wandte sich erst spät den Ursprüngen seines Glaubens zu. Er war also nicht etwa ein Konvertit, sondern, wenn die Wortbildung erlaubt ist, ein Revertit. Er verzichtete auf eine Universitätskarriere und gründete 1920 in Frankfurt das von ihm so genannte »Freie jüdische Lehrhaus«. Das war das »Nichtmehrbuch«, das er im Gespräch realisieren wollte: im Gespräch, nicht im monologischen Wissen. Die letzten sieben Jahre seines Lebens – er starb mit knapp 43 – wurde Franz Rosenzweig von einer fortschreitenden Lateralsklerose befallen, die ihm, dem Mann des Wortes, bald nur noch gestattete, seine Äußerungen Buchstaben für Buchstaben auf einem eigens dafür angefertigten Zeigeinstrument zu buchstabieren. Dennoch hatte er täglich Besuch, war umringt von Menschen. Martin

Buber behielt als bleibenden Eindruck von diesem unbestechlichen Mann: »Das Bezwingendste an dem kranken Rosenzweig war, bei schwer gehemmter Beweglichkeit der Lippen, sein unzerstörbares Lächeln, und bei einer aufs Äußerste behinderten physischen Ausdrucksfähigkeit, seine Scherze.«[13]

Für Rosenzweig war die Erfahrung der Schlüssel und das Denken die Tür zur Wirklichkeit: fehlt der Schlüssel, so bleibt die Tür verschlossen, und keiner bekommt etwas Wirkliches zu wissen. Sein »neues Denken« erwuchs aus dem Protest gegen jenes »alte Denken«, das die Tür öffnen will, ohne den Schlüssel zu benutzen. Wer seine Erfindungen für das Gefundene hält, täuscht sich mit dieser Vertauschung: statt Wirklichkeit zu finden, erfindet er Ersatzwirklichkeit, und alles Leben einschließlich des eigenen wird ihm zum Lebensersatz.

[1] *G. Büchner:* Werke und Briefe. Wiesbaden 1958, S. 130f. – [2] *S. Kierkegaard:* Die Krankheit zum Tode. Düsseldorf 1954, S. 41. – [3] *F. Rosenzweig:* Der Stern der Erlösung. Haag [4]1976, S. 13. – [4] *K. Löwith:* M. Heidegger und F. Rosenzweig. Ein Nachtrag zu »Sein und Zeit«, in: *ders.:* Gesammelte Abhandlungen. Zur Kritik der geschichtlichen Existenz. Stuttgart 1960, S. 68, 70. – [5] *F. Rosenzweig:* Briefe. Berlin 1935, S. 371. – [6] *F. Rosenzweig:* Kleinere Schriften. Berlin 1937, S. 397. – [7] *F. Rosenzweig:* Das Büchlein vom gesunden und kranken Menschenverstand. Düsseldorf 1964, S. 30–32. – [8] Ebd., S. 79, 82. – [9] Ebd., S. 84, 86, 90f. – [10] Ebd., S. 99. – [11] Ebd. – [12] Ex 3, 13f. – [13] *M. Buber:* Der Jude und sein Judentum. Gesammelte Aufsätze und Reden. Köln 1963, S. 824.

Du sollst nicht deuten: Ludwig Wittgenstein

** 26. 4. 1889, † 29. 4. 1951*

Viel zitiert, wenig gelesen und kaum verstanden: *Ludwig Wittgenstein*. Warum aber dann der Wirbel um ihn? Schroff im Umgang, barsch im Tonfall, exzentrisch in seinen Lebensgewohnheiten. Woher aber dann seine Verehrergemeinde? Wieso ist der »Wittgensteinweg« im oberösterreichischen Trattenbach, wo er Dorfkinder unterrichtete, fast so etwas wie ein Kultpfad geworden? Was suchen die Leute auf diesem Weg, wenn sie an den Schrifttafeln vorbeigehen, die mit einzelnen Sätzen beschriftet sind – mit Zitaten aus dem einzigen Buch, das der Philosoph zu Lebzeiten aus der Hand gab? Sind seine Worte vielleicht so etwas wie Wegweiser? Weisen sie in eine Richtung, die alle suchen und doch nicht finden? Es scheint beinahe so, sagt er doch selbst: »Die Sprache hat für Alle die gleichen Fallen bereit; das ungeheure Netz gut gangbarer Irrwege. Und so sehen wir also Einen nach dem Andern die gleichen Wege gehn, und wissen schon, wo er jetzt abbiegen wird, wo er geradeaus fortgehen wird, ohne die Abzweigung zu bemerken, etc. etc. Ich sollte also an allen Stellen, wo falsche Wege abzweigen, Tafeln aufstellen, die über die gefährlichen Punkte hinweghelfen.«[1]

Ludwig Wittgenstein gilt zu Recht als ein außergewöhnlicher Mensch, und sein Denken gilt zu Recht als kompliziert. Außergewöhnlich war er aber nicht, weil sein Denken so kompliziert war, sondern weil er sich und uns diese Kompliziertheit abgewöhnen wollte. Denn nach seiner Überzeugung ist nicht die Wirklichkeit verdreht, sondern unsere Behandlung der Wirklichkeit. Unser Denken ist verdreht, verwickelt und verknotet. Unsere Art, mit den Realitäten umzugehen, schafft überhaupt erst die Probleme – und darum müssen sie weg. Die Probleme können freilich nur mit denselben Mitteln beseitigt werden, mit denen sie geschaffen wurden, also mit Hilfe des Denkens. Wir haben ein falsches Ideal von der Wirklichkeit, eine falsche Idee vom Leben. Wir haben die falsche Brille auf: »Wir leben nun in der Idee: das Ideal ›*müsse*‹ sich in der Realität finden. Während man noch nicht sieht, *wie* es sich darin findet. (. . .) Die Idee sitzt gleichsam als Brille auf unsrer Nase, und was wir ansehen, sehen wir durch sie. Wir kommen gar nicht auf den Gedanken, sie abzunehmen.«[2]

Wir verhüllen unsere Lebenswirklichkeit mit Hüllen, mit selbstgewebten Schleiern, die wir darübergeworfen haben. Wir stellen Stellwände davor auf, machen uns Vorstellungen und verstellen uns so den Blick. Also weg damit! Aber wie? Diesem »Wie« galt das Gedankenleben des Ludwig Wittgenstein als Durchgangsstadium und Mittel zum unmittelbaren, unverstellten Leben: »Die Lösung des Problems, das Du im Leben siehst, ist eine Art zu leben, die das Problemhafte zum Verschwinden bringt. – Daß das Leben problematisch ist, heißt, daß Dein Leben nicht in die Form des Lebens paßt. Du mußt dann Dein Leben verändern, und paßt es in die Form, dann verschwindet das Problematische.«[3] Dieser problematische Mensch suchte nichts dringlicher als eine unproblematische Art zu leben. Aber geht das überhaupt? Oder wollte Wittgenstein das Unmögliche? Wenn wir das Leben verkehrt ansehen und verkehrt angehen, von Grund auf und solange wir denken können – läßt sich das ändern? Oder ist unsere verkehrte Grundeinstellung, unsere »verknotete« Ausgangssituation so unverrückbar, daß der, der sie verrücken will, verrückt zu werden droht und sich am Ende gar das Leben nimmt? Beide Versuchungen, der Wahnsinn und der Selbstmord, waren Wittgenstein vertraut.

Dieser außergewöhnliche Mensch war darin außergewöhnlich, daß er aufhören wollte, ein außergewöhnlicher Mensch zu sein. Und »außergewöhnlich« darf man hier ruhig einmal gleichsetzen mit »anormal«. Denn es *ist* anormal, hinterm Vorhang zu sitzen, während das Spiel läuft, das man ja nicht nur sehen, sondern an dem man teilnehmen möchte. Was hieße denn Leben sonst als teilnehmen und mitmachen bei aufgezogenem Vorhang? Heißt es etwa abgeschirmt bleiben von unmittelbaren Berührungen? Schweben bleiben wie im Traum, wenn der Körper zu leicht ist und keinen Fuß auf den Boden bekommt? Was sich aber immer wieder dazwischen schob und den unmittelbaren Kontakt zur Wirklichkeit vereitelte, war für Wittgenstein die Sprache – die Sprache mit ihren Fallen, in die wir immer wieder hineinfallen; die

Sprache mit ihren Fallstricken, in die wir uns immer wieder verstrikken. Wir müssen diese Fallstricke entknoten und entwirren, die Fallen wegräumen und wegrücken: »Nur wenn man noch viel verrückter denkt als die Philosophen, kann man ihre Probleme lösen.«[4]
Das ist kompliziert, erfordert unendliche Kraft und Geduld. Dann aber – wie sieht es danach aus? Wie sieht es dahinter aus, hinter der Sprache? Was zeigt sich da? Wie lebt es sich damit? Diese brennende Frage war die Initialzündung seines Lebens und Gedankenlebens – ein Funke, der oft zur hellen Flamme aufschoß und manchmal nur unter der Asche glomm. Anfangs freilich sah es so aus, als habe er ein ganz anderes Leben vor sich: die Laufbahn eines hochbegabten Jungen aus besten Verhältnissen, eine vorgezeichnete und abgeschirmte Karriere.
1889 in Wien geboren in einer österreichischen Familie jüdischer Abstammung, wächst das Kind in eine wohlhabende und kunstverständige Welt hinein. Der Vater, führend in der Eisen- und Stahlindustrie, wird ihm ein Millionenerbe hinterlassen, das der Erbe später verschenken wird – nicht an die Armen, sondern an bedürftige Künstler. Großzügig und in großem Stil, gleich einem fürstlichen Mäzen, pflegt das Elternhaus besonders die Musik: *Clara Schumann, Gustav Mahler* und *Johannes Brahms* sind gern und häufig gesehene Gäste. Ludwig, der selbst Klarinette spielt, kann seinen Freunden ganze Sinfonien und Konzerte vorpfeifen. Er trägt sich mit dem Gedanken, Dirigent zu werden, studiert aber dann Ingenieurwissenschaften an der Technischen Hochschule in Berlin, geht 1908 als Forschungsstudent an die University of Manchester und konstruiert dort ein Düsenantriebsaggregat für Flugzeuge. Seine Interessen verlagern sich auf die Mathematik und ihre philosophischen Grundlagen. 1912 fährt er nach Cambridge und besucht *Bertrand Russell*, der ihn in seinem Vorhaben ermuntert, Philosophie zu studieren. Nach etwa zweijährigem Studium aber verschwindet Wittgenstein nach Norwegen. Er baut sich dort eine Hütte, wo er – abgeschieden und nur mit dem Boot erreichbar – bis zum Ausbruch des Ersten Weltkriegs lebt, meldet sich als Freiwilliger zur österreichischen Artillerie, kämpft an der Ostfront und gerät 1918 in italienische Kriegsgefangenschaft. Aus seinen philosophischen Tagebüchern, die er in dieser Zeit führt und im Rucksack bei sich trägt, entsteht das einzige von ihm selbst veröffentlichte Buch, der »Tractatus logico-philosophicus«.

Es ist ein schmales Buch. Was da steht auf den wenigen Seiten, ist an einem Nachmittag zu lesen; was drinsteht, ist derart schwierig, daß nur ein Flachkopf behaupten wird, es völlig zu verstehen. Der Autor selber kennt diese Schwierigkeit und erklärt im Vorwort: »Man könnte den ganzen Sinn des Buches etwa in die Worte fassen: Was sich überhaupt sagen läßt, läßt sich klar sagen; und wovon man nicht reden kann, darüber muß man schweigen. Das Buch will also dem Denken eine Grenze ziehen, oder vielmehr – nicht dem Denken, sondern dem Ausdruck der Gedanken. (. . .) Die Grenze wird also nur in der Sprache gezogen werden können und was jenseits der Grenze liegt, wird einfach Unsinn sein.«[5] Wittgenstein will herausfinden, was sich von der tatsächlichen Welt tatsächlich sagen läßt und was nicht: wo verläuft die Grenze zwischen dem, was die Sprache zum Ausdruck bringen und dem, was sie nicht zum Ausdruck bringen kann? Die Sprache – so meint er in dieser frühen Zeit – ist ein Abbild der Welt, und wie die Welt aus feststehenden Tatsachen besteht, so besteht die Sprache aus feststehenden Sätzen mit gleichbleibenden Baugesetzen: »Die Gesamtheit der bestehenden Sachverhalte ist die Welt. (. . .) Die Gesamtheit der Sätze ist die Sprache.«[6] Gegen Ende heißt es, daß der Leser die Sätze dieses Buches benutzen soll wie eine Leiter, die er wegwirft, nachdem er auf ihr hinaufgestiegen ist. Danach nämlich überschreitet er die Grenze des Sagbaren: »Es gibt allerdings Unaussprechliches. Dies zeigt sich . . .«[7]

Wittgensteins Verfahren ähnelt einem Aussparungsverfahren mit einem Aussparungseffekt, wie wir ihn vom Lesen jedes Buches und vom Betrachten jedes Bildes kennen. Jedes Buch fängt irgendwo an und hört irgendwo auf, es ist von Buchdeckeln eingegrenzt. Jedes Bild fängt irgendwo an und hört irgendwo auf, es ist von Rändern eingegrenzt. Aber das, *wovon* das Buch schreibt, ist nichts Geschriebenes mehr, sondern bleibt jenseits der Buchdeckel. Und das, *was* das Bild abbildet, bleibt jenseits der Ränder. Es bleibt ausgespart – und »zeigt sich«. Es zeigt sich dem, der das Buch verstanden, der das Bild aufgenommen hat.

Der »Tractatus« ist fertiggestellt, der Krieg ist aus, da läßt Wittgenstein die Philosophie Philosophie sein – und wird für sechs lange Jahre Dorfschullehrer. Danach arbeitet er eine Zeitlang als Gärtner in einem Kloster, entwirft für seine Schwester Margarete in Wien ein Haus, ein streng sachliches, schmuckloses, bis ins kleinste Detail durchdachtes Gebäude, das Margarete ironisch als »hausgewordene Logik« bezeichnet, kehrt dann nach Cambridge zurück und erhält dort einen philosophischen Lehrstuhl. Wittgensteins Vorlesungen sind mehr als unkonventionell. Er hält sie vor rund einem Dutzend Leuten zu Hause in einer Art Lehnstuhl, laut vor sich hindenkend, macht lange Pausen, stellt gelegentlich Fragen, ist die ganze Zeit aufs äußerste konzentriert und geht anschließend völlig erschöpft ins Kino, sieht am liebsten Wildwestfilme, sitzt in der ersten Reihe und kaut selbstvergessen eine Schweinefleischpastete.

1935 besucht Wittgenstein die Sowjetunion, geht dann wieder nach Norwegen in seine Hütte, reist nach Irland und vollendet 1948 in Dublin sein Manuskript der »Philosophischen Untersuchungen«. Darin verwirft er die starre Abbildtheorie von der Sprache, wie sie im »Tractatus« steht: nicht feststehende Tatsachen drückt die Sprache aus, sondern fließende Ereignisse. Sprechend veranstalten wir Spiele mit Wörtern, vielfältige »Sprachspiele«, und was die Sprache kann, zeigt nicht die logisch in sich ruhende Satzstruktur, sondern ihr Gebrauch. Wir sollen nicht hineindenken, was die Sprache sagen muß, sondern heraushören, was sie sagt. Wir sollen nicht festlegen, was die Sprache zu sein hat, sondern aufpassen, was sie uns zuspielt. Wittgenstein verdeutlicht, was er unter »Sprachspielen« versteht und was dabei zu beachten ist: »Ich meine Brettspiele, Kartenspiele, Ballspiel, Kampfspiele usw. Was ist allen diesen gemeinsam? – Sag nicht: ›Es *muß* ihnen etwas gemeinsam sein, sonst hießen sie nicht Spiele‹ – sondern *schau*, ob ihnen allen etwas gemeinsam ist. – Denn, wenn du sie anschaust, wirst du zwar nicht etwas sehen, was *allen* gemeinsam wäre, aber du wirst Ähnlichkeiten, Verwandtschaften sehen, und zwar eine ganze Reihe. Wie gesagt: denk nicht, sondern schau!«[8]

Dieses »denk nicht, sondern schau!« ist für Wittgenstein beinahe so etwas wie das elfte Gebot. Wer es mißachtet, liefert sich dem eigenen Deuten aus, wirft den Worten Hüllen über, selbstgewebte Hüllen und Vorhänge, die ihm verbergen, was sich da abspielt – in Wirklichkeit. Wer denkt und deutet, statt hinzuschauen und hinzuhören, überzieht die Sprache und damit die sprachlich verfaßte Wirklichkeit mit einem Bann, fährt sich fest und kommt nicht mehr weg von dem Fleck. Er verfängt sich in den selbstgeknüpften Fallstricken seines Denkens und

Deutens: »Die Philosophie ist ein Kampf gegen die Verhexung unsres Verstandes durch die Mittel unserer Sprache.«[9]
Daß wir uns dauernd in den Fallen verfangen, die wir selbst aufstellen, ist für Wittgenstein der Normalfall. »Was ist dein Ziel in der Philosophie? – Der Fliege den Ausweg aus dem Fliegenglas zeigen.«[10]

[1] *L. Wittgenstein:* Vermischte Bemerkungen. Frankfurt 1978, S. 41. – [2] *L. Wittgenstein:* Philosophische Untersuchungen. Frankfurt ²1980, S. 76. – [3] *L. Wittgenstein:* Vermischte Bemerkungen, a. a. O., S. 58. – [4] Ebd., S. 145. – [5] *L. Wittgenstein:* Tractatus logico-philosophicus. Logisch-philosophische Abhandlung. Frankfurt ¹⁵1980, S. 7. – [6] Ebd., S. 16, 32. – [7] Ebd., S. 115. – [8] *L. Wittgenstein:* Philosophische Untersuchungen, a. a. O., S. 56f. – [9] Ebd., S. 79. – [10] Ebd., S. 162.

Das Wörtchen »ist«: Martin Heidegger

** 26. 9. 1889, † 26. 5. 1976*

Martin Heidegger gilt vielen, die sich auf sein Denken eingelassen haben, als größter Philosoph dieses Jahrhunderts. Kümmern wir uns nicht um den Superlativ. Die Größe Heideggers liegt in seinem Versuch, mit dem Denken noch einmal ganz von vorn anzufangen, bevor es dafür zu spät ist. Daß unser Denken den Halt verloren hat, ist für ihn keine Frage. Warum es den Halt verloren hat, das ist seine Frage. Weil sein Denken *ursprünglich* sein will, werden alle enttäuscht, die ein modernes Theoriengefüge erwarten. Weil sein Denken – *Denken* ist, werden alle enttäuscht, die nach einem Mythos Ausschau halten, der ihnen längst versunkenes Glück beschert. Wer von Heideggers Versuch, den Ursprüngen unserer verfahrenen Situation auf den Grund zu kommen, aktuelle Tips beziehen will, muß ebenso leer ausgehen wie ein anderer, der dem Denken dieses Mannes bewußtlose Geborgenheit abverlangt. Man sollte meinen, daß diese unvereinbaren Fehleinschätzungen, so grotesk sie sind, einander ausschließen. Aber nicht einmal das ist der Fall. Selten wohnen blinde Bewunderung und blinde Verachtung so nahe beieinander wie hier.

Viele meinen, Heidegger sei der schwierigste Philosoph unseres Jahrhunderts. Dieser Superlativ ist in gewissem Sinne wahr. Fragt sich nur, bei wem die Schwierigkeit liegt – bei Heidegger oder beim Leser. Es könnte ja sein, daß die ursprüngliche Sache, der Heidegger nachgehen will, etwas ganz Einfaches, aber ganz weit von uns entfernt und darum so schwer zu erreichen ist. Dann läge die Schwierigkeit nicht in der Sache, sondern beim Leser. Aber gerade der Leser wird dem entgegenhalten: es liegt an der Sprache Heideggers, die ist so schwer zu verstehen. Auch dieser Einwand wird in gewissem Sinne wahr, sobald man ihn verkehrtherum betrachtet. Wenn nämlich Heidegger von etwas sprechen will, das uns abhanden gekommen ist und darum auch in unserer Sprache nicht mehr vorkommt, muß er anders sprechen, als wir es gewohnt sind. So gesehen, liegt die Schwierigkeit auch nicht in der Sprache, sondern immer noch bei uns.

Wem erst einmal aufgegangen ist, was das bedeutet, der ahnt schon, worum es Heidegger zu tun ist: er will eine Gewohnheit rückgängig machen, die älter als zwei Jahrtausende ist. Denn für ihn ist das Verhältnis des Menschen zur Wirklichkeit schon seit Platon zu jenem Mißverhältnis geworden, in dem wir heute mehr denn je befangen sind. Was ist das für ein Mißverhältnis zur Wirklichkeit, genauer gesagt: zur Sache des Denkens? Heidegger meint: Während wir unsererseits auf die Sache zukommen, sie von *uns* aus angehen, muß es in Wahrheit wieder die *Sache* sein, die ihrerseits auf uns zukommt und die uns angeht. Bevor das nicht geschieht, bevor wir diesen längst vergessenen gegenläufigen Vorgang nicht wieder zulassen, verstehen wir nichts von dem, was uns wirklich angeht und betrifft. Wir verstehen nichts von der Wirklichkeit und darum auch nichts von uns selbst.

Heidegger hält die Einstellung, alles vom Standpunkt des Menschen, vom Standpunkt des Subjekts aus zu begreifen und zu behandeln, für grundverkehrt, ja für die eigentliche Ursache unserer verfahrenen Situation. Er will also nicht nur die Perspektive wechseln – das wäre kaum mehr als eine gescheite Spielerei. Ihm geht es darum, daß der Vorgang selbst entgegengesetzt verläuft: das Denken kommt erst zur Sache, wenn die Sache zum Denken kommt oder wenn das Denken, besser gesagt, die Sache an sich heranließe – und das wäre kaum weniger als eine Revolution.

Aber was ist das für eine Sache, was ist das für ein Denken? Darüber hat Martin Heidegger jahrzehntelang nachgedacht, öffentlich als Philosophieprofessor an der Universität Freiburg, in überlaufenen Vorträgen und weltweit übersetzten Büchern, zurückgezogen in seiner Hütte am Hang des Feldberges. Heidegger, 1889 im Badischen Meßkirch geboren, wo er auch begraben liegt, hat fast sein ganzes Leben im Schwarzwald und in Freiburg verbracht. Seine nachhaltigste philosophische Wirkung fällt in die Zeit nach dem Ersten und dem Zweiten Weltkrieg.

Es ist hier unmöglich, auf Heideggers Denken im ganzen oder auf seine Bücher im einzelnen einzugehen – angefangen 1927 mit dem Erscheinen von »Sein und Zeit«, über die Wendung oder »Kehre« seines

Denkens danach, bis zu der Gesamtausgabe seines Werkes, die auch unveröffentlichte Vorlesungen enthält. Es ist ebenso unmöglich, auch nur auf die bekanntesten seiner Schüler und auf seine am ehesten ernstzunehmenden Kritiker einzugehen, gar nicht zu reden von der fünfstelligen Sekundärliteratur, die bereits über ihn geschrieben wurde und mit jedem Jahre weiter wächst.

Was Heidegger unter Denken versteht, hat er auch einmal in einem knappen Beitrag mit dem Titel »Was heißt Denken?« weniger erörtert als meditiert. Die ersten Sätze lauten: »Wir gelangen in das, was Denken heißt, wenn wir selber denken. Damit ein solcher Versuch glückt, müssen wir bereit sein, das Denken zu lernen. – Sobald wir uns auf das Lernen einlassen, haben wir auch schon zugestanden, daß wir das Denken noch nicht vermögen. – Aber der Mensch gilt doch als jenes Wesen, das denken kann. Er gilt dafür mit Recht. Denn der Mensch ist das vernünftige Lebewesen. Die Vernunft aber, die ›ratio‹, entfaltet sich im Denken. Als das vernünftige Lebewesen muß der Mensch denken können, wenn er nur will. Doch vielleicht will der Mensch denken und kann es doch nicht. Am Ende will er bei diesem Denkenwollen zu viel und kann deshalb zu wenig.«[1] Er will zuviel und kann deshalb zuwenig, wenn er dem, was zu denken gibt, den Vortritt verweigert.

Heideggers Art zu denken bevorzugt Worte, die etwas Elementares und Ursprüngliches haben. Er vermeidet elegante Formulierungen und hübsche Füllsel: »Unsere Sprache nennt das, was zum Wesen des Freundes gehört und ihm entstammt, das Freundliche. Demgemäß nennen wir jetzt das, was in sich das zu-Bedenkende ist, das Bedenkliche. Alles Bedenkliche gibt zu denken. Aber es gibt diese Gabe immer nur insoweit, als das Bedenkliche schon von sich her das zu-Bedenkende ist. Wir nennen darum jetzt und in der Folge dasjenige, was stets, weil einsther, was allem voraus und so einsthin zu denken gibt: das Bedenklichste. – Was ist das Bedenklichste? Woran zeigt es sich in unserer bedenklichen Zeit? – Das Bedenklichste zeigt sich daran, daß wir noch nicht denken. Immer noch nicht, obgleich der Weltzustand fortgesetzt bedenklicher wird.«[2]

Heidegger hält sich streng an den Gang der »Sache«, um die es ihm zu tun ist, und schärft dem Leser immer wieder ein, daß der mitzugehende Weg des Denkens wichtiger ist als das Ziel. Warum? Weil sonst der übliche Fehler gemacht wird: das Denken will zupacken und übersieht, daß gerade das, was es denken will, sich entzieht. Aber »was sich entzieht, kann den Menschen wesentlicher angehen und inniger in den Anspruch nehmen als jegliches Anwesende. (...) Was sich uns in der genannten Weise entzieht, zieht zwar von uns weg. Aber es zieht uns dabei gerade mit und zieht uns auf seine Weise an (...), ob wir es sogleich oder überhaupt merken oder gar nicht.«[3] Mit einem Bild sagt Heidegger, schwimmen kann nur, wer gelernt hat, sich im Wasser zu bewegen: »Welches ist jedoch das Element, worin sich das Denken bewegt? – Gesetzt, die Behauptung, daß wir noch nicht denken, sei wahr, dann sagt sie zugleich, daß unser Denken sich noch nicht eigens in seinem eigentlichen Element bewege und zwar deshalb, weil das zu-Denkende sich uns entzieht. (...) So bleibt uns nur eines, nämlich zu warten, bis das zu-Denkende sich uns zuspricht. Doch warten besagt hier keineswegs, daß wir das Denken vorerst noch verschieben. Warten heißt hier: Ausschau halten, und zwar innerhalb des schon Gedachten nach dem Ungedachten, das sich im schon Gedachten noch verbirgt.«[4]

Das schon Gedachte ist das, was zu denken wir gewohnt sind, und wir sind es gewohnt, denkend auf die Dinge loszugehen. Das so Gedachte besteht aus selbstgefertigten Gedanken und Ansichten. Gedanken und Ansichten wovon? Von den Dingen. Heidegger nennt sie »Seiende«. Er nennt sie so im Unterschied zum »Sein«. »Sein« aber ist das, was den seienden Dingen zugrunde liegt, was sie ausmacht und von uns her nicht auszumachen ist: »Die Wesensherkunft des Seins des Seienden ist ungedacht. Das eigentlich zu-Denkende bleibt vorenthalten. Es ist noch *nicht* für uns denk-würdig geworden. Deshalb ist unser Denken noch nicht eigens in sein Element gelangt. Wir denken noch nicht eigentlich. Darum *fragen* wir: was heißt Denken?«[5] Mit dieser Frage schließt der Aufsatz und fragt, wie am Anfang, was Denken heißt. Denken heißt, so hieß es, das Sein denken. Aber was ist dieses Sein, von dem es hieß, es sei »das eigentlich zu-Denkende«? Lassen wir den – von *Adorno* geschmähten – »Jargon der Eigentlichkeit«[6] beiseite und fragen lieber nach einem simplen, scheinbar allzu simplen Wort, das die wichtigste Rolle spielt und immer übersehen wird. Es ist das Wörtchen »ist«.

Wenn wir irgendeinen Satz hören oder sprechen, lesen oder schreiben, in dem das Wort »ist« vorkommt – zum Beispiel: »Dieser Stein ist schwer« –, dann denken wir immer nur an das gegenständliche Etwas und vergessen darüber das nichtgegenständliche »ist«, obwohl darin das Wichtigste steckt. Das Wichtigste deshalb, weil ohne dieses von sich aus auf uns zukommende Sein, das vor dem Angeschautwerden sozusagen die Initiative übernimmt, der anschauende Mensch gar nicht Mensch sein kann. Der Mensch erfüllt nämlich erst dann seine Bestimmung, wenn er bereit ist, sich auf das Sein einzulassen, wenn er das Sein – sein läßt, wenn er ihm nachdenkt und nachdenkend zur Sprache verhilft: »Offenbar ist der Mensch etwas Seiendes. Als dieses gehört er wie der Stein, der Baum, der Adler in das Ganze des Seins. Gehören heißt hier noch: eingeordnet in das Sein. Aber das Auszeichnende des Menschen beruht darin, daß er als das denkende Wesen, offen dem Sein, auf das Sein bezogen bleibt und ihm so entspricht.«[7]

Um zu verdeutlichen, woraus das Denken sich speist, übernimmt Heidegger an anderer Stelle das alte Bild vom Baum der Wissenschaften und fragt: »In welchem Boden finden die Wurzeln des Baumes der Philosophie ihren Halt? Aus welchem Grunde empfangen die Wurzeln und durch sie der ganze Baum die nährenden Säfte und Kräfte? Welches Element durchwebt, in Grund und Boden verborgen, die tragenden und nährenden Wurzeln des Baumes?«[8] Die Antwort bliebe oberflächlich, wenn wir nur von den Ästen und dem Stamm des Baumes, von den Wissenschaften, auf die Wurzeln zurückgingen, auf die Philosophie. Wie der Baum seine Kraft zu leben aus dem Boden bezieht, so bezieht der Mensch seine Kraft zu denken aus dem Sein.

Nach Heidegger erwarten wir etwas vom Denken, was es nicht kann, und übersehen, was es kann. Wir entziehen das Denken seinem Element und beurteilen es darum falsch: »Man beurteilt das Denken nach einem ihm unangemessenen Maß. Diese Beurteilung gleicht dem Verfahren, das versucht, das Wesen und Vermögen des Fisches danach abzuschätzen, wieweit er imstande ist, auf dem Trockenen des Landes zu leben. Schon lange, allzu lang sitzt das Denken auf dem Trockenen. (. . .) Man denkt nicht mehr, sondern man beschäftigt sich mit ›Philosophie‹!«[9] Spätestens nach solchen Sätzen wird niemand mehr meinen, Heidegger wolle das geläufige Denken verbessern oder verfeinern, um es geläufiger zu machen, womöglich durch eine gediegene Sprache. Im Gegenteil: »Der Mensch muß, bevor er spricht, erst vom Sein sich wieder ansprechen lassen, auf die Gefahr, daß er unter diesem Anspruch wenig oder selten etwas zu sagen hat.«[10]

In unserer Sprache zeigt sich, worin wir zu Hause sind. Wir müssen wieder anfangen, dem Sinn des Wörtchens »ist« nachzudenken, wenn wir aufhören wollen, aushäusig zu sein: »Die Sprache ist das Haus des Seins. In ihrer Behausung wohnt der Mensch.« Das sind Bilder, mit denen Heidegger umschreiben will, was er »Seinsvergessenheit« nennt.[11] Wem diese Ausdrucksweise gegen den Strich geht, wird sich fragen müssen, ob die eigene angemessener ist, und welchen maßgeschneiderten Wirklichkeiten sie ihr Maß verdankt.

Was unserer geläufigen Sprache verlorengegangen ist und fehlt, hat *Christa Wolf* angedeutet. In ihrer Büchner-Preis-Rede probiert sie einige hochangesehene Wörter durch, »bescheid- und besserwisserische« Wörter, wie »Freiheit« oder »Menschlichkeit«: man horcht und hört nichts. Diesen Wörtern entspricht nichts mehr. An ihre Stelle, erklärt Christa Wolf, »tritt das stille schlichte Wort: verkehrt. Der Zustand der Welt ist verkehrt, sagen wir probeweise, und merken: es stimmt«.[12]

Wir verlieren immer mehr und werden dennoch immer genügsamer. »An diesem, woran dem Geiste genügt, ist die Größe seines Verlustes zu ermessen«[13], sagt *Hegel*, der damals mit dem Denken noch einmal ganz von vorn angefangen hat und der schließlich sogar zu wissen glaubte, wie es damit weitergehen wird. Heidegger wußte es nicht. Das Sein – sein lassen: dieses Seinlassen ist auch ein Tun, aber eines, das gelernten und gekonnten Machern unendlich schwer fällt. Es fällt so schwer, nicht weil es zu schwierig, sondern weil es zu einfach ist.

[1] *M. Heidegger:* Vorträge und Aufsätze. Pfullingen [4]1978, S. 123. – [2] Ebd., S. 124. – [3] Ebd., S. 129. – [4] Ebd., S. 133. – [5] Ebd., S. 137. – [6] *Th. W. Adorno:* Jargon der Eigentlichkeit. Zur deutschen Ideologie. Frankfurt [4]1969. – [7] *M. Heidegger:* Identität und Differenz. Pfullingen [6]1978, S. 18. – [8] *Ders.:* Was ist Metaphysik? Frankfurt [11]1975, S. 7. – [9] *Ders.:* Platons Lehre von der Wahrheit. Mit einem Brief über den »Humanismus«. Bern [2]1954, S. 55, 58. – [10] Ebd., S. 60. – [11] Ebd., S. 53, 95. – [12] Süddeutsche Zeitung vom 18./19. Oktober 1980. – [13] *G. W. F. Hegel:* Phänomenologie des Geistes. Theorie-Werkausgabe. Bd III. Frankfurt 1976, S. 17.

Alles zu ihrer Sicherheit: Arnold Gehlen

** 29. 1. 1904, † 30. 1. 1976*

Im Krimi und im Western geht es manchmal genauso zu wie im wirklichen Leben. Da läßt sich beispielsweise ein unschuldig Verfolgter zu seiner Sicherheit ins Gefängnis stecken, um den Nachstellungen seiner Feinde zu entgehen. Auf diese Weise erspart er sich, erspart man ihm die Angst, erwischt und umgebracht zu werden – sei es in der unendlichen Weite der Prärie, in der es keinen schützenden Schlupfwinkel gibt, sei es im Dschungel der Großstadt. Wer sich einschließen und bewachen läßt, hat nichts mehr zu fürchten. Er braucht keinen Instinkt, der ihn vor unvorhersehbaren Fallen und Gefahren warnt; er braucht keine Waffen, um sich zu wehren. Der Gewahrsam wahrt sein Leben. Er hält sich an diesen Halt und richtet sich ein in dieser Einrichtung. »My home is my castle«: innerhalb der Mauern, auf die er sich verlassen kann, sind Recht und Ordnung garantiert. Das Bedrohliche bleibt draußen, und der Bedrohte bleibt drinnen. Hier ist er sicher, hier ist er ungestört.

Plötzlich ruft einer von draußen durch die verschlossenen Gittertüren, durch die schattenlos ausgeleuchteten Gänge. Er dringt mit seinem Geschrei bis in die wohlbehutete Zelle dessen, der hier vor nichts mehr auf der Hut sein muß. »Ist es dir nicht zu eng in deinem Nest?«, ruft der von draußen. »Willst du nicht wieder unter Menschen? Was fängst du mit dir da drin die ganze Zeit an? Weißt du überhaupt, wie spät es ist? Bist du es nicht leid, dir dein Tun und Lassen dauernd vorschreiben zu lassen? Ist dir der Preis für deine Sicherheit nicht zu hoch?« So ruft und schreit natürlich nur ein weltfremder Träumer, der vom wirklichen Leben mit seinem lebensbedrohlichen Druck keine Ahnung hat – ein intellektueller Nörgler und Phrasendrescher, der in Scheinwelten lebt; ein Störenfried, den es nicht stört, wenn er sich und seinesgleichen den Lebenshalt zerstört.

Der Schreihals vor dem Gitter schreit gerade »Mensch...«, doch weiter kommt er nicht, denn da kommt ein Wärter und erklärt ihm in ganz normaler Lautstärke wie einer, der gewohnt ist, im Recht zu sein: »Was wollen Sie eigentlich, Ihrem Freund geht es gut bei uns, und schließlich ist er nicht aus der Welt – wie Sie, mein Herr! Alle unsere Schutzbefallenen, ich meine: Schutzbefohlenen beziehungsweise Schutzbefehligten – ist ja auch egal – jedenfalls jeder hier drin, auch Ihr Freund, ist in ständigem Kontakt mit der Welt, wenn auch aus Entlastungsgründen nur indirekt: täglich besucht ihn sein Anwalt, der alles Nötige für ihn erledigt; täglich bekommt er die Zeitung, die ihm alles zuträgt, was für ihn zuträglich ist. Unser Institut«, sagt der Wärter mit einer vagen, weit ausholenden Geste, »unser Institut ist – wie soll ich sagen – sehr kommunikativ, *Sie* aber sind es *nicht*. Verschwinden Sie endlich mitsamt Ihrem katastrophalen Gedankengestöber, diesem wirren Zeug. Wissen Sie eigentlich, was Sie damit anrichten? Nichts als Verwirrung, nichts als Verunsicherung. Das ist ja nicht mehr normal. Früher hätte man Leute wie Sie ... früher hätte man mit Ihnen und Ihresgleichen ... also raus hier!«
Das heißt nun auch: Raus aus dieser erfundenen Geschichte – von der sich noch herausstellen muß, inwieweit sie *nur* erfunden ist – und hinein ins wirkliche Leben der Menschen, wie es einer von ihnen, einer von uns gedeutet hat: der Philosoph und Soziologe *Arnold Gehlen*. Er lehrt seit 1934 zunächst in seiner Heimatstadt Leipzig, dann in Königsberg, Wien, Speyer und Aachen. »Der Mensch, seine Natur und seine Stellung in der Welt« heißt Gehlens bekanntestes Werk: dieser Titel umschreibt zugleich sein lebenslanges Interesse an der Frage, was den Menschen lebensfähig macht. Denn der Mensch hat es schwer, zu leben, weil er – nach einem Ausdruck von *Johann Gottfried Herder* – ein »Mängelwesen« ist, ein Lebewesen, dem vieles fehlt, was das Tier zum Leben mitbringt. Der Mensch kommt auf die Welt, mangelhaft ausgerüstet – und ist bedroht: »Er ist ›organisch mittellos‹, ohne natürliche Waffen, ohne Angriffs- oder Schutz- oder Fluchtorgane, mit Sinnen von nicht besonders bedeutender Leistungsfähigkeit, denn jeder unserer Sinne wird von den ›Spezialisten‹ im Tierreich weit übertroffen. Er ist ohne Haarkleid und ohne Anpassung an die Witterung, und auch viele Jahrhunderte Selbstbeobachtung haben ihn nicht belehrt, ob er nun eigentlich Instinkte hat und welche.«[1]

Das ist eine einleuchtende Beschreibung der biologischen Ausgangssituation jenes Lebewesens Mensch, von dem *Nietzsche* gesagt hat, er sei »das nicht festgestellte Tier«. Gehlen setzt seine Beschreibung fort und geht, wie er es oft tut, unversehens zum Deuten über: »Wir sehen weiter, wo wir auch hinblicken, den Menschen über die Erde verbreitet und trotz seiner physischen Mittellosigkeit sich zunehmend die Natur unterwerfen. (. . .) Und zwar lebt er als ›Kulturwesen‹, das heißt von den Resultaten seiner *voraussehenden*, geplanten und gemeinsamen Tätigkeit, die ihm erlaubt, aus sehr beliebigen Konstellationen von Naturbedingungen durch deren voraussehende und tätige Veränderung sich Techniken und Mittel seiner Existenz zurechtzumachen. Man kann daher die ›Kultursphäre‹ jeweils den Inbegriff tätig *veränderter* urwüchsiger Bedingungen nennen, innerhalb deren der Mensch allein lebt und leben kann (. . .). Der Mensch ist also organisch ›Mängelwesen‹ (Herder), er wäre in jeder natürlichen Umwelt lebensunfähig, und so muß er sich eine *zweite Natur*, eine künstlich bearbeitete und passend gemachte Ersatzwelt, die seiner versagenden organischen Ausstattung entgegenkommt, erst schaffen, und er tut dies überall, wo wir ihn sehen. Er lebt sozusagen in einer künstlich entgifteten, handlich gemachten und von ihm ins Lebensdienliche veränderten Natur, die eben die Kultursphäre ist. Man kann auch sagen, daß er biologisch zur Naturbeherrschung gezwungen ist.«[2]

Lebensfähig nur durch das planende Verändern der Natur, schafft der Mensch zu seiner Entlastung Kultur. Er schafft sich eine zweite Wirklichkeit, eine künstliche Welt aus Sprache und Denken, aus Sitten und Rechtsformen. Seine Instinktarmut zwingt ihn, das umzuformen, was ihn ursprünglich umgibt. Der unmittelbare und unmittelbar bedrohliche Kontakt zur Welt weicht einem indirekten Kontakt zur Welt. Die Kultur mit ihren Institutionen vermittelt Erfahrungen aus zweiter Hand. Sobald man dem Menschen diese entlastenden Stützen aus der Hand schlägt – Stützen, zu denen auch das Eigentum und die monogame Familie zählt, ebenso Produktionsformen, Traditionen, Riten und Gewohnheiten, eigentlich alles, was nicht »Natur« ist, – sobald diese haltgebenden Entlastungen fortfallen, fallen wir zurück, sagt Gehlen: wir »primitivisieren« und »vernatürlichen« dann sehr schnell. Darum kann es in diesem Fall, besser gesagt: *nach* diesem Fall – der ja

ein Rückfall wäre – für Gehlen niemals heißen: »Zurück zur Natur«, sondern immer nur: »Zurück zur Kultur«; denn *sie* macht uns stabil.
Der Kultur muß man sich anpassen, um nicht zugrunde zu gehen; mag sie auch »kristallisierte« Eigenstrukturen ausbilden, die unbeweglich sind und unbeweglich machen. Wer die Eigengesetzlichkeiten der Institutionen nicht akzeptiert, beraubt sich jener wegweisenden Instanzen und Maßstäbe, die er braucht, um sich im menschlichen Leben zurechtzufinden: »Der einzelne erlebt nun in der Tat eine Institution wie das Eigentum oder die Ehe als ein überpersönliches vorgefundenes Muster, dem er sich einordnet; oder in anderen Fällen tritt er in eine Institution seines Berufes, eine Behörde, eine Fabrik ein in dem Bewußtsein, daß sie als dieselbe seit langem bestand und bestehen wird, im Wechsel der Menschen, die in sie ein- oder wieder austreten. (...) Die Formen, in denen die Menschen miteinander leben oder arbeiten (...) – sie alle gerinnen zu Gestalten eigenen Gewichts, den *Institutionen*, die schließlich den Individuen gegenüber etwas wie eine Selbstmacht gewinnen. (...) Die Forderungen des Berufes und der Familie, des Staates oder irgendwelcher Verbände, denen man angehört, regeln uns nicht nur in unserem Verhalten ein, sie greifen bis in unsere Wertgefühle und Willensentschlüsse durch, und diese verlaufen dann ohne Bremsung und Zweifel wie von selbst, d. h. selbstverständlich, ohne daß eine andere Möglichkeit vorstellbar wäre, also schließlich mit der Überzeugungskraft des Natürlichen. Vom Inneren der Einzelperson her gesehen bedeutet das (...) die wohltätige Fraglosigkeit oder Sicherheit, eine lebenswichtige Entlastung ...«[3]
Damit verschwindet offenbar die Einmaligkeit und Ungebundenheit des einzelnen vollständig von der Bildfläche, und zwar um den Preis seiner nahtlosen Einbindung ins große Ganze: »... wenn auch die Institutionen uns in gewisser Weise schematisieren, wenn sie mit unserem Verhalten auch unser Denken und Fühlen durchprägen und typisch machen, so zieht man doch gerade daraus die Energiereserven, um innerhalb seiner Umstände die Einmaligkeit darzustellen, d.h. ergiebig, erfinderisch, fruchtbar zu wirken. Wer nicht innerhalb seiner Umstände, sondern unter allen Umständen Persönlichkeit sein will, kann nur scheitern.«[4]
Für Gehlen gibt es nur eine einzige Sorte von Menschen, die nicht sehen kann oder nicht sehen will, was auch sie am Leben erhält: die system-

kritischen Aufklärer und Intellektuellen. Ihnen hält er entgegen: »Es kommt nicht so sehr darauf an, Ideen zu diskutieren, als darauf, ihnen zu einer gerechten und dauerhaften Wirklichkeit zu verhelfen.«[5] Ideen müssen entlastend und stabilisierend wirken, sonst sind sie weder lebensfähig noch lebensdienlich. Wenn schon Ideen, dann bitte keine unbequemen, die stören nämlich und belasten, statt *ent*störend zu wirken und zu *ent*lasten. Nun gibt es tatsächlich Ideen, Überlegungen und Argumente, die belastend wirken, weil sie den Rahmen des Gewohnten zu sprengen drohen. Wie aber, wenn der Rahmen des Gewohnten seinerseits belastend geworden ist, lebenshemmend und zu eng: sind dann nicht Ideen, Überlegungen, Argumente an der Zeit für einen *neuen* Rahmen?

Gehlen begreift alle Leistungen des Menschen als »Entlastungen« von seiner natürlichen Mängellage – und Kultur als das große Arrangement zum Überleben, geschaffen einzig und allein zur dauerhaften Vermeidung des Sonst-umkommen-Müssens. Schlichte Frage: Ist Kultur nur ein Sicherheitstrakt mit stabilen Außen- und Innenwänden, eine Institution für freiwillig Gefangene, denen der Zellenschlüssel vom Wärter abgenommen wird? Hat Kultur nicht etwas mit Freiheit zu tun, mit Verständigung und Verantwortung? Natürlich hat sie das, sagt Gehlen, solange dadurch das Gleichgewicht der Gattung nicht gestört wird. Die Intellektuellen allerdings, wenn sie daran herumkritteln, stören dieses Gleichgewicht, sie stören die biologisch erzwungenen Wertsysteme der Menschen ohne Grund; denn jedes Wertsystem entspringt letztlich der Not, zu überleben – und solange es diese Funktion erfüllt, ist es genauso viel wert wie ein anderes, das dieselbe Funktion erfüllt.

Das größte Verdienst dieser empirisch ansetzenden Anthropologie und Institutionenlehre mit ihrer breitgefächerten Fülle von Differenzierungen, die hier unter den Tisch gefallen sind, ist ihre bleibende Provokation. Sie muß jeden provozieren, der sich denkend – und das heißt: selbst denkend – mit seinesgleichen über das verständigen will, was alle angeht; der sich mit seinesgleichen darüber *verständigen* will. Andererseits: Wer gehört denn *nicht* zu dieser »Wach- und Schließgesellschaft« nach Gehlenschem Deutungsraster? Wer ist Insasse? Wer ist Schreihals? Wer ist Wärter? Zurückhorchend in unsere Gefängnisgeschichte, mit der wir angefangen haben, taucht am Ende vielleicht so etwas wie Sehnsucht auf – beim Schlüsselrasseln, beim Schrei durch die Gänge, beim Blick aus dem Zellenfenster. Es wäre eine zwiespältige Sehnsucht: zwiespältig, weil sie Sicherheit finden möchte, ohne auf Freiheit zu verzichten.

[1] *A. Gehlen:* Ein Bild vom Menschen (1942), in: *ders:* Anthropologische Forschung. Reinbek bei Hamburg 1961, S. 46. – [2] Ebd., S. 47f. – [3] *A. Gehlen:* Mensch und Institutionen (1960), in: *ders.:* Anthropologische Forschung, a. a. O., S. 71f. – [4] Ebd., S. 72. – [5] Ebd., S. 77.

Wie frischgefallener Schnee: Simone Weil

** 3. 2. 1909, † 24. 8. 1943*

Das kleine Mädchen setzte sich vor lauter Trotz in den Schnee, weil man ihr eine weniger schwere Tasche zu tragen gegeben hatte als ihrem Bruder. Als dieses Mädchen aus gutem Hause während ihres Philosophiestudiums von einer Hungersnot in China erfuhr, begann sie zu schluchzen. Als sie Lehrerin geworden war, zog sie mit streikenden Minenarbeitern auf die Straße. Als sie selbst in der Fabrik arbeitete, nach Stundenlohn, ließ sie das Portemonnaie offen herumliegen, weil sie ihr Geld mit dem Blick der Habenichtse sah und glaubte, Eigentum sei Diebstahl. Als sie Anfang dreißig war und in London lebte – Frankreich war von den Deutschen besetzt –, weigerte sie sich, mehr zu essen, als ihre Landsleute von den Besatzern zugeteilt bekamen. Diese außergewöhnliche Frau wurde schon zu Lebzeiten außerordentlich verschieden beurteilt. »Sie war ungenießbar«, äußerte ein Mitstudent. Ihren Beinamen »die rote Jungfrau« sprachen einige mit Hochachtung aus, die meisten aber spöttisch bis verächtlich. Für *Leo Trotzki* war sie eine »melancholische Revolutionärin«. Sie »hatte das Zeug zur Heiligen«, erklärte *T. S. Elliot*. Und *Charles de Gaulle* meinte schlicht: »Sie ist verrückt.«

Simone Weil, 1909 in Paris geboren, entstammte einer jüdischen Familie. Sie war eine hochbegabte Schülerin und Studentin. An der École Normale, der französischen Elite-Universität, stand ihr Name in der Aufnahmeliste unter den ersten, unmittelbar gefolgt von *Simone de Beauvoir*. Mit zwanzig veröffentlichte sie ihre ersten Artikel, klare und kraftvolle Aufsätze, und knüpfte gleichzeitig erste Kontakte zu den syndikalistischen Arbeiterverbänden. Diese Verbände arbeiteten – anders als unsere Großgewerkschaften – in kleinen Gruppen, in denen der einzelne nicht unterging, und es gehörte zu ihrem Studienprogramm, die Schriften der sozialistischen Klassiker zu lesen. Nach ihrem Staatsexamen mit der Lehrbefugnis für Philosophie unterrichtete die junge Lehrerin an verschiedenen Mädchengymnasien. Doch in diesen Lyzeen fühlte sie sich wenig zu Hause, denn ihr eigentliches Interesse galt nicht der Bildung höherer Töchter. Sie besuchte beispielsweise die Studiengemeinschaft der Bergarbeiter in St. Étienne und las mit den Arbeitern philosophische Texte; ihr Geschick, schwierige Gedankengänge angemessen und doch plausibel zu vermitteln, muß überdurchschnittlich gewesen sein.

1932 verbrachte Simone Weil ihre Sommerferien in Deutschland. Sie war entsetzt über die Stimmengewinne der NSDAP und enttäuscht von der Zerstrittenheit der deutschen Arbeiterparteien: »SPD und KPD (...) Unter verschiedenen Vorwänden beharren die zwei großen Parteien in einer gleicherweise verbrecherischen Passivität. Beide werden von Bürokraten geführt, die stets auf irgendeine bessere Gelegenheit warten, um zu handeln, statt die vorhandene Gelegenheit zu ergreifen, die vielleicht nie wiederkehren wird.«[1] Sie war erschüttert von der wachsenden Arbeitslosigkeit und zugleich beeindruckt von der unbeugsamen Haltung der jungen deutschen Arbeiter: »In Momenten der Trauer wie in Momenten scheinbar sorgloser Fröhlichkeit drückt ihre Haltung, ihre Sprache einen Ernst aus, der sie nicht als von der Last niedergezwungen erscheinen läßt, sondern als ihres tragischen Schicksals stets bewußte Menschen. Sie sehen keinen Ausweg, aber in einer unmenschlichen Situation bewahren sie menschliche Würde. (...) Sie suchen sich nicht zu betäuben, sie beklagen sich nicht, sie widerstehen inmitten einer verzweifelten Situation allen Formen der Verzweiflung (...) man fühlt ständig, hinter der Trauer wie hinter der scheinbaren Sorglosigkeit, einen Ernst, der das Gegenteil von Verzweiflung ist: ein volles und dauerndes Bewußtsein des ihnen auferlegten tragischen Loses, der Last dieses alten, alle ihre Sehnsüchte niederdrückenden Regimes, mit dem sie sich nicht abgefunden haben.«[2]

Diese Solidarisierung Simone Weils mit Menschen, die in einer ausweglosen Situation standhielten, hat als erster *Albert Camus* erkannt, jener Schriftsteller und Philosoph, der dem alten Mythos von Sisyphos eine neue überraschende Wendung gab: »Sisyphos, von den Göttern verurteilt, einen Felsbrocken bergan zu wälzen, der kurz vor dem Gipfel immer wieder herunterrollt, übernimmt sein Schicksal im Protest, ohne zu verzweifeln: Jedes Gran dieses Steins, jeder Splitter dieses durchnächtigten Berges bedeutet allein für ihn eine ganze Welt. Der Kampf gegen Gipfel vermag ein Menschenherz auszufüllen.«[3] Camus hat Simone Weil »entdeckt« und ihre Schriften herausgegeben. Er schätzte nicht nur grundsätzlich den Mut dieser Frau, die nicht klein beigab, sondern auch ihre scharfsichtige Marx-Kritik.

Dem großen *Karl Marx* war unter anderem entgangen, daß mit der Entstehung einer selbständigen Klasse von bloßen Verwaltern eine neue unterdrückende Klasse entsteht – die bürokratische Maschinerie. »Verkürzt kann man sagen, daß die Menschheit bisher zwei hauptsächliche Unterdrückungsformen gekannt hat. Die eine, Sklaverei oder Leibeigenschaft, wurde durch bewaffnete Macht ausgeübt, die andere durch in Kapital verwandelten Reichtum. Es gilt festzustellen, ob jetzt eine Unterdrückung neuer Art nicht im Begriff ist, ihnen zu folgen: eine Unterdrückung aufgrund der Funktion.«[4] Aber das ist nicht alles: »Während des ganzen Geschichtsverlaufs kämpfen, litten und starben Menschen, um Unterdrückte zu befreien. Waren ihre Anstrengungen nicht einfach nutzlos, dann führten sie doch stets zum selben Ergebnis, ein Unterdrückungsregime durch ein anderes zu ersetzen. Marx, der dies bemerkt hatte, glaubte wissenschaftlich nachweisen zu können, daß es sich in der Gegenwart anders verhält, weil der Kampf der Unterdrückten nunmehr eine wirkliche Befreiung statt einer neuen Unterdrückung erreiche.«[5]

Im Gegensatz zu dieser Erwartung war die Marx-Kritikerin davon überzeugt, daß die Unterdrückten von heute, kämen sie zur Macht, noch immer die Unterdrücker von morgen wären. Weiterhin durchschaute sie, daß auch die Mächtigen im Machtkampf nicht frei sind, sondern verwickelt: »So unterjocht der Machtkampf alle, Mächtige wie Schwache.«[6] Schließlich war ihr klar, daß der bloße *wirtschaftliche* Fortschritt die Menschen nicht glücklicher machen wird, und daß das Vertrauen auf den *wissenschaftlichen* Fortschritt naiv ist: »Ohne Zweifel ist die gegenwärtige Wissenschaft ausgezeichnet geeignet, unserer zunehmenden bürokratischen Gesellschaft als Theologie zu dienen.«[7]

So steht es in einem Aufsatz, der 1933 geschrieben wurde. Im Dezember 1934 ließ sich Simone Weil vom Schuldienst beurlauben, um zunächst bei der Elektrofirma Alsthom und dann bei Renault als

Hilfsarbeiterin zu arbeiten. Die Intellektuelle ging in die Fabrik, um das Leben der Arbeiter nicht länger von außen zu beurteilen – nein, um es zu teilen. In dieser Zeit hat sie ihr sogenanntes »Fabriktagebuch« geführt. Die Notizen bestehen oft nur aus ein paar Sätzen, hingeworfen im Zustand der Erschöpfung: »Ermüdet und angewidert. Gefühl, 24 Stunden (am Sonntag) ein freier Mensch gewesen zu sein und mich jetzt wieder einem sklavischen Reglement anpassen zu müssen.«[8]
Simone Weil schätzte den Wert der Arbeit grundsätzlich sehr hoch ein: ohne Arbeit, davon war sie überzeugt, wird der Mensch zum Spielball seiner Leidenschaften. Zugleich aber glaubte sie mit Marx, daß die Trennung zwischen körperlicher und geistiger Arbeit den Menschen sich selbst entfremdet. »Entfremdet« sagte Marx, »entwürdigt« sagte Weil. Und sie fühlte sich in der Fabrik entwürdigt, an der Fräsmaschine bei Renault im Stundenlohn. Die sprechendsten und erschreckendsten Eintragungen des Fabriktagebuches bestehen nicht aus Worten, sondern aus Zahlen – aus Aufzählungen und Berechnungen der gestohlenen Zeit: wieviel gefertigte Stücke bringen in wieviel Minuten wieviel Francs und Centimes? Die Maschine erzwingt einen maschinenhaften Rhythmus, bei dem man nicht denken darf, denn Denken stört den aufgezwungenen Zeit-Takt und führt zu Fehlern, zur Produktion von Ausschuß, zu weniger Verdienst. Mensch sein heißt aber nicht zuletzt, den Übergang von Minute zu Minute, von Stunde zu Stunde selbst zu gehen. Wer dieses Selbst-Gehen, diese Eigenzeit, den Menschen nähme, wäre ein »Zeitnehmer«: so hießen die Kontrolleure, die beauftragt waren, die jeweilige Arbeitsleistung zu überwachen. Einen Ausweg aus dieser Misere, in der sich der Mensch abhanden kommt, sah Simone Weil nur in der Solidarität der Unterdrückten – *aller* Unterdrückten. Denn nicht nur die »Schwachen«, auch die »Mächtigen«[9], die Kontrolleure bis hinauf zu den Chefs waren in ihren Augen unterdrückt von jenem vielfältig vernetzten Herrschaftssystem, das von Menschen geschaffen wurde und deren Opfer sie geworden sind.
Das Paßfoto in ihrem Werksausweis zeigt ein entkräftetes, aus den Fugen gehendes Gesicht. Was hat sie in dieser Zeit gelernt? Sie hat gelernt, für jede kleine Geste der Zuwendung empfänglich zu werden: »Mir gegenüber sitzt ein Schweißer, mit blauer Brille und ernstem Gesicht arbeitet er, sorgfältig; jedesmal, wenn der Schmerz mein Gesicht verzerrt, grüßt er mich mit einem traurigen Lächeln, voll

brüderlicher Sympathie, das für mich eine unbeschreibliche Wohltat ist.«[10] Simone Weil hat gelernt, empfänglich zu werden, aufnahmebereit. Nicht, als ob sie vorher stumpf und taub gewesen wäre. Gespannt, angespannt war sie immer. Doch vorher ging sie mit gespannter Wachsamkeit von sich aus auf die Dinge zu, jetzt ließ sie mit derselben gespannten Wachsamkeit die Dinge auf sich zukommen. Sie unternahm einen Richtungswechsel: das zugreifende Beobachten und Denken hat dem aufmerksamen Warten und Erwarten Platz gemacht.

Was erwartete Simone Weil? Sie, die ihr Leben auf vernünftige Einsichten und mutige Entscheidungen gründete, wußte es nicht, wußte es bis zum Ende nicht. Und dieses aufrichtige Durchstehen der Ungewißheit gehört zur Herzmitte ihres Lebens: »Von zwei Menschen ohne Gotterfahrung ist der, welcher ihn leugnet, ihm vielleicht am nächsten.«[11] Das ist kein trostloser Satz, sondern ein ungetrösteter und untröstlicher, dem tausend andere zur Seite stehen, etwa dieser: »Wir sind ein grundloses Faß, solange wir noch nicht begriffen haben, daß wir einen Grund haben.«[12] Aber welchen Grund?

Simone Weil las und schrieb seit 1932 ununterbrochen – oft ganze Nächte hindurch – und veröffentlichte doch nur einige wenige Aufsätze. Das meiste ist erst nach ihrem Tod erschienen, und vieles ist noch immer nicht gedruckt. Sie las *Homer* und das Neue Testament, Philosophen und Mystiker, die Bhagavadgita und die Upanishaden. Sie schrieb Briefe, hielt Zitate und mathematische Formeln fest, entwarf Überlegungen, Betrachtungen, Gedankenketten und ganze Abhandlungen in ihren »Cahiers«, die keine Tagebücher, sondern Notiz- und Arbeitshefte sind. Unter den tausenden von Texten finden sich welche, die man »mystisch« nennt. Ich halte das für ein mißverständliches, ja irreführendes Etikett, das Simone Weil nicht nötig hat – auch in dem folgenden Abschnitt nicht: »Er trat in mein Zimmer und sprach: ›Elende, die nichts begreift, die nichts weiß. Komm mit mir, und ich will dich Dinge lehren, von denen du nichts ahnst.‹ Ich folgte ihm. – Er führte mich in eine Kirche. Sie war neu und häßlich. Er stellte mich dem Altar gegenüber und sprach zu mir: ›Knie nieder!‹ Ich sprach zu ihm: ›Ich bin nicht getauft worden‹. Er sprach: ›Falle auf die Knie vor diesem Ort mit Liebe wie vor dem Ort, an dem die Wahrheit existiert‹. Ich gehorchte. – Wir verließen die Kirche, und ich mußte ihm in eine Dachkammer hinauf folgen; durch das offene Fenster sah man die ganze Stadt, einige

Holzgerüste, den Fluß, auf dem man die Schiffe auslud. Er hieß mich niedersitzen. – Wir waren allein. (...) Er hatte mir versprochen, mich zu belehren, aber er lehrte mich nichts. Wir sprachen von allem und jedem, was uns gerade einfiel, wie alte Freunde tun.«[13]

Die das schrieb, emigrierte 1942 mit ihren Eltern über Nordafrika in die USA und fuhr im Herbst des gleichen Jahres nach England, wo sie unter *Maurice Schumann* in einem Büro der französischen Exilregierung tätig war. Weil man sie nicht als Partisanin nach Frankreich reisen ließ, beschränkte sie ihre Ernährung auf jenes Minimum, das ihre Landsleute unter deutscher Besatzung erhielten. Erschöpft starb sie 1943 im Sanatorium von Ashford, Kent, an Unterernährung und Lungentuberkulose. Ihr früher Tod mit 34 Jahren hat verschiedene Deutungen erfahren; sie bewegen sich zwischen »Lebensekel« und »Martyrium«, und keine davon kann überzeugen. Die am wenigsten fehlgehende Interpretation läge wahrscheinlich in einem Hinweis ihrer »Meditation über Gehorsam und Freiheit«, die sie mit Ende zwanzig geschrieben hat: »Was jene betrifft, die denken, lieben, in politische Aktion die Reinheit ihres Herzens umsetzen wollen, so können sie nicht anders als ermordet werden...«[14]

Faßbar geblieben sind ihre Texte, und »Text« heißt – wörtlich übersetzt – »Geflecht« oder »Gewebe«. Schreibend hat Simone Weil die verwirrenden Fäden der Wirklichkeit zu einem Gewebe verflochten, einem fragmentarischen Gewebe, dem aber dennoch ein Muster des Ganzen eingeschrieben ist, abzulesen von jedem, der es aufmerksam liest. Ihre Texte sind weder gefällig noch gefühlig und kein bißchen »parfümiert«. Bedingungslos aufrichtig sind sie, klar und genau. Sie haben etwas von frischgefallenem Schnee: »Über die Unendlichkeit von Zeit und Raum hinweg kommt die unendlich viel unendlichere Liebe Gottes, uns zu ergreifen. Sie kommt zu ihrer Stunde. Wir haben die Macht, sie willig in uns zu empfangen oder sie abzuweisen. Verschließen wir ihr unsere Ohren, kommt sie wie ein Bettler wieder und wieder, doch ebenso wie ein Bettler bleibt sie eines Tages aus.«[15] Man hört sofort: diese Sprache ist kraftvoll und ungeschützt, ohne die Lackhaut frommer Phrasen. Und sie ist so, weil der Mensch, der sie schreibt, aufmerksam ist. Wie lernt man das? »Meistens«, sagt Simone Weil, »verwechselt man eine gewisse Muskelanstrengung mit der Aufmerksamkeit. Wenn man den Schülern sagt: ›Nun paßt einmal gut auf‹, sieht man sie die Brauen runzeln, den Atem anhalten, die Muskeln anspannen. Fragt man sie dann nach zwei Minuten, (...) so wissen sie keine Antwort (...) sie waren nicht aufmerksam. Sie haben ihre Muskeln angespannt. (...) Die Aufmerksamkeit besteht darin, das Denken auszusetzen, den Geist verfügbar, leer und offen für den Gegenstand zu halten. (...) Die kostbarsten Güter soll man nicht suchen, sondern erwarten.«[16]

Solche Worte hinterlassen einen seltsamen Eindruck. Was diese Frau sagt, ist weder erbaulich noch niederschmetternd, weder beruhigend noch beunruhigend, es ist nicht originell, nicht elegant, nicht gelehrt, sondern wahr. Es ist schlicht wahr. Manchmal scheint sie schon vorweg zu wissen, was sie schreiben will; häufiger freilich beginnt sie mit einem einzigen Satz, der vorher lange durchdacht und so lange erwogen ist, bis sie die Überzeugung gewinnt: der ist wahr. Diesen Satz schreibt sie hin und entfaltet dann, schmucklos und mit Pausen dazwischen, was der Satz besagt, was aus ihm folgt. Sie schreibt nicht schwer. Aber was sie schreibt, ist uns fremd – und von daher schwer. »Die Seele eines Menschen«, schreibt sie, »nehme sich das ganze Universum zum Körper. Sie stehe zu dem ganzen Universum in dem nämlichen Verhältnis wie ein Sammler zu seiner Sammlung ...«[17] Ist Simone Weil eine frühe »Grüne«? Das wäre ein weiteres Etikett, wie »rote Jungfrau« oder »verrückt«.

Je mehr man von ihr liest, desto mehr sieht man sie vor sich, wie sie, die unvermeidliche Zigarette zwischen den Fingern, an einem Tisch sitzt und schreibt. Man sitzt auf der anderen Seite des Tisches, ihr gegenüber, und sieht ihr zu. Hin und wieder blickt sie auf und sieht ihr Gegenüber an: ernst, aber ohne Überheblichkeit; schweigsam, aber ohne einen auszuschließen; mitleidig und solidarisch, aber ohne jede Kumpanei. Bleib noch eine Weile, so scheint sie zu sagen, und dann geh, geh deinen Weg, der nicht der meine ist.

Simone Weil lebte in einer verdorbenen Geschichte und wollte diese Geschichte ändern. Sie hatte einen anfälligen Leib und wollte sich von diesem Leib keine Fesseln anlegen lassen. Sie litt unter der Macht der Institutionen und wollte diese Macht auf ein menschenwürdiges Maß reduzieren. In ihrer Person war zu viel von dem vereinigt, was nicht geht. Deshalb haben ihre Deuter sie entweder zerstückelt – in eine Theoretikerin am Anfang, eine Praktikerin in der Mitte und in eine

Mystikerin zum Schluß – oder sie haben dieses unangepaßte Lebewesen abgelehnt. Was taugt schon eine Systemkritikerin, die keine Marxistin geworden ist? Eine versklavte Fabrikarbeiterin, die keinen Streik angezettelt hat? Eine Mystikerin, die sich nicht taufen ließ? Und trotzdem: geboren wurde sie ganz, gelebt hat sie ganz, gestorben ist sie ganz. Ist es so schwer, einen ganzen Menschen mit seinen Brüchen ganz zu lassen?

[1] *S. Weil:* Unterdrückung und Freiheit. Politische Schriften. München 1975, S. 25. – [2] Ebd., S. 50, 59f. – [3] *A. Camus:* Der Mythos von Sisyphos. Ein Versuch über das Absurde. Reinbek bei Hamburg 1960, S. 101. – [4] *S. Weil,* a. a. O., S. 121f. – [5] Ebd., S. 113f. – [6] Ebd., S. 182. – [7] Ebd., S. 149. – [8] *S. Weil:* Fabriktagebuch und andere Schriften zum Industriesystem. Frankfurt 1978, S. 48. – [9] Vgl. den Text zu Anm. 6. – [10] *S. Weil:* Fabriktagebuch, a. a. O., S. 29. – [11] *S. Weil:* Schwerkraft und Gnade. München [3]1981, S. 206. – [12] Ebd., S. 98. – [13] *S. Weil:* Zeugnis für das Gute. Traktate – Briefe – Aufzeichnungen. Freiburg 1976, S. 147. – [14] *S. Weil:* Unterdrückung und Freiheit, a. a. O., S. 263. – [15] *S. Weil:* Das Unglück und die Gottesliebe. München [2]1961, S. 130f. – [16] Ebd., S. 101, 103f. – [17] *S. Weil:* Schwerkraft und Gnade, a. a. O., S. 239.

Denken in Geschichten: Albert Camus

** 7. 11. 1913, † 4. 1. 1960*

Der französische Schriftsteller und Philosoph *Albert Camus* ist 44 Jahre, als ihm der Nobelpreis für Literatur verliehen wird. Bei der Entgegennahme des Preises in Stockholm sagt er in seiner Rede: »Die Kunst ist in meinen Augen kein einsiedlerisches Vergnügen. Sie ist ein Mittel, die größtmögliche Zahl von Menschen anzurühren, indem sie ihnen ein beispielhaftes Bild der gemeinsamen Leiden und Freuden vorhält.«[1] Zu diesem Zeitpunkt ist bereits alles veröffentlicht, was man weltweit von ihm kennt: seine Romane und Erzählungen, seine Dramen und Essays. Darunter sind so bekannte Titel wie »Die Pest«, »Der Fremde«, »Der Fall«, aber auch sein politisch-theoretisches Vermächtnis »Der Mensch in der Revolte« und, vielleicht am meisten zitiert, »Der Mythos von Sisyphos«. Aber Camus ist nicht einfach der Philosoph des Absurden, wie man immer wieder lesen und hören kann; sein Dichten und Denken erschöpft sich keineswegs darin, die Sinnlosigkeit des Lebens aufzudecken mit der Empfehlung, sie anzuerkennen und durchzustehen. Nein, so läßt er sich ebensowenig abfertigen wie als Existentialist, der mit *Jean-Paul Sartre* in einem Atemzug genannt wird. Dafür ist das Werk dieses Schriftstellers viel zu reich, und es bleibt in der Schwebe, das heißt in einer gespannten Offenheit, die sich allen Festschreibungen entzieht.

Camus sieht das menschliche Leben durchdrungen von Gegensätzen wie Ja und Nein, Unterwerfung und Auflehnung, Licht und Schatten – und diesen Gegensätzen geht er nach. Er umkreist sie immer wieder und gibt ihnen eine sprachliche Gestalt, die aus den Erfahrungen des eigenen Lebens zehrt, des Lebens zwischen Licht und Schatten an der Küste des Mittelmeers. Dort ist er aufgewachsen. Albert Camus wird 1913 in Mondovi, Algerien, geboren, studiert Philosophie an der

Universität Algier und arbeitet zunächst als Journalist. Während Frankreich von den Deutschen besetzt ist, schreibt er für die Résistance-Zeitung »Combat« und wird Lektor beim Verlag Gallimard in Paris bis zu seinem Tod im Jahre 1960.
Seine frühesten Arbeiten sind literarische Essays, die er als Mittzwanziger schreibt und von denen er sehr viel später anläßlich einer Neuauflage sagt: »Wenn es mir trotz so vieler Bemühungen, eine Sprache zu schaffen und Mythen zum Leben zu erwecken, nicht eines Tages gelingt, ›Licht und Schatten‹ nochmals zu schreiben, werde ich mein Leben lang nichts erreicht haben – das ist meine geheime Überzeugung.«[2] Das heißt: So wie ich damals geschrieben habe als junger Kerl, so will ich schreiben als Mann, freilich ohne die Ungeschicklichkeiten des Anfängers – diese frühe Art ist meine Art zu schreiben. Man erkennt die unverwechselbare Eigenart der frühen Essays zum Teil schon an Überschriften wie »Zwischen Ja und Nein«, »Liebe zum Leben«, »Licht und Schatten«, »Sommer in Algier« und »Die Wüste«. Man erkennt seine Stoffe an ihrer Form, seine Themen an ihrer Sprachgestalt, und dieses »Wie« durchpulst jedes »Was« bis in die Poren: »Ich aber weiß hier und jetzt, daß ich nie nahe genug an die Dinge der Welt herankommen werde. Nackt muß ich sein und muß dann, mit allen Gerüchen der Erde behaftet, ins Meer tauchen, mich reinigen in seinen Salzwassern und auf meiner Haut die Umarmung von Meer und Erde empfinden, nach der beide so lange schon verlangen. (...) Zurückgekehrt an den Strand, werfe ich mich in den Sand, gebe mich der Erde hin, fühle aufs neue das Gewicht meines Fleisches und meiner Knochen und wage, betäubt von der Sonne, in langen Pausen einen Blick nach meinen Armen, wo aus der tröpfelnden Nässe trockne Hautstellen auftauchen mit Salzstaub und blondem Haarflaum.«[3]
Der Mensch, ausgespannt zwischen den Elementen der Natur und den Erfahrungen seiner Begrenztheit, ausgespannt zwischen Fülle und Armut, zwischen Hoffen und Verzweifeln, zwischen Freude und Trauer – aus dem Ineinander dieser Gegensätze formt Camus seine Sprachstücke, darunter jenen herrlichen Satz, der wie in einem Brennspiegel zusammenfaßt, woraus und wofür er lebt: »Das Elend hinderte mich, zu glauben, daß alles unter der Sonne und in der Geschichte gut sei; die Sonne lehrte mich, daß die Geschichte nicht alles ist.«[4]
Bringt dieser Satz nun Gedanken zur Sprache oder Geschichten? Wird

darin reflektiert oder erzählt? Die Frage ist falsch gestellt, sie geht vollständig an Camus vorbei. In Wirklichkeit bildet genau dieser Gegensatz zwischen Denken und Erzählen – ein Gegensatz, der mit Stoffen und Themen nichts zu tun hat – den Herzschlag des Schriftstellers Albert Camus, sein innerstes Schreibprinzip, das er in allen seinen Schriften zum Zuge bringt, wenn auch nirgends so ausgeprägt wie in den frühen Essays. Sie sind weder Aufsätze oder Abhandlungen, bestehend aus Denkstücken und Reflexionssplittern, noch sind sie Novellen oder Geschichten, bestehend aus Erzählstücken und Romanfragmenten. Sie sind auch nicht einfach beides zusammen, hier ein paar Gedanken, da ein paar Geschichten, sondern beides aufeinander bezogen und einander zugeneigt. Geschichten sind mit Gedanken verwoben, Gedanken mit Geschichten, miteinander verwoben und vernäht, wobei allerdings die Nahtstellen schwer auszumachen sind. Warum wählt Camus diese Machart, dieses Schreibprinzip? Wird der Dichter vom Denken geplagt oder hat den Denker die Muse geküßt? Nichts von alledem. Den Grund für diese Art zu schreiben, verrät eine Tagebuchnotiz, die zur gleichen Zeit wie die Essays entstanden ist: »Man denkt nur in Bildern. Wenn du Philosoph sein willst, schreib Romane.«[5] Was der frühe Camus schreibt, sind Essays, das heißt Versuche, die versuchen, keines der beiden Urelemente jedes Essays fehlen zu lassen: Geschichten und Gedanken. Und warum darf keines dieser beiden Elemente fehlen? Offenbar deswegen, weil der Essay eine besondere Nähe hat zu dem, der sie schreibt, und zu denen, für die er schreibt. Diese Nähe speist sich aus dem, was Menschen so lebensnotwendig brauchen wie Brot und Wasser: aus Geschichten *und* Gedanken, aus Gedanken *und* Geschichten. Und zwar aus Geschichten, die den Lesern nicht in erster Linie sagen, was geschehen *ist*, sondern was geschehen *könnte*, nämlich bei ihnen – und aus Gedanken, die nicht in erster Linie sagen, wie Geschehenes bedacht worden *ist*, sondern wie es zu bedenken *wäre*, nämlich durch sie, die Adressaten. Dieser Versuch von Camus, über das Erzählen ans Denken zu kommen und über das Denken ans Erzählen – dieses Kunststück, das die Welt zum Tanzen bringt, ist gar nicht so weit entfernt von der Einschätzung des alten *Aristoteles*: ». . . der Geschichtsschreiber und der Dichter unterscheiden sich nicht dadurch, daß der eine Verse schreibt und der andere nicht (. . .), sie unterscheiden sich vielmehr darin, daß der eine erzählt, was geschehen ist, der andere, was geschehen könnte. Darum ist die Dichtung auch philosophischer und bedeutender als die Geschichtsschreibung.«[6]

Die Dichtung ist philosophischer als die Geschichtsschreibung, sagt dieser vorchristliche griechische Philosoph. Wenn du Philosoph sein willst, schreib Romane, sagt in unserem Jahrhundert der französische Schriftsteller und Philosoph Albert Camus. Selbst wenn wir den Versuch machen, aus dem Zueinander von Erzähltem und Gedachtem einen einzelnen Gedanken herauszureißen, um sozusagen einen Denksplitter »pur« zu gewinnen, schimmern noch immer die Geschichten durch, aus denen er gewonnen ist. Nehmen wir einen schlichten Satz, von dem ich meine, daß er nicht deprimierend, sondern ermunternd gemeint ist: »Vielleicht ist das eben das Glück, dieses mitleidige Wissen um unser Unglück.«[7] Wer diesen Satz durchdenkt, sieht Glück anders als vorher, er hat eine andere Wahrnehmung, eine neue Aufmerksamkeit gefunden, wenn er auf den Füßen des Denkens diesen Satz durchreist hat, dieses Denkstück, das eine Fülle erfahrener Geschichten hinter sich hat, und das gewissermaßen lange unterwegs war, bevor es als Gedanke angekommen ist.

In einem anderen Essay spricht Camus ausdrücklich vom Reisen: ». . . was den Wert des Reisens ausmacht, ist die Angst, zerstört es doch eine Art Staffage in uns (. . .) Aber da wir [auf Reisen] das Gefühl haben, unsere Seele sei krank, gewinnt in unseren Augen jeder Mensch und jedes Ding wieder seinen Wert als Wunder.«[8] Ist das nun ein Gedanke oder eine Geschichte? 1938 reist Camus nach Florenz, und diese Reise ist für ihn sehr wichtig geworden – für sein Denken *und* für sein Erzählen. Das zeigt sich in dem folgenden zusammengedrängten Abschnitt, der fast unmerklich vom Erzählen hinübergeht ins Bedenken: »Lange Zeit blieb ich in einem kleinen Hof voll roter Blumen, voll Sonne und voll schwarzgelber Bienen (. . .) Ich hatte zuvor die Zellen der Mönche besucht und hatte ihre kleinen, mit einem Totenkopf geschmückten Tische gesehen. Jetzt sprach dieser Garten mir von ihrem Denken und Fühlen (. . .) Dieselben Menschen, die in Fiesole angesichts jener roten Blumen leben, haben in ihrer Zelle den Schädel vor sich, der ihre Meditationen beschäftigt. Florenz vorm Fenster, und auf dem Tisch den Tod. Eine gewisse Beharrlichkeit im Verzweifeln kann Freude erzeugen.«[9]

Verzweiflungs-*Gedanken* sind solche, die sich entzweit und losgelöst haben von ihren Geschichten. Sie sind wie ein Steuer ohne Schiff. Verzweiflungs-*Geschichten* sind solche, die sich entzweit und losgelöst haben von ihren Gedanken. Sie sind wie ein Schiff ohne Steuer. Hundertmal, tausendmal versucht Camus, der Essayist, haltlose Gedanken durch Geschichten zu erlösen und haltlose Geschichten durch Gedanken. Denn das eine *ohne* das andere bleibt unerlöst; es hat, haltlos geworden, seine Wahrheit verloren: »Nichts bleibt wahr, wenn alles übrige ausgeschlossen wird. Bleibt die Schönheit isoliert, wird sie zuletzt verzerrt, einsame Gerechtigkeit wird bedrückend. Wer dem einen dient und das andere ausschließt, dient niemand, auch sich selber nicht, und hilft schließlich doppelter Ungerechtigkeit. Wenn man sich versteift, wird eines Tages nichts mehr zur Bewunderung hinreißen, alles ist bekannt, das Leben vergeht in Wiederholungen.«[10]
Nicht in Wiederholungen verkommt, wer Gedanken durch Geschichten erlöst und Geschichten durch Gedanken. Ein waghalsiger Tanz ist das, ein zwar rhythmisches, aber taktloses Hin und Her zwischen ungleichen Partnern – nichts für Routiniers, im Gegenteil: etwas, dem die Routiniers unter den Denkern und die Routiniers unter den Erzählern zutiefst mißtrauen, hier in Deutschland ohnehin, wo Essayisten als Schreiberlinge gelten, die weder Fisch noch Fleisch sind, weil sie weder flüssige Geschichten zu Papier bringen noch gründliche Traktate. Die Geschichtenerzähler, die *so* erzählen, wie schon tausendmal erzählt worden ist, und die Denker, die *so* denken, wie schon tausendmal gedacht worden ist, ja die wollen isolieren: Schönheit von Wahrheit, Wahrheit von Schönheit. Sie wollen gesonderte Welten, sauber unterteilt wie eine Kommode mit zwei Schubladen: das Erzählen kommt in die eine, das Denken in die andere, und wehe dem Wurm, der sich durch die eine Schublade hinüber in die andere frißt! Dabei ist es doch so: jede Geschichte bringt einen Gedanken zur Welt, jeder Gedanke bringt eine Geschichte zur Welt. Indem eine Geschichte erzählt wird, weckt sie den Wunsch nach dem Gedanken, der im Erzählen ausgespart ist. Und indem ein Gedanke gedacht wird, weckt er den Wunsch nach der Geschichte, die im Denken ausgespart ist. Jedes enthüllt das andere und verhüllt es zugleich – ähnlich den Sternen am Himmel, die nicht nur die Nacht erhellen, sondern zeigen, wie dunkel sie ist. Gedanken wecken Geschichten, Geschichten wecken

Gedanken, doch es muß ein Könner sein, der sie weckt. Von einem naturwüchsigen Vorgang kann hier nicht die Rede sein, von selbst wacht da gar nichts auf: der Wechsel ist kunstvoll hervorzubringen, und wer das kann, ist ein Künstler.

Camus bewerkstelligt das wechselseitige Hervortreiben von Gedanken aus Geschichten, von Geschichten aus Gedanken, um uns Nicht-Künstler am Versinken und Versteigen zu hindern: am Versinken in den breiigen Sumpf unbedachter Geschichten, und am Versteigen in das Kristallgebirge unerzählbarer Gedanken. Beidemale, ganz unten wie ganz oben, ist »einsames« Niemandsland – es »dient niemand«, und »das Leben vergeht in Wiederholungen«.[11]

Wenige Tage vor seinem Tod beantwortete Camus einige Fragen, die ihm die Redaktion einer kleinen anarchistischen Zeitschrift in Argentinien vorgelegt hatte. Die letzte Frage hieß: »Wie sehen Sie die Zukunft der Menschheit? Was müßte man tun, um eine weniger von Not bedrückte und freiere Welt zu erreichen?« Camus gab zur Antwort: »Geben, wann immer man kann. Und nicht hassen, wenn man es kann.«[12]

[1] *A. Camus:* Kleine Prosa. Reinbek bei Hamburg 1961, S. 7. – [2] *A. Camus:* Literarische Essays. Hamburg o. J., S. 22. – [3] Ebd., S. 79f. – [4] Ebd., S. 10. – [5] *A. Camus:* Tagebücher 1935–1951. Reinbek bei Hamburg 1974, S. 12. – [6] *Aristoteles:* Poetik. Stuttgart 1967, S. 36. – [7] *A. Camus:* Literarische Essays, a. a. O., S. 37. – [8] Ebd., S. 65. – [9] Ebd., S. 114f. – [10] Ebd., S. 173. – [11] Vgl. den Text zu Anm. 10. – [12] Zitiert nach *H. R. Schlette:* Geben – nicht Hassen. Zur Friedensformel von Albert Camus, in: Orientierung 48 (1984), S. 67.